河出文庫

完本　チャンバラ時代劇講座 1

橋本治

JN072372

河出書房新社

失われた善《よ》き人々へ――

目次

完本　チャンバラ時代劇講座1

第一講　チャンバラ映画とはなにか

1　チャンバラ映画とはなにか

チャンバラ映画とはなにか？　という答は存外簡単に出ます。チャンバラ映画とは即ち、殺陣《たて》・立回りを見せることを眼目にした映画だ、と。

ところでそうなって来ると話がつまらなくなって来るというのは、チャンバラ＝立回りを眼目にした映画というのは、戦前のサイレント＝無声映画にしかなくなって来るのです。

チャンバラ映画というのは大体三度変っているのですが――ということは、大体どんなものでも三回はリメイク（作り直し）されているということですが――その中で一番優れているのは戦前の無声映画時代のものというのが通り相場になっています。白黒スタンダードでサイレントの阪東妻三郎主演の『雄呂血《おろち》』に於ける立回りの凄絶《せいぜつ》さと、戦後の総天然色東映スコープ市川右太衛門主演の『旗本退屈男』の、まるでチャンバラレビューのような華麗（？）さを比べて見ると、「そりゃ戦前の方がすぐれてるんだろうなァ……」という答は簡単に出てしまいます。出てしまいますが、そうなると話というものはとってもつまらなくなります。

大体、チャンバラ映画というものはくだらないものだという通り相場は出来上っていますが、そういう考えを前提にすると話が間違って来るというのは、人というのは哀《かな》しいもので、「くだらない！」と言われると、すぐムキになって「いやそんなことはない、すぐれている！」という、間違った基準で話を進めてしまうということがあるからです。〝くだらない〟の反対が〝すぐれてる〟というのが曲者だというのはそこら辺でしょうね。人間が哀しいというのは、「くだらない！」と人から言われると、うっかりその点は認めてうろたえてしまうということです。「くだらない！」って言う方が間違ってるかもしれないじゃないか、「くだらない！」というだけで、そこにある重要なものが分らないだけじゃないか、ということだってあるんです。

〝チャンバラ映画〟と総称されるものがかなりに厄介なものであるというのは、うっかり「くだらない！」と人から言われてしまうような重要さを〝面白い〟という外側にしっかりと包まれて存在しているということにあるのです。面倒な話というのはここから始まります。

勿論、面白いということは重要なことです。でもそれを「面白いだけだ」と言ってしまったら、その面白さの内側にある重要なものが全部どっかへ行ってしまうというようなことだってあるんです。

〝面白いという外側に包まれた重要なもの〟が何か、ということはまだ言わないでおきましょう。但し、こういう面倒な言い方が実はすごく大切なんだという、その理由だけは簡単に言えます。それは、「面白けりゃいい！」という言い方が公然と罷《まか》り通るようになってしまった今の時代に、どうして本当に面白いものがなくなってしまったのだろう、ということです。

　表面的な面白さというものは、実はひょっとしたらちっとも面白いものではなくって、面白いということは、ひょっとしたらその内側にある〝何か〟を含めて面白いんじゃないんだろうかということだってあるんです。だから、この本でいうチャンバラ映画とは、ひょっとしたら世間一般でいうチャンバラ映画とはちょっと違っているかもしれません。私の言うチャンバラ映画は、〝チャンバラを見せることを眼目にした映画〟ではなく、もう少し雑然としたものです。それは、〝「結局は最後のチャンバラでカタがついちゃうんだろう」と言われてしまうような外観を持った時代劇映画〟だからです。まァ言ってみれば、純粋なチャンバラ映画よりももう少し雑多で大まかな、いい加減な〝娯楽時代劇映画論〟というところかもしれません。そして、この娯楽時代劇映画というのは、〝時代劇なら全部娯楽として見ることだって出来る〟でもあったりはするのです。「格調が高いから退屈」という見方もあれば、「格調が高いから面白い」という見方だってあるんです。格調の高さに訳もなく憧《あこが》れてしまう通俗だってあるんだという考え方は、結構見落されがちであるだけに、重要なことだと思います。

い、「チャンバラ映画はスカッとして面白い」という大衆だっていれば、「忠臣蔵は重厚だから、ワクワクする」というのだって、やっぱりそれも大衆なのです。言ってみれば、この本の著者は、「通俗だったら全部取り上げる」と言っている著者です。「通俗だからこそ重要だ、その通俗の極致をこそ〝チャンバラ映画〟という表現で呼ぶのだ」というのが、この本の著者である私の考えであるようです。

という訳で、この本では『ひばり・チエミの弥次喜多道中』も『忠臣蔵』も、同じように通俗でチャンバラ映画です。

チャンバラ映画とはなにか、というのは、だからそういうことなんです。

チャンバラ映画とは、どこかに必ず「くだらない！」と言わせるだけの要素を持った、そして種々雑多にして膨大なる広がりを持った時代劇映画である、と。

まず初めに、チャンバラ映画の〝くだらない〟と思われている要素を箇条書き風に挙げてみましょう。そうすれば、チャンバラ映画の〝面白い〟ところが逆説的な形で浮かび上って来るような気もするからです。

2　チャンバラ映画はこうしてくだらない

チャンバラ映画がくだらないと言われる最大の理由は、それが「チャンバラである」からでしょう。

いわれもない差別のような考え方ですが、そういう考え方が出て来る根拠は二つあります（〝根拠〟という表現もヘンですが）。一つは、チャンバラ映画が、最終的にはチャンバラですべてを解消してしまうアクション映画＝活劇であること。そしてもう一つは、それを見た子供がチャンバラごっこをするから（したから）です。

チャンバラ映画というのは、その程度のものなんです。どの程度のものかというのは勿論子供が真似《まね》られる程度、真似をするとしたらそれをするのは子供だけだという程度、です。

結局、話し合いですべてを解決するのではなくて、立回りでうまくおさめてしまう、だからそれはくだらないというのは、〝思想〟優先的なインテリの考えですが、それがそのまんま通ってしまったのは、「じゃァ結局は、お前はチャンバラごっこをしたい子供とおんなじ程度なのか？」という暗黙の問い直しがあったからなんですね。チャンバラ映画を面白いと思ったとしても、それがそのまんま「チャンバラ映画の重要性！」という言葉で素直に出て行かなかったということは。でも今は違いますね。「面白いということは重要なことだし大事なことではあると思うけれども、でも自分にはどういうことが面白いのか、それが正直いってよく分らない」というのが、一般的な現代の真面目な人の困惑ではある訳ですから。そういうことの重要な鍵《かぎ》は子供、又は子供時代というものが握っているんだという考え方がクローズ・アップされて来るのも、こういう現状が前段としてあってのことなんだとは思いますが、結局、「子供騙《だま》しじゃないか」というのは、それに素直に乗れない大人のテレなんですね。十分な子供騙しというものだったら、それはやっぱり十分に〝大人騙し〟にもなれたようなものだったんですね。

子供はズーッとそのまんまのノリで突っ走れちゃうけれども、大人は、うっかり走り出して〝現実〟というようなものの冷静な表情に出会って、その相手の中にうっかり〝怪訝《けげん》な目〟というものを見てしまうというだけなんですね。優れた〝子供騙し〟に大人がテレを見せるということは。

だからこういう本だってあるんだと思います。「くだらない、程度が低いとしか言われなかったようなものが実は面白かった。そして、そのことに対して面白いと思っていた自分てなんだったんだろう？」というようなことの内実が今迄《まで》明らかにされたことって、あんまりなかったんです。くだらないことの中にある重要性というのは、とっても捕まえにくいものですからね。捕まえに行く人間は「お前はくだらない人間だ！」と言われることを覚悟しなければならない訳ですから。

という訳でこの本は〝講座〟です。「くだらない」で簡単に放り出されてしまったものの中には、こんなに重要なこともあったんです。

という訳で、チャンバラ映画はこうしてくだらない、の二番目。こういう理由だってあるんです、「チャンバラ映画は、時代劇だからくだらない」。

勿論、チャンバラ映画は刀を振り回さなければなりませんから、人間が当り前に刀を差して歩いているという時代背景が前提になければいけません。映画というものは、江戸時代が終って明治になってから登場したものですから、当然のことながら〝チャンバラ映画のやれる時代背景〟というのは過去のものです。「現代と関係ないことをやってる」から、いけないんです。もう終った時代を舞台にするのが時代劇ですから、時代劇は時代劇である限り、いつだって〝後ろ向き〟というレッテルを貼《は》られる覚悟をしていなければいけなかったということです。

明治という時代は、外国から黒船というものがやって来て始まった時代ですが、それまで鎖国していたのを開国してみたら分ったことはたった一つ、「日本は遅れてる！」ということだけだったのですから、時代遅れはいけなかったんです——この百年ちょっとばかりの間ズーッと。

明治維新から八十年ぐらい経《た》って、日本が戦争に負けて、やっぱり「日本は遅れてる！」ってことだけが明らかになったものだから、後ろ向きはいけなかったんですね。

しかし、というのはここです。だったらじゃァなんだって多くの日本人は平気で時代劇を見ていたのかっていうことだってあります。ひっくり返すと簡単だという逆転の発想を使いますと、意外なことが分ります。

「どうして時代劇は現代が舞台じゃないのか？」

「どうして現代に生きている現代人は平気で（又は〝喜んで〟）時代劇を見るのか？」

答は簡単です。それは、「だって、現代ってそんなに魅力的な時代じゃないもの」っていうことを、日本人は黙って、チャンバラ映画及び時代劇を見ながら言っていた、ということです。

〝意外な真実〟というのはどんなものでしょう。〝意外な真実〟というのはこの場合、〝言われて初めて「ホントだ！」って気がつける真実〟っていうことですが──。

そうなんですよね。どうして現代って魅力的な時代じゃなかったんでしょう？　どうして、明治から後もズーッと、江戸時代はあったんでしょう？

答は後回しにして、次です。

チャンバラ映画はこうしてくだらない、その三番目の理由はこうです——即ち、「チャンバラ映画は映画だからくだらない」と。

映画は新しい芸術です。新しい芸術というのは、その〝新しい〟という理由でなかなか芸術としては認めてもらえなかったという歴史だってあるんです。今みたいに「新しけりゃなんでもいい」という時代は異常な時代で、そんな時代ってなかなかあるもんじゃありません。普通、人間ていうものは新しいものを突きつけられたら、

「ヘェーッ!!」って感嘆して惹《ひ》きつけられるのと、「なんだこれは？」と思って一歩退《しりぞ》くのと、両方の反応を同時に示すものなんです。

という訳で、映画はなかなか〝芸術〟だとは思ってもらえませんでした。

ということは、〝なかなか芸術映画も芸術だとは思ってもらえませんでした〟ということにもなります。「映画は映画であってチャンとしたものだ」っていう考え方が定着して、まともに映画というものが論じられるようになったのは、まだこの後です。長い間、〝映画評論家〟は〝映画解説者〟〝まだ見ていない人の為のアラスジ語り〟であったのは、そんな為ですね。

映画が普通の人の〝教養〟になって、娯楽でしかなかったものがちゃんと語られる

ようになったのはいつからか？　もうちょっと簡単に言ってしまって、図書館に映画の本がチャンとした形で置かれるようになったのはいつ頃からのことでしょう？　ここ十年か十五年ぐらいのことではないでしょうか。大体その頃既に映画は〝斜陽産業〟になっていた訳ですが、斜陽になった後で評価が始まるというのも、皮肉なもんです。

という訳で、「映画は映画であるからくだらない↓従ってチャンバラ映画は映画であるからくだらない」という考えを御紹介しましたが、「映画は新しい芸術だからなかなかそれを芸術だと思ってもらえなかった」という考えがある以上、映画はまず〝新しい芸術〟になります。〝映像美〟なんていう難しい言葉が持ち出されて来ます。難しくないとなかなか〝芸術〟とは思ってもらえないんですね、日本では。

という訳で映画は、〝映像美〟を持った〝視覚芸術〟として語られる時、とってもつまらなくなっていたのでした。

という訳で、映画は、物語《ストーリー》を語るものとしては〝小説〟との関連で論じられていましたし、俳優が演技をするものとしては、〝演劇〟の親戚《しんせき》として位置づけられていました。

という訳で、ここから先は各論的な方向になります。チャンバラ映画はこうしてくだらないの四番目と五番目は、「映画は小説じゃないからくだらない」「映画は舞台芸術じゃないからくだらない」という、そういう方面から語られることになるんです。

3　チャンバラ映画と小説

「映画は小説じゃないからくだらない」という考え方が出て来るのは勿論、映画が〝小説を映画化する〟という形で、小説と密接な関係を持っているからですね。

小説というのは大体、長いものです。勿論短いものだってありますが〝文芸大作〟なんて言われる時の〝原作〟なんていうものは大長篇です。トルストイの『戦争と平和』やミッチェル女史の『風と共に去りぬ』を一日で読めるなんていう人は、特殊な人でしょうけど、でも映画にすれば三時間か四時間です。ということは、映画化ということはダイジェスト化（簡略化）でもあるということです。逆の場合だってありますす。森鷗外の『雁』や川端康成の『伊豆の踊子』なんて、一時間もかからないで読めてしまいます。でもこれを映画にすれば、大体一時間半はかかります。かかって、映画化された作品を見ると、小説にあった何かが必ず抜けています。

小説というのは、ある意味でクドクドと説明するものです。小説の描写というのはそんなものです。人間の心理であろうと風景であろうと、文字だけでそういうものを伝えて行こうとする時、ある意味でまだるっこしい段取りになるのは仕方のないことです。読者というものは、そういうくどくどと細かい説明に一々うなずいて行くことに快感を覚える人達なのですから。

ところで映画というのは違います。〝あそこに森があってそこにはどんな木がどんな風に生えていて、天気はどんな風で季節はいつで、そこがどこのどういう場所で、その森の手前には草地があってそこにはどんな植物が生えていて、そこを見た感じはどんなもんで、そこに人間がいるとどんな風になっていて、そこの端に家が建っていて、それはいつどんな風に建てられて、それにはどんな歴史があるのかないのか、それを見た感じはどんなものか、そしてそこにかくかくしかじかの人間が住んでいて、その人間が歩いている〟なんていうメンドクサイ段取りは、映画の場合、一切なしです。そういう風景の中にそういう人間を歩かせて、それをカメラに収めればいいのですから。

それを見る人の感想は「なるほど」です。そこにそういうものがあるのですから、それが映画なんです。

という訳で映画は、小説の中にある、〝くどくど説明されて行くことに対して一々うなずいて行く快感〟を小説から奪って出来上っています。映画化とは、まずそういう段取りから始められます。だから、小説の〝よき読者〟という人は、その小説の映画化に際しては必ず、なんらかの肩すかしを喰《く》うことになるのです。映画が小説に対して軽く見られていたのはこれです。

勿論、映画は映画で、全く別の説明・表現をします。ただ、原作の持っている執拗《しつよう》なまでのくだくだしさ――往々にしてそれが小説の持つ〝説得力〟だったりします――に押し潰《つぶ》されて失敗した映画化作品を見て、右のような失望感を味わうことが多かったというだけです。

小説を映画化するということは、その小説からエッセンスだけを抽出して、そのエッセンスをもう一度、映画として豊かに再展開して行くことですから、言ってしまえば、エッセンスが濃厚でありさえすれば、原作の小説がくだらなくたってつまらなくたって失敗していたって未完成だって、一向に構わないんです。つまらない小説が面白い映画に変っていることなんて、ザラにあります。チャンバラ映画の多くは、そんな関係を小説と持っているというのは極端かもしれませんが、しかしそれはある部分においての〝真実〟ではあります。

チャンバラ映画の多くは、その原作を〝大衆小説〟というものから持って来ましたが、つまらないことを下手くそに（しかももったいぶって）説明している大衆小説よりも、つまらないかもしれないことを面白く見せているチャンバラ映画の方がズーッと優れているというのは、今や明らかです。

大佛次郎の小説『鞍馬天狗』にノスタルジックな愛着を感じていらっしゃる方々に

は酷な言い方かもしれませんが、今あの小説を読むと全くいけません。というのは何故かというと、鞍馬天狗が全く嘘臭い人間にしか見えないからです。

　御承知のように、『鞍馬天狗』という小説は幕末の動乱期を舞台にしています。新撰組や桂小五郎やその他大勢、史実に残る有名人物が出て来ます。昔は、こういう人達に関する史実というのは、実に大雑把《おおざっぱ》にしか知られていなかったのです。だから、そこに〝正義の味方〟という曖昧《あいまい》にして素姓も明らかではない人間が出て来て、かなりいい加減といえばいい加減な活躍を〝日本の未来の為〟にしたって、まァ目は瞑《つぶ》れたのです。瞑れたのですがしかし、今やいけません。鞍馬天狗という嘘臭い人間を通して導かれた読者の、その時代に対する関心が、今度は逆に鞍馬天狗というものを存在させなくなってしまうのです。

「幕末という時代に対する認識が大雑把→だから鞍馬天狗はいくらでも活躍出来る→その鞍馬天狗を面白いと思うことによって幕末という時代への関心が導かれる→幕末に関する史実がどんどん明確になって行く→その時代を面白いと読者が思って、興味が物語から歴史へと移って行く→実際の歴史の中に鞍馬天狗が実在していた訳がない→夢が消えて事実が残る」――この間の推移というものはこんなものでしょう。

　大体、いい加減な（というか〝面白い〟）大衆時代小説を書いていた作家は、徐々に大成して行って、ある時期から大衆小説作家ではなく〝歴史小説〟を書く国民作家に変って行きます。吉川英治だってそうだったし、今生きている人なら司馬遼太郎がそうです。この人が昔〝忍者小説〟を書いていたことなんてもう忘れられているかもしれませんが、そうでした。『鞍馬天狗』の大佛次郎だって、『パリ燃ゆ』『天皇の世紀』と、だんだん歴史記録《ドキュメント》作家になって行きました。ある意味で、明治からこちらの時代小説を書く小説家の役割というものは、講談から史実へ移行するような橋渡しのようなものではありました――この件に関しては後に触れられますが。

という訳で、チャンバラ映画の原作というのは、「講談→大衆小説→歴史小説→史実の確定」と移行する流れの中の、一番最初にしていい加減な段階に属していたということになります。

小説家というのはやっぱり、どこかで説明することが好きな特殊な人間なのかもしれませんが、説明するとなったら、架空の人間に関する嘘の説明をするより、まだ知られていない本当のこと（〝埋《うも》れた史実〟というような）を掘り出して説明して行く方がズッと、張り合いというものはあるのです（ここら辺がインテリの弱味かもしれません）。ある段階で――それは勿論、大衆小説作家が歴史小説の国民作家に変身して行く段階で、ですが――ヒーローという架空の人物が小説の中から放り出されて行くのは、だから宿命のようなものではあったのです。

小説はそうですが、しかし映画は違います。〝映画とは、カメラの前に存在するものを映すもの〟です。史実だって、カメラの前に存在しなかったら、映画にはなりません。嘘であっても、カメラの前に存在してしまったら、それは簡単に実在してしまうものである、というのが映画です。〝幕末〟なんていう膨大な現実時間を存在させるよりも、嵐寛寿郎に黒覆面をさせる方がズーッと簡単で本物であった、というのが映画なのです。

嵐寛寿郎が〝羽団扇《はうちわ》〟の紋のついた黒の着流しで宗十郎頭巾をかぶれば（勿論その頭巾はピンと立つように針金の芯《しん》が入っていますが）、そこに鞍馬天狗は、紛《まぎ》れもなく実在するのです。この世界では、鞍馬天狗こそが実在で、桂小五郎や近藤勇といった歴史上の人物の方が嘘であるという、逆転が起こったのです。

なんでそんなことが平気で可能なのか？

そんなことは簡単です。その方が面白いから、です。そうじゃなかったら、鞍馬天狗の活躍が嘘になるからです。小説に比べて娯楽映画がくだらないと言われるのだとしたら、それはここでしょう。映画は平気でラチもない嘘をつく、と。しかしこれも間違った比較で、娯楽映画を小説と比較してくだらないというのだったら、それは、娯楽映画と娯楽小説（大衆小説）の〝娯楽性〟――つまり〝くだらなさ〟とを共に比べてでなければ嘘です。娯楽小説（大衆小説）はやがて歴史小説に変って行くものである。だから嘘が少ない。しかし、娯楽映画は娯楽映画止まりだから嘘だらけ、というのだとしたら、それはあまりにもバカげた比較であるということになりましょう。チャンバラ映画は〝嘘か・嘘じゃないか〟という基準で出来上っている訳ではなくて、〝面白いか・面白くないか〟という基準で出来上っているという、それだけなのですから。

はっきりしていることはたった一つです。面白いことを「くだらない」としか言えなかったら、そりゃァ人生つまらなくなるだろうなァと、ただそれだけのことなのですよ（そうでしょう？）。

4　チャンバラ映画と演劇と、長谷川一夫と流し目と

「映画は演劇じゃないからくだらない」という考え方は、多分今ではもう死滅してしまったとは思うのですが、「映画は本格的な演劇じゃない」ということに象徴される、映画と舞台演劇の演技の質の差というのはあまり分られてはいないような気もするので、ちょっと触れてみましょう。

映画と演劇の、その最大の演技の差は〝声〟です。

舞台に上った役者は、その劇場全体に届くような声を出さなければなりません。でも、映画スターはそんなことをする必要がないのです。それだけの差です。

サイレント映画というものを考えてみれば分ります。無声映画は声が無いのです。口が動いてさえいれば声なんか出さなくてもいいというのが無声映画です。サイレント時代の逸話で〝撮影中に台本のセリフを忘れてしまったら「イロハニホヘト」と言え、それで通るから〟というのがありますが、極端な話、映画は、そこまで声を出さなくてもよいのです。

映画は、結局はフィルムに定着したものがすべてです。フィルムを回して動き出す映像と音とで映画は出来上っています。映画が最終的には監督のもので、映画の現場では映画監督が一番エライというのは、結局その一切をフィルムに定着させて行く作業を監督し統率して行くのが映画監督だからなんです。

映画は、フィルムという白いキャンバスの前にはすべてが〝素材〟となる、そういうものですから、そこでの演技は、通常の演劇の演技とは違うのです。

声は、マイクが拾ってくれます。表情は、カメラが接近してつかまえてくれます。劇場全体に声を届かせ、舞台の上では常に全身を観客の視線にさらしておかなければならない舞台の演技と、映画の演技は違うのですね。

演劇では、舞台にいる俳優と観客席にいる観客との距離は一定です。見たいからと言って、観客が舞台の上に上って行くことなど許されません。でも映画は違います。観客の視線はカメラと一緒になって、どこまでも近づいて行きます。〝アップ〟という特殊な〝演技〟は映画及び、テレビにしかありません。

〝アップ〟が特殊な演技術であるというのは、スクリーンに大写しになった俳優の表情を見るだけで、観客は何かをつかまえてしまうことが出来るという意味です。

男と女が何か話しています。その二人は〝恋をしている〟というような二人です。男と女が話していて、一瞬女の方の顔が大写しになって、その瞳が何かを訴えるように輝いた——そうした時、スクリーンの中の彼女が〝せつない想いを訴えた〟ということはもう、一目瞭然《りょうぜん》です。実際は、〝何か話している二人〟をカメラが追っていて「ハイ、カット！」という声が監督からかかって、それで接近していた二人の男女はホッと気を抜いたように離れて、「じゃ、彼女のアップ行こうか」と監督が言って、それまでそのカメラの外で待機していたスタッフがゾロゾロと動き出して、そのアップ用の照明を準備し始めて、女優さんの方は隅の方で、寄って来たメイク係にお化粧を直してもらって、「今のとってもよかったですよ」とお世辞を言われて、「あら、そうお？」と、せつない恋に胸を焦がす女優とは全く関係ない日常的な声を出して、「じゃ、行ってみようか」という監督の声で、改めてアップの撮影用にセッティングし直された現場に立って——勿論そこに相手役の男優なんかいる必要はありません——一人でせつなげな表情をカメラに向かってする、そして監督がその表情のあまりのワザとらしさ稚拙さにうんざりして、「そこでね、指先にトゲが刺さったみたいな顔をしてごらん」と言って、言われた女優が「はい」と言ってそうしたとしても、です。

実際に映画というものはこのような段取りで撮られて行くものなんです。映画というものは、そういうリアリズムなんです。前後のつながりではなく、瞬間瞬間のホントさがズーッとつながって行って全体の流れを生むという。

だから、映画スターが舞台に立って失敗するということは、昔はザラにありました。スクリーンの上ではあんなに魅力的だったスターが、実際の舞台上ではなんともせせっこましくしか動けないんです。そして、舞台俳優が決して映画スターにはなれないということだって、ザラにありました。舞台の上では説得力を持っていたものが、スクリーンの上では不必要なまでにクドイからです。

映画と舞台では、そのように演技の質が違ったのです。「映画は本格的な演劇じゃない」という考え方が昔はあった、というのはだから、ヘタクソな映画スターの舞台での芝居だけを見て、映画と演劇の差を考えないでいた人の錯覚があった、ということなのです。なのですがしかし、これだけですむ訳には行かないのがチャンバラ映画です。

チャンバラ映画は時代劇で、日本にはこの時代劇を専門に演じる特殊な演劇、歌舞伎というものがあったからです。

チャンバラ映画の場合、映画と演劇という関係は〝歌舞伎〟という特殊なものを挟《はさ》んで存在しているのです。

チャンバラ映画のスターは、多く、売れない歌舞伎役者から来ました。最初のチャンバラ映画というのは、歌舞伎をそのまんま野外で演じたのをフィルムに収めるという、そういう映画でした。この二つが合わさると、売れない歌舞伎役者が地ベタで芝居をしているということになります。そして実際、日本映画の草創期にチャンバラ映画のスターがそのような見られ方をしていたのは確かでした。歌舞伎役者は〝河原乞食〟と言ってさげすまれる。男のクセにお白粉《しろい》塗って、と。でも、上から差別されるものは、機会さえあれば自分の下に平気で差別出来るようなものを作りたがる、ということで、「河原乞食と言われたって、こっちは檜《ひのき》の舞台の上で芝居している、それなのにあいつらはなんだ、板さえもない泥の上だ」というような、映画俳優に対する差別だってあったのです。

映画俳優の演技は本格的な深みを持たないというのは、こうした歌舞伎演技との比較から来たというのもあるんですね。ありますけど勿論その前には「歌舞伎なんか能に比べりゃ薄っぺらだ」という、そういう比較論だってあるんですね。これはもう、「昔はよかった」という、老人の繰り言に近いようなものではありますけれども。

長谷川一夫という、偉大なる〝映画スター〟がいました。晩年は舞台専門でしたが、しかし彼は〝映画スター〟であったと言った方がいいような気もします。

この人は元々歌舞伎の女方で、その美貌を買われて、映画の方に転向しました。だからこの人は、映画スターと言っても舞台俳優としての基本は全部備えている人ではありました。

そして、長谷川一夫といえば〝永遠の二枚目〟という言葉と共に、〝いやらしい流し目〟という、やっかみ半分の揶揄《やゆ》でも有名でした。「あの流し目がゾッとする」というようなことを、生前、長谷川一夫はズッと理性ある男性観客から言われ続けていました。舞台俳優に転じてからも、彼が歌舞伎座の舞台に立って芝居をした時などは劇評で、「あの観客に媚《こ》びるような流し目を今回は抑えているので大分よい」などという言われ方をしていたものでした。

長谷川一夫は映画の二枚目です。スクリーンに大写しになった顔の中心にある、濡《ぬ》れるような瞳《ひとみ》で芝居をする――それが天職ででもあるような人でした。多分長谷川一夫は、日本の演劇の歴史で最初に、顔で芝居をする、目だけで芝居をするという、表情演技を確立した人です。

映画という、カメラが動く――監督がカメラを操ることによって、そこに映るすべてのものを物語の素材に変えて行く、そういう表現芸術の中で生まれて育てられて行った直截にして即物的なリアリティーが長谷川一夫の演技術であったということは言えましょう。

映画スターの表情がアップになって銀幕《スクリーン》に映し出される——それは、映画スターが観客の胸の内を直《じか》に覗《のぞ》きこむことです。その直截さはほとんど〝エロ〟と呼ばれるものと同質のものです。

それ故に、長谷川一夫に直接胸の中に踏みこまれた女性の観客はうっとりとし、男性観客は拒絶し嫌悪し嫉妬したというだけなのです。

「流し目は下品だ」というのは簡単です。それを「エロだ」と決めつけるのも簡単なことです。でも、大衆芸能というものは、元はみんな卑俗《エロ》で下品なものなのです。「奥深い芸術でございます」という顔をしている能だって、更には雅楽だって、元はみんな卑俗《いやらしい》な大衆芸能だったのです。というより、すべての芸術・芸能の元は、みんな大衆芸術・大衆芸能であると言った方が正解でしょう。

人間の行動はすべて性行動と直結しているといった心理学的・民俗学的考察なんかよりは、芸能的な考察というのをしましょう。

人間はエロに弱いものです。ポルノというと、すぐどこかで眼の色を変えてしまいます。それは、人間的であるということは極めて性的なことでもあるという、人間の生理的な根源に由来していることではありますが、と同時に、ポルノほど飽きの来るものはないということだってあるのです。

「だからポルノは下らない」という物分りのいい批判だってありますが、しかし一方では「人間というものは永遠に、ポルノ的なものに対しては飽きを知らない」という厳粛なる（？）事実だってあるのです。

核心はエロかもしれないが、核心だけを手にして喜んでいるほど、人間というものは単純ではないのです。その核心を包む、〝その他もろもろ〟を含めて、初めてなんだかわからない胸のときめきを感じるのです。

どうしてポルノはすぐ飽きるのかというと、それは「下品なものは瞬間的なインパクト（衝撃）しかもたらさない」からです。瞬間はすごかったけど、でもそれを反芻《はんすう》しようとするとどうしていいのか分らなくなる――それがポルノに代表される瞬間的なものの限界です。ポルノを見て胸がドキドキはしても、胸がときめくというような情緒的な感じ方が出来ないというのはそういうことですね。そのインパクトは、心的なものではなくて肉体的なものですから。

瞬間的なインパクトに肉体がひきずられて、それに更に胸の内がひきずられて行く――だからある程度興奮は持続するけれども、それが感動として胸にとどまることはない、だからいずれ飽きが来るというのが、人間の仕組です。

だから人間は、それを永続的で長持ちがするようにと、〝芸術〟なるものを発明したのです。

下品でしかない、しかし瞬間的なインパクトだけは明らかにある――そういうようなものの内に隠されているものが、人間にとって〝永遠に飽きのこないもの〟なのです。だから、ポルノには飽きてもポルノ的なものには、人間は飽きを示さないのですね。そういうどこかヘンテコリンな踏み外し方をするのが、人間という〝心〟を持ってしまった動物の特性なんですね。

下品でしかないけれども瞬間的なインパクトを持っているものの中から〝永遠に飽きのこないもの〟を摘《つ》み取り、そしてそれを育てて行く行為が〝洗練〟であり〝表現〟であり、そうして出来上ったものを〝芸術〟と呼ぶという訳なのです。

〝芸〟というものは洗練して行く力で、それ故にこそ、元は卑俗《エロ》で下品だった大衆芸能が〝奥行きのある芸術〟に変る訳です。この〝奥行き〟というものこそが人間の内にあって〝感動〟というようなものを示す〝心〟の落着き場所ということになりましょうか。そして、感動というものはいつの間にかなだらかなものになって行ってしまって――洗練にはそうした老成現象が付きものです――そのまま、初めにあった〝下品〟と称されるインパクトを忘れてしまう。だからいつだって、人間の歴史というものは〝古い上品と新しい下品の対立〟になって表われるという訳なんですね。言ってしまえば、既に出来上っていた芸術には、流し目という新鮮な感動が分らなかった。既に出来上ってしまった〝芸術〟にしてみれば、観客の胸の中に直接飛びこんで行く映画という芸能は、もうそれだけで下品だった。出来上ってしまった〝芸術〟にとって、芸術というものは、ある距離をおいて観客と接するものであって、そのいきなりの飛びこみ方はそれだけで下品だった、ということです。

流し目はそれだけで下品で、そこには〝上品な流し目・下品な流し目〟という区別なんかなかったという訳なのですね。勿論、〝上品な流し目〟というものは存在します。というよりは〝「すごい！」と言わせる流し目〟〝立派な流し目〟〝納得出来る流し目〟〝鑑賞に値する流し目〟〝人間的な表現としての流し目〟という風に言った方がいいでしょうか。やはり「流し目というのは下品だ」という常識はありますから、そういう〝常識〟にとっては〝上品な流し目〟というのは分りにくいでしょうが、私の言っているのは〝流し目に関する洗練された技術〟ということです。〝芸〟というものは〝洗練する力〟なのですから、勿論そういう立派な流し目は存在するのです。長谷川一夫の言葉に「一番苦しい姿勢を取っている時が、お客さんにとって一番〝美しい〟と思える時だ」というのがありますが、これこそが長谷川一夫の本質をもっともよく説明する言葉でしょう。これは、精神論ではなく、技術論なんです。そしてこの技術論は〝見せる〟ということを職業とする人全員に役立つ、万能の技術論なんです。「自分がうっとりしてたら、他人様はうっとりなんかしてくれない」という精神論は、所詮《しょせん》この技術論からの派生品でしかありません。「ともかく無理なことをすれば、その無理加減は他人にインパクトを与える」という、この技術論は、そういうすごい技術論です。こんなに、いきなりむき出しであるような万能の技術論を吐き出してしまう人を、私はあんまり知りません。普通技術論というのはもう少し、その世界独特の専門的な色彩というものをまとっているものだからです。会社の経理課長の言う〝心構え〟を、まったく他のジャンルの人が納得する為には、やっぱりある種の翻訳が必要だというようなことです。

長谷川一夫が、なんでこうもいきなりむき出しに〝技術〟であったのかということは簡単なことです。それは、彼がどのジャンルにも属さない〝映画スター〟だったからです。

長谷川一夫は、五十五歳まで映画に出ていました。それは勿論主演で、大アップの流し目の二枚目として、です。なんと彼は、五十五歳になる年に〝（出演）三百本記念映画〟として『雪之丞変化』に主演して、若くて美貌の女方を演じているのです。

この市川崑監督による一種前衛映画でもある『雪之丞変化』の一番すごいところは何かといいますと、それは、この長谷川一夫が平然と若くも美しくもない、というところにあります。この映画を見た私の友人などは「ちっともきれいじゃないんだよね！」などという異様な驚き方をしておりました。別の友人は「腰が抜けた」と申しておりました。若くも美しくもないから見るに耐えない、のではなく、若くも美しくもないのに見せてしまったという、これはそういう驚きです。この三上於菟吉原作による、自分の両親を殺した人間達に復讐《ふくしゅう》を誓って歌舞伎役者になる少年の物語『雪之丞変化』で、五十五歳の長谷川一夫は、若くて美貌の女方を演じたのです。若くて美しく見えるのではなく、若く美しいものを平然と演じてしまったから、そこには何かがあったのです。だから、それは鑑賞に耐えて、観客は見てしまったのです。それは〝異様な美〟であったのかもしれませんが、「異様だ」という声を黙らせるだけの力を持っていた〝美〟であることに間違いはありません。これが〝芸〟です。長谷川一夫は、そういう〝芸＝技術〟を見せたのです。そして、長谷川一夫にそれを可能にさせた根拠は実に、「私は長谷川一夫である」という、その自信だけでしょう。他の何によりかかることも出来ない。五十五歳で二重顎《にじゅうあご》のオッサンかもしれないけれども、私は長谷川一夫である――それだけのよりどころがあればなんだって可能だという、そうした自信です。ノン・ジャンルである――どこのジャンルにも属さないということは、むき出しに、自分は自分である、ということです（難しいことを言えば）。歌舞伎役者から転向して映画スターになって（しかもこの映画スターとしてのレパートリーは〝美貌の女方〟から「おのおの方！」の大石内蔵之助までの幅広いものです）、そして映画スターとしての盛りを過ぎようとする頃――二重顎や皺《しわ》が目立ってアップが苦しくなる頃――再び舞台俳優へと転身して、そして最終的に宝塚の演出までしてしまう。「一番苦しい姿勢云々」は、この宝塚の演出の時の発言ですが、この、なんでもやってしまうチャンバラ映画のスターでもあった長谷川一夫というのは一体なんだったのかというと、正しく、「長谷川一夫は長谷川一夫である」としか言いようのない人ではありました。そして、チャンバラ映画というのも、実に〝長谷川一夫〟なんです。小説でもなければ演劇でもない。時代劇のくせに歌舞伎でもない。〝チャンバラ映画〟としか形容出来ない雑然としたものがチャンバラ映画である――その一点で、チャンバラ映画は〝長谷川一夫〟とおんなじなんです。立回りもあればレビューもある。「おのおの方！」の忠臣蔵だってやっぱりあるのがチャンバラ映画なんです。〝長谷川一夫〟と市川右太衛門の『旗本退屈男』は、ほとんどおんなじものであると、私は思います。

盛りを過ぎて長谷川一夫は舞台に立ちます。観客席との間に距離をおいて、アップのない舞台では、皺も二重顎も気になりません。だからそこでは、長谷川一夫は相変らず全盛期の二枚目です。そして、相変らず全盛期の二枚目である長谷川一夫は、

〝流し目〟という言葉で代表される、直接観客の胸の中に届いて行くような細かい表情演技を、劇場中に届かせるような演じ方で、演じ直さなければなりません。その結果長谷川一夫は、歌舞伎でもない新劇でもない、〝東宝歌舞伎〟と呼ばれるような、一種独特の〝長谷川一夫の演劇〟を作り上げるのです。

お客さんは来ます。だから公演は続けられます。しかしこれは、どこにも属さないジャンル分け不能の〝長谷川一夫の演劇〟なのです。どっかで見たことがあるものを全部寄せ集めて、どこにもないような、しかし違和感を全く感じさせない当り前のものを作ってしまう――日本的といえば、正にこのやり方こそが日本的の最たるものですが、それが〝長谷川一夫〟であり、チャンバラ映画なのです。

長谷川一夫は東宝歌舞伎の中で、オーケストラという〝洋楽〟を使って日本舞踊を踊ったのです――それは、ジャズからベートーベンの『運命』までという、突拍子もなく幅の広いものでした。そしてサイレント時代、チャンバラ映画は、洋楽の伴奏で――しかも曲は三味線音楽でした――立回りのシーンをバンバン回したのです。

どちらも同じものです。

それ迄《まで》の基準で行けば〝いかがわしい〟〝くだらない〟〝品がない〟と言われるようなものを平気で組み合わせて消化させて、それでチャンと見せてしまう。チャンと見せているにもかかわらず、それがどこに所属するものかがさっぱり分らないから、とりあえず〝ジャンル分け不能〟の〝くだらない〟という領域にほうりこまれる。日本という国に於ける〝日本的〟というものは、実にこういう存在の仕方をします。唐の時代の中国を模倣した奈良から平安朝に移って〝国風文化〟というものが出来た。そして、国風文化の代表とされるのが女の子のお喋《しゃべ》りに類するような〝女流文学〟であるという、〝日本的〟のルーツを頭におけばこんなことは不思議でもなんでもないのですが、しかし、誰もこんな風には考えないですね。考えた方がいいし、考えるべきだと私は思いますですね。というのは何故かというと、この〝日本的〟ということの核には、とっても重要なものがあるからです。

平安朝の女流文学だって、もともとは個人的なものでした。女学生の日記でしかないようなものが『枕草子』だったり『更級日記』だったりする訳ですからね。じゃァなんだって一体、そんな個人的なものが立派な〝古典〟なんていうものになったのかというと、それは、そんな〝個人的なもの〟が「だって、私は私でしょ」という立派な力によって支えられていたからです。

個人的ということは公けの公式ジャンルからははずれているということですが、はずれていてもいつか立派に存在してしまったというのなら、そこには勿論、それだけですね。

の力があったからです。ノン・ジャンルの長谷川一夫が、あくまでも〝長谷川一夫〟であったというその〝力〟と、この力は同じものです。この〝力〟、それは勿論〝芸〟ですね。

人の心に訴えかける〝何か〟が、〝芸〟〝技術〟という力によって育てられる。それは〝芸術〟と呼ばれるものであろうけれども、その〝芸術〟の中には従って、「私は私であるけれども、それと同時に、やっぱりみんなもみんなだよね」という、広がりを持っているということになります。

この広がりは、多分〝善〟であり必要であるようなものだろうと思われます。それまでにそういうものがなかったからなんだかヘンな扱いを受けるけれども、必要なものは必要なものでチャンと進化して行くということですね。

チャンバラ映画には〝新しい何か〟があって、それが発見されなかったばっかりに「くだらない」と言われていたのだというのがここまでですが、それでは次に、その〝新しい何か〟を前面に押し出す為にチャンバラ映画が明白についた〝嘘〟のお話をすることにしましょう。この一点で、チャンバラ映画は多分〝いい加減〟だったんだと思いますよ。それは、〝お歯黒〟の話です。

5　現代で時代劇をやる〝嘘〟について

御承知のように、江戸時代の既婚女性はみんな、お歯黒をしていました。眉《まゆ》を剃《そ》り落してお歯黒をつけるのが、江戸時代の普通の既婚女性でした。ついでですが、お歯黒をつけていたのは人妻だけではなく、遊女も勿論そうでした。遊女は眉を落しませんが、それでも、薄倖《はっこう》の遊女が寂しげに微笑んだ時、口の中が真っ黒だったという情景を考えて下さい。

どうです、ぞっとしないでしょう?

日本人がいつ頃からどうしてお歯黒をつけるようになったのかということはよく分りません。〝魔除け〟という呪術《じゅじゅつ》的な意味があったとか、お白粉ベタ塗りに象徴される肌の白さを引き立てる為の黒であるとか、出産で歯がボロボロになってしまうお母さん——お腹の中の赤ちゃんにカルシウムを取られてしまう為です——の話に代表される女性の弱い歯を守る為とか、説は色々あります。色々ありますが、事実としては、平安時代の王朝貴族達はみんな、男も女もお白粉つけてお歯黒つけて紅をさしていた——そういうお化粧をしていたということです。

室町時代に生まれた日本の代表的な芸能である能の能面――〝小面《こおもて》〟と呼ばれる若い女性の面は、眉を落してお歯黒をつけています。〝能面のような無表情〟という言葉の元はここですね。眉を剃ってお白粉で顔中を塗り潰してお歯黒をつけて、顔から表情というものをまず奪って、そしてしかる後に〝きれいか・きれいじゃないか〟という〝美〟が問題にされたんですね。桶狭間《おけはざま》の合戦で織田信長に倒された今川義元、この人も京風にお白粉お歯黒眉なし口紅のお化粧をしていました。今川義元にしてみれば、そういう風なお化粧をすることがまず第一の権力者の条件だったんですね。

平安朝の終りの源平時代から徳川幕府まで、日本の歴史は朝廷貴族と武士政権の幕府との対立の繰り返しでした。そして、政権を握った武士が力を失うのは大体いつも決って〝武士が貴族化したから〟ということでした。武士が貴族化するというのがどういうことかというと、それは端的に言ってしまえば、男がお歯黒をつけるようになってしまうということです。

壇ノ浦で滅んだ平家も、最後はいるんだかいないんだか分らない〝お人形〟になってしまった室町幕府の足利将軍も、みんなお化粧をしていました。今川義元だってそれにならってお化粧をしたのです。勿論それは滅びることを見ならったのではなくて、権力者のスタイルを見ならっただけなのですが、結局は古いものの宿命で、桶狭間の露と消えるところまで見ならってしまったのでした。あの「浪花のことは夢のまた夢」と言って死んで行った豊臣秀吉だって、最後はお化粧してたんですよ。だから時代は簡単に徳川幕府になってしまったんです——今川義元とおんなじで。

お歯黒のお化粧は一種のステイタスでもありました。という訳で、江戸時代という、やっぱり現代とおんなじように〝大衆化現象〟の起こった時代には、女性はみんな、昔の貴婦人のような無表情になりました。だから当然、江戸時代の女の子は、「結婚したら眉毛が剃れる、結婚したら歯が真っ黒になれる♡ああ、嬉《うれ》しい」と思っていたのでした。〝常識〟というものはそういう風に働きます。

ところで、結婚したら眉毛を剃ってお白粉をつけてお歯黒つけるというのはどういうことかというと、結婚したら無表情になるということです。なにしろ、江戸時代の結婚というものは女性にとって〝夫に仕えること〟でしたから無表情は当り前だったのです。

ところが、明治になると女の人はお歯黒をつけなくなります。というより、結婚すると眉を落してお歯黒をつけるという風習はもう、はやらなくなります。近代の日本の変化で一番重要なものは実に、この〝もう、はやらない〟ではありましたけれども、要は、お歯黒は古さの象徴になってしまったということです。

「結婚したら眉毛が落せる！」と喜ぶ女の子はいなくなります。なりますが、かといって、江戸時代からお歯黒をつけて来て明治を迎えて、「だからといって急にやめる理由もない」とそのまんまお歯黒をキチンとつけているおばさん、お婆ァさんがいなくなる訳でもありません。そういう人はかなり長い間黒い歯のまんま生き残ったりはする訳です。

という訳で、古さの象徴になったお歯黒はここで、更にその〝古さ〟という意味合いを強固にする訳です。だって、陽の当らない部屋にジッとしているお婆ァさんがたまに口を開けると真っ黒である、とか、しなびたおっぱいぶらさげて下品に笑う婆ァさんの口許が真っ黒だ、というような形でしかお歯黒は残らない訳ですから。

ここでお歯黒は〝古くて不気味〟というイメージを付け加えられます。

という訳で、伺いますが、あなたは、チャンバラ映画の中でお歯黒をつけてニッコリ笑う可愛い人妻とか、はかなげな遊女を見たことがありますか？

ないでしょう？

そういう黒い歯は大体、遣《や》り手婆ァとか武家の堅実だけが売り物の地味なオバさんとか、好色な年増女というような形でしか出て来ないんですから——出て来るとして。

「そんなことはない、私はチャンと、そういう正式な人妻風俗というのを映画で見たことがある」とおっしゃるんでしたら、それはあなたが芸術的な時代劇しか見ない人だというだけです。

〝芸術〟の方から行くと、もう、江戸時代というのは即〝封建的〟ですから、そういう封建体制の桎梏《しっこく》の中で抑圧されて自由も奪われて人間性が剝奪されてる訳だから、当然女の人は無表情にならなくちゃいけなくて、お歯黒眉なしになるのです。

それが芸術であり本格である、という訳です。という訳で、溝口健二監督の『西鶴一代女』とか篠田正浩監督の『心中天網島』とか今井正監督の『武士道残酷物語』といった作品にはそういう女性達が出て来る訳です。

しかし、それはそれとしておいといて、まともで健全な感性を持っている現代の男性が、「お帰んなさい」と言って出迎えてくれる自分の奥さんの歯を黒くしたいとも思わないし、眉毛がない方がいいとも思わない訳ですね。そんなもん「可愛い♡」とは思えない訳ですから。

という訳で、チャンバラ映画は〝嘘〟をついたんです。自分の可愛い奥さんやガールフレンドを、江戸時代の生き残りの不気味な婆ァさんのようにはしたくないと思って。

昭和三十年代の東映映画、中村錦之助（現・萬屋錦之介）主演のシリーズ物〝一心太助〟の中で、この主人公一心太助は結婚をいたします。普通、シリーズ物の主人公は結婚なんかしないんですけど——大体、主人公が結婚するとそのシリーズ物は終ってしまうんですけども（ここら辺は一昔前の少年マンガと似ています）、この一心太助は結婚します。その結婚相手は〝天下の御意見番〟大久保彦左衛門のところで腰元奉公をしていた〝お仲ちゃん〟です。この〝お仲〟に、あの歯磨のＣＭでおなじみの中原ひとみが扮しました。笑うと歯が真っ白で、目がクリクリッとしたあの人です。

今では二児の母になってしまいましたが、昔はこの人、日本のオードリー・ヘップバーンでした。

という訳で、この人が一心太助の許嫁《いいなずけ》に扮して結婚して若奥さんになったら、当然、真っ黒な歯に眉毛なしで、ガイコツのようなギョロ目を光らせて出て来ることになります。一体、どうしてこれで明朗娯楽時代劇になるのか？　という訳です。

ならないからやめます。中原ひとみのお仲は、一心太助と結婚して夫婦になってからも眉を落さず歯も染めず〝処女〟のまんま平気でこの映画の中に出て来ます。もうそ眉があって歯が白ければ、それは江戸時代の常識で言えば〝処女〟でした。もうそんな年頃でないにもかかわらず、歯を染めないでいる女がいたら、それは江戸の常識で言えば〝ツッパリ娘〟ということです。江戸の白い歯は、そういうものだったんですよ。

ところで、大久保彦左衛門という立派なお武家様のところで腰元奉公をしていて、その旦那様の仲人で一心太助の女房になったお仲がツッパリ娘である筈はありません。だから〝一心太助〟のシリーズに出て来る太助の女房お仲は、考証的には〝嘘でいい加減〞なんですね。でも、ホントで正確にしたらどうなるかは前にも書きました。生きてる骸骨《がいこつ》だって。

大体、エラが張ってギョロ目の女が、江戸時代の美意識でいって〝美人〞である筈がありません。それで言えば、そもそも一心太助の女房に中原ひとみを持って来ること自体、考証的には間違いなんですね。

でも、ここで必要なのは間違いかどうかという問題では全くありません。昭和の三十年代に〝一心太助〞を観る人と作る人は、「絶対に一心太助の恋女房は現代的で明るい可愛い女の子がいい！」と思ったんです。だからその役を中原ひとみが演じたんです。

みんな、チャンバラ映画に自分達を見たかったんです。だから〝嘘〞がなければいけなかったんです。

私は前に、「チャンバラ映画を見る人にとって〝現代〞はそんなに魅力的な時代じゃなかった」なんてことを言いましたけども、その話がここに続きます。

チャンバラ映画は、江戸時代が終ってから出来て来た新しい芸能です。「なんで今更終った時代がいつまでも背景になってなくちゃいけないんだ」という軽蔑《けいべつ》がチャンバラ映画にはあったと言いましたけれども、でも人間というものはそう簡単には変らないんです。変れないんです。

頭では「それは古い」と分っていても、でもそれだけで自分の今迄を切り捨ててしまうのはお調子者のバカだけです。明治の初め、日本は文明国だということを諸外国に見せる為に、ドレスを着た貴婦人達が毎夜毎夜鹿鳴館で舞踏会をやって、「とんだ猿芝居だ」とみんなに笑われたのはその為ですね。まだその頃の日本人は、〝西洋的な文明人〟ではなくて、圧倒的に〝江戸時代人〟だったからです。そして、圧倒的に〝江戸時代人〟であることを困ったことだとして、ズーッと頭をかかえて来たのが近代の日本人でした。「まだまだ日本は遅れているし」と、ズーッと言って来たのでした――インテリとかエライ人は。

確かに、何かは遅れてたんです。でも、遅れてるのは〝何かが〟であって、全部ではなかったんです。江戸の三百年は平和だったんだから、その為に〝何か〟は遅れたとしても、それに見合うだけのやっぱり〝何か〟は、満ち足りていたんです。江戸時代が終ってもズーッとお歯黒をつけているお婆ァさんがいたということは、その一つの例なのかもしれません。もっとも、そういうお婆ァさんを〝時代とは無関係な困った人〟〝時代遅れの旧弊な人〟ということだって出来ますけども。出来ますけども、でも、それで行ったら、日本人の多かれ少なかれは時代とは無関係な部分を持っていて、時代に乗り遅れているということにだってなるんですよ。

これだけテレビを初めとするマスコミ・ジャーナリズムが発達した現代で、そしてそういう現在であるがゆえに、日本人のほとんど圧倒的多数の大部分のかなりの人が、「自分は時代とは関係ないのかもしれない」「流行に乗り遅れないように」とウの目タカの目でキョロキョロしているということは、日本人はみんな、今だって、どこかで〝お歯黒をつけたお婆ァさん〟を演じているってことなんですよ。

「もう、はやらない」という声がどこかから聞こえて来ると、誰に命令される訳でもなく、日本人の大多数がある方向に突進し始めるという、そういう落ち着きのなさが、明治からこちらの日本人の歴史の底流にはありました。

だから、日本人は「落ち着きたい」「のびのびとしたい」と思った時、さっさと自分の住んでる〝現代〟を捨てて、江戸時代へ行ったんです。そこだったら「もう、はやらない！」という声は聞こえて来る筈がありませんから。

それくらい、日本のこの百年は落ち着かない百年だったんです。だから〝都会的〟とか〝現代的〟というものは、いつも不安定で軽薄なものとしてとらえられて来たんです。日本に〝都会的コメディー〟というものが定着しないで、喜劇はみんな〝人情喜劇〟という昔ながらのものに落ち着いてしまったのはその為です。それくらい、この百年間の〝現代〟は面白いことが定着しにくい百年ではありました。面白いことが定着しにくいということは、ドラマが生まれにくいということですけれども。

ショッキングな事件が起こっても、それがドラマとして定着することはない――それ以前三百年以上も昔の元禄の事件が〝忠臣蔵〟というドラマになって今に残っている、にもかかわらずですよ。

この百年の間、圧倒的多数の日本人は、自分達のドラマを全部、江戸時代から持って来てたんです。「教養のない人だからそういうことをする」なんていう発言は勿論、バカのすることですね。誰になんと言われようと、〝本音〟というものは、存在するのなら揺るぎなく、存在するものなんですから。

チャンバラ映画が存在していた日本というのは、実はそういう一面を持っていたんです。

だから、昭和三十年代の日本人は〝現代的な奥さんを持っている自分〟というのを発見する為に、わざわざ江戸時代まで行ったんです。一心太助になって、自分の奥さんにお歯黒をやめさせたんです。

多分、こういうことだと思います――江戸時代が明治以降もあったというのは、明治以降の日本人達が「あそこからやり直すんだとすると、自分はすごくスッキリと自分の人生に筋を通すことが出来るんだけどなァ」と思い続けていたからだ、と。言ってみれば、江戸時代というのは、もう帰ることが出来ない自分の子供時代のようなものだ、と。

子供のまんまでいたら世の中にはついて行けないけれども、でも子供の時はそれなりに何かが満ち足りていた——あの時の状態がそのまんま素直に続いていたら自分はもう少しうまく落ち着いてなんでもうまくやれていたんじゃないか、そう思わせるものが娯楽としての江戸時代、娯楽としてのチャンバラ映画だったんです。

「たかが娯楽」と言われたってバカにしたものじゃない、そういう娯楽に接している時、日本人の圧倒的大多数は「今の自分のいる世の中はどっかおかしいところがある」と黙って言っていたということになるんですから。


明治以降も江戸時代があったということはそういうことです。

それは夢の時代だし理想の時代だし、ドラマのある時代でもあったからです。明るい夢だってあれば妖《あや》しい夢だってある。〝怪談〟というものの舞台が圧倒的に江戸時代で、現代の怪談というのがいつもどっかおかしい、そぐわないというのは、そういうことですね。

江戸時代の衣裳を着ればドラマが演じられた、演じやすかった。だから現代人は着物を着た。そういう意味でチャンバラ映画は、常に〝着物を着た現代劇〟だったんです。

どんな話でも、平気で昔ながらのパターンに収めてしまう——チャンバラ映画が全然前向きじゃないと否定されてしまうのと同時に、そこで描かれる〝昔〟はかなりにいい加減だと、今度は不徹底な後ろ向き加減を非難される。そして、「要は通俗なんだから、いい加減で中途半端でもしょうがない」と許される。

まァ、誰に許されるのかは知りませんが（多分それは〝権威〟でしょう）、しかしチャンバラ映画が一貫して〝着物を着た現代劇〟であった以上、いい加減であらねばならなかったし、中途半端であらねばならなかったのです。それこそが必要で、美点であり長所であり、魅力だったのです。

多くの日本人はこの百年の間、まだ、〝魅力的な現代生活〟〝ちゃんとした自分の生き方〟なんてものをつかまえられなかったから、チャンバラ映画を見て勉強していたのです。「ああすれば楽しくなる」「ああすれば正しくなる」と！

〝通俗〟ということのすごさを誰も知らないようですが、通俗こそは、そうした人達に向けての、人生の教科書ではあったのです（どうだ、チャンとした〝講座〟だろ！てな啖呵《たんか》の一つでも切りましょうか？）。

第二講　これが通俗だ！

1　たとえば丹下左膳の場合

まず大雑把《おおざっぱ》なことを言います。

前にも申し上げたように、チャンバラ映画は三度作り直されています。一回目はサイレント（無声）映画時代、二回目は音が出るようになったトーキー時代、そして三回目はそれまでの白黒スタンダードの映画が横長になって色がつく、戦後の〝総天然色○○スコープ〟の時代です。

これは勿論《もちろん》、映画が新しい表現方法を次々に獲得して行く進歩の歴史ではありますが、しかし見方を変えると、これは余分なものがくっついて行く、堕落の歴史でもあります。

ちゃんとした話が出来る人間なら、会話というものが伝わった方がいい。でも、ロクに口をきけないでいる人間が喋《しゃべ》ることを強制されたら、それは苦痛でしかない、というようなことです。

会話ということがそう重要でないのだったら、トーキーよりもサイレント映画の方が効果的かもしれない。しかし、会話ということが重要になったら、やっぱりそれはサイレントよりもトーキーの方がいいだろう、ということです。

じっくりと話を進めて行くのなら白黒スタンダードの方が落ち着いて見ていられるかもしれないけれども、でも、派手なものを見せるんだったら色付きの大型画面の方が断然派手、というようなことでもあります。

チャンバラ映画が三度変ったというのはだから、黙ってブッた斬るような迫力を持っていたものがだんだん間延びのしたお喋りに気をとられてただの見世物に落っこってしまったという歴史でもあり、だんだんに完成されたものに近づいて行った歴史でもある、ということです。

この本の最初で私が申し上げた、「チャンバラ映画は戦前のサイレント時代が一番すぐれている」という通り相場は、だから前者の歴史観を支えているものなのですね。白黒スタンダード無声という、ただ〝動き〟だけで物語を進めて行くそのシンプルなスタイルが一番完成度が高かった、ということなんです。ということなんですが勿論、この歴史観はもう一方では、「裏返していえば、それはセリフを扱うのがヘタだったということだし、見世物としてショーアップする能力にまだ欠けていた」ということにもなりますですね。

たとえば『丹下左膳』です。これは、サイレント時代、トーキー時代、カラー大型時代と三度、作り直されています。丹下左膳を一代の当り役とした大河内伝次郎ででも、三度作り直されています。

最初は昭和三年の『新版大岡政談』で伊藤大輔《いとうだいすけ》監督。次がトーキーになって昭和八年の『丹下左膳』で同監督。次に戦後になって昭和二十八年の『丹下左膳』――マキノ雅弘（現・雅裕）監督です。

勿論〝丹下左膳〟は大河内伝次郎主演で他に何本も作られていますし、大河内伝次郎以外にも丹下左膳に扮《ふん》した人は、阪東妻三郎、大友柳太朗を初めとして何人もいます。ここで挙げた昭和三年、昭和八年、昭和二十八年の〝丹下左膳〟は、それぞれにある意味を持った〝丹下左膳〟だということです。

昭和二十八年当時、日本にはまだ大型カラー映画というものはありませんでした。という訳で、昭和二十八年の『丹下左膳』も昭和八年の『丹下左膳』も、スタンダード白黒トーキーで、同じです。そして、監督はマキノ雅弘、伊藤大輔で違いますが、脚本は共に伊藤大輔であります。

それ以前の常識でいえば、映画の『丹下左膳』は伊藤大輔と大河内伝次郎のコンビによって作られていた。そこでは一種〝定本（オーソドックスな基本になるような決定稿）〟が出来上っていた、と見てかまわないと思います。ですから、昭和二十八年版の『丹下左膳』は〝伊藤大輔脚本を、もう少し今風に手を入れた脚本〟ということで、伊藤大輔・柳川真一の共同脚色ということになっています。

戦前のチャンバラ映画が戦後再映画化されるプロセスというのは、大体どれもこういうものかと思ってよいでしょう。

という訳で、昭和二十八年版と昭和八年版は間に二十年の歳月を隔てていますが、ベースとしては同じもの、と見てよいでしょう。

さて、その比較です。昭和二十八年版は、はたして不評でした。

〝『丹下左膳』前篇がゴタゴタしながら終ったら、大河内伝次郎がもう後篇は撮らないと言い出した。理由は、第一に脚本（柳川真一）が悪い、第二に昔のように自分が動けない、立回りが出来ない、走れない――自分の夢に描いたようにやれない、というのであった。〟――（マキノ雅弘『マキノ雅弘自伝　映画渡世・地の巻』）

二十八年と八年の間に変ったものが二つある。それは映画の成長と主演俳優の老化と、その二つです。

二十年の間に映画は複雑になりました。何が複雑になったのかというと、物語が複雑になったのです。

単純な話を何遍も見ていれば飽きる――というよりももっと正確に言いましょう――単純な動きを何遍も見ていれば飽きる、だから物語はだんだんと複雑になって来た、ややこしくなって来た、そしてその複雑さゆえに、物語運びのテンポは落ちて来た、ということです。この成長はある意味で、理屈抜きで活発に動き回れていた子供が、思春期になって、なんだか知らないブツブツ湧き上って来るモノローグに脚を取られて動けなくなってしまったという、そうした成長に似ています。大河内伝次郎が〝脚本（柳川真一）が悪い〟と言ったのはその為です。

どう悪いのかというと、伊藤大輔が作った大本の脚本がそれだけではもうもたないからと、もたせる為に挿入した会話部分がまだるっこしいからです。それが一々自然に入って来なければならないから、映画全体のテンポが落ちるんです。昭和二十八年版の『丹下左膳』は、なにかというと、男と女が柳の木の下でしんみりと話をしているシーンばっかりが出て来るという、そういう〝丹下左膳〟になっていたのです。

勿論それは、その当時の娯楽映画の常套《じょうとう》パターンです。二十年経ったら、突ッ走ってブッた斬る豪快なチャンバラ映画が、妙に女性的で情緒的なものに変っていた、ということです。

一体、大本の〝丹下左膳〟がどんなものだったのかを考えると、この昭和二十八年の大河内伝次郎の苛立《いらだ》ちというのはよく分ると思います。一番最初の〝丹下左膳〟とは、こういうものでした。

〝「新版大岡政談」第三篇のラスト、乾雲坤竜《けんうんこんりゅう》二刀の争奪シーンはラグビーさながらのすさまじいスピードで、右に左に刀を追ってひた走る左膳の姿は、世界の映画史にも類のない圧巻ではなかったろうか。この時封切館の満員の客席は左膳の疾走とともにウォーッ、キャーッと異様などよめきが場内を圧し、昂奮と熱狂につつまれたことが思い出される。〟——（キネマ旬報増刊『日本映画俳優全集・男優篇』〝大河内伝次郎〟の項）

最初の〝丹下左膳〟、昭和三年サイレント版の『新版大岡政談』はこうしたものでした。そして、この〝ラグビーさながらのすさまじいスピード〟は、昭和八年版の『丹下左膳』にも共通したものでした。

昭和三年版と昭和八年版、この二つは本質的には同じもので、あまり喋ることがないから、サイレントでもトーキーでもそう変りはなかったのです。そして、昭和八年版と昭和二十八年版のこの二つは、同じトーキーであっても、二十年の間に喋るべき必要が多くなりすぎていた——そういう物語に変っていたという、その一点において決定的に違ったのです。そして、二十年の間に大河内伝次郎は年を取りました。

〝ラグビーさながらのすさまじいスピード〟を誇った昭和三年当時、大河内伝次郎は三十歳でしたが、昭和二十八年に同じ彼は五十五歳になっていました。最早ラグビーは無理です。と同時に、五十五歳のおっさんがそんなスピードで突ッ走ったら、その点でその映画はどこか異質なものを観客に感じさせてしまうでしょう。〝青年〟にこそ疾走はふさわしいが、〝壮年〟には安定こそふさわしい、と。

2　もう一人の丹下左膳、阪東妻三郎（バンツマ）の場合

昭和二十八年、大河内伝次郎が『丹下左膳』を撮る前の年、もう一人の戦前からのチャンバラ映画スター、阪東妻三郎が『丹下左膳』を撮っています。こちらは菊島隆三《きくしまりゅうぞう》・成沢昌茂《なるさわまさしげ》脚本、松田定次《まつださだつぐ》監督で、伊藤大輔監督の〝丹下左膳〟とは別系統です。

勿論、この丹下左膳も走りません。この時阪東妻三郎は五十一歳、死の前年でした。勿論、阪妻だって昔は走りました。サイレントからトーキーのしばらくまでは、チャンバラ映画とは、ある意味で走るものでしたから。

それでは、阪妻の『丹下左膳』はどんなものだったのでしょう？　そのことで丹下左膳のもう一つのイメージが浮かび上って来るかもしれません。

阪妻の丹下左膳は、一言で言ってしまえばマイホーム・パパでした。莫連女《ばくれん》（要するにツッパリ女です）櫛巻《くしまき》お藤と同棲《どうせい》している丹下左膳は、みなし児の少年〝ちょび安〟を引き取って父親代りになってやるという、そういう〝丹下左膳〟でした。豪快

にしてやさしいおじさんでした。一種、どこかで鞍馬天狗だったのかもしれません、この丹下左膳は。

阪東妻三郎が昭和二十七年に『丹下左膳』に出演した時、実は大河内伝次郎からクレームがつきました。「丹下左膳は私の役だから遠慮してほしい」という、そういうことでした。それがあったから、次の年に大河内伝次郎は、もうだめかもしれないと思っていながら『丹下左膳』に出演したのかもしれません。

大河内伝次郎が阪東妻三郎の丹下左膳にクレームをつけたのは、疾走する丹下左膳で大当りを取ったという、それだけではありません。丹下左膳というキャラクターを、大河内伝次郎が自分のものとしていたからです。それあればこそ、もう走るのは無理だと分っていた昭和の二十八年に、五十五歳の大河内伝次郎は丹下左膳に扮したのでした。

大河内伝次郎の丹下左膳とはどういうものだったか？　それは、一言で言ってしまえば〝着物を着たフランケンシュタインの怪物〟でした。化物《ばけもの》だから、それがラグビーのように突ッ走る時〝ウォーッ、キャーッと異様などよめきが場内を圧し〟たのです。決して、マイホーム・パパではありません。原作の林不忘《はやしふぼう》も一種異様な人物としてこの丹下左膳を書いているのですから、阪妻よりも大河内伝次郎の方が丹下左膳にはふさわしかったのです。

丹下左膳はこんな風に登場します。小説の、〝丹下左膳〟です――。

〝ゲッ！　というような音を立てて、丹下左膳と名乗る隻眼《かため》の侍、咽喉《のど》で笑った。

「またの日はよかったな。道場破りにまたの日もいつの日もあるめえ。こら！　こいつら、これが見えるか」

片手で突き出した板に神変夢想流指《しんぺんむそうりゅうし》南《なん》小野塚鉄斎道場と筆太の一行！　や！　道場の看板！　さては、門をはいりがけにはずして来たものと見える。おのれッ！　と総立ちになろうとした時、

「こうしてくれるのだッ！」

と、丹下左膳、字看板を離して反《そ》りかえりざま、

カァッ、ペッ！

青痰《あおたん》を吐《ひ》っかけたは。〟――（林不忘『丹下左膳』）

丹下左膳が道場破りに乗り込んだ小野塚鉄斎《おのづかてっさい》道場というのは、善良なる町道場です。この道場に〝乾雲《けんうん》・坤竜《こんりゅう》〟という二つの名剣があって、それを欲しがる刀剣収集狂の

お殿様の命を受けて、丹下左膳がそこに乗り込んで行くというところから、この物語は始まります。丹下左膳は別に、正義の人ではないのです。ないけれども別に、丹下左膳が悪党だという訳でもない。言ってみれば、町道場にインネンをつけに行く丹下左膳は〝善・悪〟なんていうせせっこましいことを「うるせェなァ」と言って超越している〝不良〟のようなものです。勿論それは不良少年とか不良青年とかいうのではなく、もっと凄味のある不良中年といったものです。だからいきなり〝カァッ、ペッ！〟で青痰を吐っかけます。

そして、こういう人物だから〝ラグビーさながら〟の名刀争奪戦も演じられるのです。何故かといえば、〝正義の人〟が追いつめられたら〝悽愴《せいそう》〟というのになって、〝ラグビーさながら〟といった豪快さは出現しないからです。

最初の丹下左膳の監督、伊藤大輔は阪東妻三郎のことを次のように語っています——。

〝これは上体が沈む、前のめりに剣を構えまして、しかも両腕はまっすぐに伸ばします。攻撃の型ではない、追いつめられて、追いつめられて、やむを得ず迎え撃つのだという思い入れ。うわめづかいに相手を見る、その眼が何ともいえずかなしい。『雄呂血』というのがありましたろう、私はあの映画を時代劇の悲愴美の極致と見ました。〟――（嵐寛寿郎・竹中労『聞書アラカン一代・鞍馬天狗のおじさんは』）

ここに出て来る『雄呂血』というのはサイレント時代の阪東妻三郎の代表作で、善意の人が追いつめられ追いつめられて、最後に大立回りになるという映画です。丹下左膳の大河内伝次郎が〝不良〟で攻撃的で爽快《そうかい》であるのなら、阪妻は〝正義〟で受動的で悽愴である訳ですね。

なんの話をしているのかと思われるかもしれませんが、これからは、チャンバラ映画のスターの、年の取り方の話になるのです。

大河内伝次郎、阪東妻三郎、共にサイレント映画の時代から出て来た戦前のスターです。大河内伝次郎の方が三歳年上ですがほぼ同年です。この二人は同じようにスタートして、微妙に違うその後を辿《たど》ります。

大河内伝次郎が攻撃型で〝不良〟、阪東妻三郎が受動的で〝正義〟というのは言いましたが、大河内伝次郎はトーキー以後もそのままそれで突ッ走るのに対して、阪東妻三郎はトーキーになってつまずきます。何故つまずいたのかというと、それは勿論〝声〟です。セリフ回しが下手だったのと、トーキーになって実際喋《しゃべ》ってみるとその声がキンキン声で観客に失望感を与えたというその二つです。

欧米の話だとサイレント時代のスターがトーキーになって没落して行ったという話はよく聞きますが、日本のチャンバラ映画では珍しいことに、そうした例は阪妻だけです。

スランプになった阪妻は、欠点を克服する為に努力します。努力してその結果、阪妻は〝名優〟になるのです。かつて〝剣戟王《けんげきおう》〟と言われた阪妻のトーキー以後の代表作が『無法松の一生』『王将』という現代劇になってしまうのはその為です。勿論、阪妻は〝名優〟になってもチャンバラ映画を撮っていましたが、そのチャンバラ映画は微妙に変って来ます。

どう変って来るのかというと、かつては追いつめられた挙句《あげく》のその動きで見せていたものが、今度はその人間性という〝味〟で見せるというように変って来るのです。凄愴というようなすさまじい動きを見せていた青年が、年を取るに従って、悠々たる動きを見せる大親分に変って来たと言えばよいでしょうか。阪妻の『丹下左膳』がマイホーム・パパになっていたのはその為です。自ずから溢れる貫禄、気品といったものが、メチャクチャな立回りの動きを妨げたのです。〝壮年〟には疾走よりも安定がふさわしい、というのは阪妻にもあてはまります。

阪妻は、まだ日本映画がカラー大型画面になる以前の昭和二十八年に死にます。阪妻でチャンバラ映画を語れば、サイレント、トーキーとチャンバラ映画は二度生まれたということになりましょう。

もう一方の大河内伝次郎は微妙に違いますね。サイレントからトーキーへの変り目をなんなく乗り越えて、そして戦後、気がついたらもう昔のようには走れなくなっていたというのが彼です。そして彼はその後も生きて、カラー大型画面の時代に存在感のあるワキ役として登場し続けるのです。

カラー大型画面の時代は後にして、ここまでを整理しましょう。整理するとどうなるのかというと、話は簡単です。どっちにしろ、戦後の（白黒トーキー末期の）『丹下左膳』はつまらなかった、と。

阪妻の『丹下左膳』は人間味があって、その点は魅力的だった。だがしかし、丹下左膳とはそういう人物ではない。もっと、化物のような人物である、と。大河内伝次郎の『丹下左膳』は、その点では相変らず納得の行く丹下左膳ではあった。だがしかし、その丹下左膳はもう走れず、しんねりむっつり柳の下で話しこむ若き男女に邪魔されて、どうもイマイチ（というか、イマ二、三ぐらい）発散出来なかった。この点で行けば正しく、チャンバラ映画はサイレント時代が一番すぐれている、ということになる、と。だからといって、それでチャンバラ映画を作る側が時代と共に、技術の進歩と共にダメになって来たというのは早計というものですね。今迄で言えることは、役者が年を取った、物語の質が微妙に変った、映画の条件がサイレントからトーキーに変った、そのことによって『丹下左膳』が作りにくくなったという、ただそれだけのことだからです。

あまりにも早い時期に完成されすぎてしまったものは、その後の進歩というものが邪魔である。完成してしまった〝不良〟はそこまでであるという、そういう真実だってあるんです。虐《しいた》げられた〝青年〟が努力して立ち直って、そして人間として大成して大往生を遂げたら、それでもやっぱり終りです。

サイレントのチャンバラ映画が一番すぐれているというのはだから、青年期という、人間の特殊な――一番輝きやすい時期が輝いていただけだ、ということだって言えるのです。

青年は、年を取ったらおしまいだ。エキセントリックな輝きは、円熟してしまったらなくなってしまう、というようなことでもあります。そして、こういうことはとっても〝文学的〟で、〝芸術的〟には分られやすいのです。傷つきやすい青年、突ッ走る行動――それはほとんど永遠に文学・芸術の題材になるようなものです。そして、それに引きかえて、なんの不自由もない大人なんていうものはなんの魅力もないというのが、〝芸術〟方面からの見解ではある訳です。

丹下左膳がある時期のヒーローであったということは、戦後の『丹下左膳』がどれもこれもあまりパッとしないということで証明されてしまうのかもしれません。そして、なにも丹下左膳だけがヒーローではなくて、別の種類のヒーローだっているのだという話にもなります。

別の種類のヒーロー、それは、時代を超えてしまうヒーローです。年を取れば取るほど輝いて来たという、ヘンなヒーローだっています。誰でしょう? サイレント、トーキー、カラー大型画面と一貫して存在し続けて、遂にカラー大型画面の時代に大輪の花を咲かせたその人は勿論、かの〝退屈のお殿様〟早乙女主水之介《さおとめもんどのすけ》——彼こそが、日本文化の生んだ通俗の極致だと申せましょう。

3　という訳で出て来る、退屈のお殿様の場合

市川右太衛門扮するところの早乙女主水之介〝旗本退屈男〟は、考えてみればみるほど不思議なヒーローです。ヒーローの条件を全て備えているにもかかわらず、子供のチャンバラごっこにはあんまり出て来ないというのがこの人なんです。知名度が低いという訳ではありません。チャンバラごっこをする子供達の間での知名度は十分高いにもかかわらず、何故かチャンバラごっこには表立って出て来にくいという、不思議なヒーローなのです。

チャンバラごっこというのは、チャンバラ映画を見て来た子供達がその真似《まね》をする

遊びです。チャンバラ映画がはやらなくなってもうずい分になりますから、従ってチャンバラごっこをする子供なんていうのも地を払っております。しかし、かつて日本の子供の大多数はこの遊びをしたのです。日本人の人格形成とチャンバラごっこというのはどこかでかたく結びついている筈、なのです（けれども……）——というところでしょうか。

チャンバラごっこという観点から見た早乙女主水之介というのを少し続けてみましょう。

早乙女主水之介は派手な着流しスタイルです。鞍馬天狗は覆面をしております。丹下左膳は片目片腕で、「額の三日月傷が目に入らぬかッ！」の早乙女主水之介は〝天下御免の向《むこ》う傷〟がシンボルマークです。『大菩薩峠《だいぼさつとうげ》』の机龍之助は盲目の剣士で〝音無しの構え〟を使います。早乙女主水之介だって「諸羽流青眼崩《もろはりゅうせいがんくず》しをとっくりとお目にかけようか」でお馴染《なじ》みのように、一流の剣豪です。水戸黄門はいざとなれば三《み》ツ葉葵《ばあおい》の紋所のついた印籠《いんろう》を出しますが、早乙女主水之介だって何かといえば「天下の直参《じきさん》旗本、早乙女主水之介！」です。

チャンバラごっこというのは不思議な遊びで、チャンバラ＝立回り＝殺し合いの真似をすることによって子供の〝闘争本能〟を満足させるものでは、実はなくて、チャンバラという一番分りやすいシチュエーションに表われたドラマを真似ることによって、子供の持つ〝演技本能〟を満足させるような遊びなのです。

人間は社会的な生き物ですから、世の中というようなところで一生懸命シャカリキになって（あるいは適当に手を抜いて）頑張っております。

しかし大人はそうですが、子供は違います。大人の一生懸命さというのは、子供にとっては〝面白そうな何か〟なのです。という訳で、それがカッコよさそうだったら真似します。

興味もなく面白いところも発見出来ず、それが見る側の子供を萎縮《いしゅく》させるだけのものだったら見向きもしません。という訳で、お医者さんごっこもままごともチャンバラごっこもみんな、見る側の子供の〝何か〟を刺激する、大人の物真似——真似ずにはいられないから真似をしてしまうような面白いお芝居なのです。

子供はそういう真似のしやすいいい加減なお芝居が好きなのです。

という訳で、子供の好きなヒーローというのは、子供が真似をしやすいだけの〝極端さ〟を備えているのです。

まず、鞍馬天狗の〝覆面〟です。チャンバラごっこをやった子供で、風呂敷を持ち出して鞍馬天狗の覆面をしなかった子供などいないでしょう。〝ごっこ〟遊びの最大の前提は、自分達のいる現実から如何にして飛ぶかということです。自分達のいる現実から飛んで〝ごっこ遊び〟の出来る舞台に上る為の扮装《ふんそう》というのが必ずいるのです。ままごとの〝お母さん〟が必ずエプロンをかけていたのはその為です（そういえば、女の子のままごとというのも見なくなりました）。

　鞍馬天狗の覆面は、そういう意味では最強の扮装です。風呂敷で顔を覆《おお》えば、それだけで現実から飛べます。現実には〝ケンちゃん〟であったり〝マコトちゃん〟であったりするような顔が見えないのですから、もう誰だか分りません。〝現実から飛ぶ〟ということは、自分を誰だか分らなくさせてしまって、そして別の〝素晴しい誰か〟になるということですから、まず最初に自分を消してしまう鞍馬天狗の覆面は、チャンバラごっこ最強最大の魔法の衣裳です。

　ところで鞍馬天狗の覆面＝宗十郎《そうじゅうろう》頭巾は、風呂敷じゃ出来ません。イカの剣先のように頭の隅がピンとはね上っている映画の鞍馬天狗のように、実際にはどうしても出来ません。何故かといえば、映画の鞍馬天狗の覆面には針金の芯《しん》が入っているからです。それが分れば子供だって「ズルーイ！」とは言いましょうが、そんなことは分りませんから、どうしても鞍馬天狗みたいにチャンと出来ない自分の覆面と比較して、鞍馬天狗は〝神聖なるヒーロー〟となるのです。「鞍馬天狗だから、ああいう風にチャンとした覆面は出来るけど、自分はただの子供だからああいう風には出来ない」と。勿論、それだからこそ〝ただの子供〟は、鞍馬天狗との一体化をはかる訳ですがね（余分なことをもう少し――鞍馬天狗みたいに覆面の出来ない子、又は家から風呂敷を持ち出すことが出来ない子はどうなるか？　そういう子は手拭《てぬぐ》いを使って〝鼠《ねずみ》小僧〟になります。この江戸の怪盗ヒーローは頬《ほ》っ冠り一つですから。という訳で、鼠小僧の潜在的人気というのはかなり永続してあったのです）。

さて、子供にとってヒーローとは、識別可能な存在であるということです。見た目だけですぐ「あれだ！」と分らなければヒーローにはなりえません。チャンバラ映画のヒーローが、みんな実際のリアリティーには乏《とぼ》しくて大仰な恰好《かっこう》をしていたのもこの為です。だからこそ〝子供騙《だま》し〟なのですが。だから、鞍馬天狗が覆面をしているのと同じように、退屈のお殿様・早乙女主水之介は派手な着流し姿です。あれだけ派手な着物を着ている男はまず、女方役者の〝中村雪之丞〟だけでしょう。見た目の識別でいえば勿論〝額の三日月傷〟もそうです。派手な着流しと額の三日月傷で、その人は〝旗本退屈男〟だと分ります。分りますが、そこから先です。何故子供はそれを真似しないのか？　子供には真似がしにくいのか？

まず〝派手な着物〟というのが無理です。何故かというに、チャンバラごっこというのは、原っぱで泥だらけになってやる遊びで、そんな派手できれいな着物を持って出て来たら、お母さんにおこられるだけだからです。

早乙女主水之介になる為には、およそ子供には不可能な手段、金がかかってきれいな衣裳を着るという〝贅沢《ぜいたく》〟を持ってこなければならないのです。よそ行きを持ち出すというのは、まず子供にとって第一のタブーなんですから、早乙女主水之介は真似ようにも真似られないのです。そして、まァ、自分の衣裳の貧弱さに目をつぶって早乙女主水之介になったところでつまらない。早乙女主水之介には、よく考えたら〝特殊能力〟というのがないのです。「こういうことが出来るから早乙女主水之介になるのは嬉《うれ》しい」と、子供の気をそそるようなしどころが、早乙女主水之介には何もないのです。

ヒーローの識別でいえば、早乙女主水之介の三日月傷と並ぶのが、丹下左膳の片目です。そういう特徴があるから、この二人は、見ただけで分ります。分りますが、丹下左膳になるには〝片目をつぶる〟という〝演技〟を必要とします。でも早乙女主水之介にはそうした特殊な〝演技〟がないのです。

「ズーッと片目をつぶっているのは大変だろう」というのは、子供の心理を知らない発言です。

子供が丹下左膳になります。その子供はズーッと右目をつぶっています。右目をつぶり続けるという異常な集中力を必要とする――そのことによって逆に、その子は「自分が丹下左膳である」ということを意識し続けることが出来ます。子供にとって何よりもやりがいがあるというのはここのところです。

そして、右目をつぶり続けるという異常な集中力は、その子の中で出来上っている〝普通のバランス状態〟というものを崩します。右目をつぶることによって、その子はどこか不安定になるのです。不安定になった心理状態とのつり合いを取る為に、その子はどこかでメチャクチャな発散をしなければならなくなります。勿論、丹下左膳には右腕がないのです。普段利腕《ききうで》になっている右手を使えない。左手だけでチャンバラをやれ、ということはメチャクチャをやってもいいということです。右目をつぶり続けなければならない緊張感というのはここでいともたやすく破られます。破られて、何よりもスカッとするのは丹下左膳になることであるというのが、ここで出来上ります。右目の上に刀傷のある丹下左膳は何をやってもいいのです。丹下左膳が永遠の〝不良〟であったことを思い出していただきたいと思います。しかるに早乙女主水之介は――、ということです。

早乙女主水之介は、メチャクチャな剣法を平気で使ってもいいというような役柄ではありません。それをやったら〝直参旗本〟の名誉にかかわります。そして勿論、早乙女主水之介というのは〝諸羽流青眼崩し〟の使い手で一流の剣豪ではあります。決して弱くはないにもかかわらず、この人の剣法というのはどこか子供を魅《ひ》きつけない、あまりにも当り前の常凡さ、というのがあるのです。

子供がチャンバラごっこで一番真似をしたがるのは勿論、宮本武蔵です。二刀流の派手さというのは他に類がありません。

宮本武蔵が出て来たら次に出て来るのは勿論佐々木小次郎で、長大なる〝物干し竿〟という刀を使います。ともかく、どっかから長い棒を引っ張り出して来れたら、その子は佐々木小次郎になれます。なれますが、この見た目でパッと引きつける佐々木小次郎は、いざ実戦となるとまるで人気がありません。何故ないかといえば、そんな長い棒をメッタヤタラに振り回されたら、周りにいる子供達は迷惑するからです。〝物干し竿〟に当れば、当った子供は「痛ァい！　ケンちゃんずるいよォ！」と抗議をします。チャンバラごっこというのは、あくまでも模擬戦闘で、友達をうっかりひっぱたいたら「ごめん」と言わなければならないという暗黙のルールがあるものですから、佐々木小次郎の実戦は、みんなから敬遠されるのです。

宮本武蔵、佐々木小次郎に続いて人気があったのは、伊賀上野で三十六人斬《ぎ》りの仇討ちを演じた、今や〝忘れられた英雄〟荒木又右衛門です。なんでこの人に人気があったのかというと、それはこの人の仇討装束《しょうぞく》と関係があります。

この荒木又右衛門は、大小たばさんだ襷《たすき》がけの上に鉢巻を締めて、ここに手裏剣《しゅりけん》を差して登場します。バッタバッタ、ぶった斬って行くのと同時に、額に差してある手裏剣を放り投げなければ、とても三十六人という大勢は倒せません。

という訳で、チャンバラごっこで荒木又右衛門をやる子は「エイッ！」と言って手裏剣を投げるのを三回までは（ルールとして）許されるのです。

チャンバラごっこというのはやはり不思議な遊びで、体でやると同時に、口でやるものでもあります。追いつめられた〝荒木又右衛門〟が「エイッ！」と言って、額に差してある木の枝を敵に投げつけたら、投げつけられた子供は死ななければいけません。

勿論「エイッ！」と言って投げた子がヘタクソで手裏剣がはずれたらどうしようもありませんが、ちょっとでも当ったら、もう死ぬのです。「自分はそこで倒れたくない」と思って、当った子が「かすっただけだもん、死なないもん！」とか言ってはいけないんです。「カッちゃんずるいよォ、手裏剣当ったじゃないかァ！」という抗議が飛んで来るのが、チャンバラごっこという、肉体を使う頭脳ゲームの真髄なのです。

チャンバラごっこが口でやるものである、という側面を持っているからこそ、忍術ごっことか、〝真空斬り〟の赤胴鈴之助というものも登場しうる訳ですね。

早乙女主水之介は勿論、二刀流でもなければ頭に鉢巻締めて手裏剣を差しているという訳でもありません。退屈のお殿様は、子供のチャンバラごっこの世界では、あくまでもひたすら、オーソドックスな存在なのです。

そして、オーソドックスな存在というのは、子供の世界ではあんまり面白いものではありません。チャンバラごっこが〝立回りごっこ〟であるのと同時に、扮装を必要としたり頭を使ったり口を使ったりするというのは、それが勿論、イマジネーション（想像力）をどんどん膨《ふく》らませて行くドラマごっこ、お芝居ごっこだからです。オーソドックスなものは、この想像力の発達を支える基本であるのと同時に、想像力の膨張を妨げるものだからです。平たく言ってしまえば、早乙女主水之介というのは、子供のチャンバラごっこの世界では可もなく不可もない当り前のヒーローで、チャンバラごっこがエスカレートしてドラマが白熱化して来て、それよりも強い人がうっかりと出て来てしまったらたちまちどっかへ行ってしまうような存在だ、ということです。

早乙女主水之介より強い人はいるのでしょうか？　勿論います。

子供のチャンバラごっこの世界では、そのヒーローに扮する子供の力量とヒーローの強さはほぼ比例することになっていますから、チャンバラの上手な子供同士の対決になれば、早乙女主水之介も荒木又右衛門も宮本武蔵も、強さはおんなじなんです。

だから、〝手裏剣〟とか〝二刀流〟とかいう、やりがいの問題も出て来る訳です。訳ですが、しかし例外というのはやはりあるもので、そういう一級ヒーローの上にいる超剣豪というのは存在します。それが誰かというと、『大菩薩峠』の盲目の剣士・机龍之助なのです。この人が「音無しの構え……」と言って正眼《せいがん》に構えた刀（両手で刀を握ってそのまままっすぐ前へ突き出す）をスーッと右下に開いたら、もう誰も勝てません。そういう仕組にチャンバラごっこは出来上っていました。そして、机龍之助がどうしてそんなにも強いのかということは、チャンバラごっこをやる子供には説明のつかないことでした。何故かといえば、机龍之助はチャンバラごっこをやるような子供を遥かに超えて存在している〝大人〟だったからです。

机龍之助は、平気で女を犯します。それが机龍之助で、机龍之助以外のチャンバラ映画のヒーローは、誰もそんなことをしません。そして、そんなことを平気でする机龍之助がどうして平気で子供のチャンバラごっこのヒーローになっていられることが出来たのかというと、机龍之助の出て来る『大菩薩峠』の中で、彼は〝悪人〟として扱われてはいなかったからです。すべてが〝正義の人〟であるチャンバラごっこのヒーローの中で、この人だけが善悪を超えていました。だからこの人は強かったんです。チャンバラごっこの中で誰かが「音無しの構え！」とやったら、そこでそのチャンバラごっこは終りです。強いは強いで分るけれども、その〝音無しの構え〟をどうやったら破れるかが分らないから、チャンバラごっこはそこで終ってしまうのです。机龍之助が出て来るということは、「こっから先は〝大人〟の領域だ」と宣言したことに等しいのです。だから彼は強いのです。

早乙女主水之介は〝お殿様〟と呼ばれるような〝大人〟であり、机龍之助は平気で女を犯してしまうような形で〝大人〟です。大人には机龍之助のその異常さは理解出来る（かもしれない）けれども、子供には理解出来ない――そういう意味で机龍之助は早乙女主水之介より〝強い〟のです。

さて〝大人〟ということが出て来ました。勿論、早乙女主水之介がヒーローの条件を全部揃《そろ》えているにもかかわらずチャンバラごっこの中であまりパッとしないのは、彼が歴然と〝大人〟のヒーローであるからです。あまりにも大人というよりは、大人の為のヒーローであるから、子供には親近感が湧《わ》きにくいのです。

早乙女主水之介は〝直参旗本〟です。立回りの時に一々、彼は「直参旗本・早乙女主水之介！」と宣言する訳ですから、それは偉いに決っています。意味のない名乗りを上げたってそれはお笑い草になるだけですから。偉いは偉いで分ります――当人が自慢しているのですから――しかし、それがどれくらい偉いのかということになると、子供にはよく分りません。それは〝天下の副将軍〟水戸黄門と比べてみると分ります。

黄門様は、お伴《とも》の助さん格さんが「これなるお方をどなたと心得るか！」と言って三ツ葉葵の紋付きの印籠を取り出すと、そこにいる人間全員「ハハーッ！」と言ってひれふします。もうこれは、一目瞭然〝偉い〟のです。だから子供は、チャンバラごっこで〝黄門様〟を出す時は、原っぱに落っこっている石の中から一番見た目のよさそうな石を拾って来て磨きをかけて「これ、印籠ね！」と言う訳です。ただの石コロに神聖なる魔力を持たせて〝黄門様〟を演じる為の準備をします。〝黄門様〟はだから、そういう〝力〟にふさわしいだけの偉さを持った人だということは分るのです。〝将軍様〟ではなくて〝天下の副将軍〟というのはどれくらいの偉さを持つのか、どんな位置関係にあるのかはよく分りませんが、そんな面倒な詮索を抜きにしてもいいくらいに偉い人だということは簡単に分るのです。〝裸の大将〟山下清流に言えば「兵隊の位でいえば〝大将〟とおんなじ」だということは分るのです。

黄門様はそうですが、しかし一方、旗本退屈男・早乙女主水之介の〝直参旗本〟はよく分りません。早乙女主水之介がそう言うたんびに悪人共は「おッ」と言って少したじろぎますから、その言葉に何か威力はあるのだろうなということは分りますが、しかし具体的にどの程度かということは分りません。そしてこれは、子供に説明したって分らないことなのです。

早乙女主水之介の〝直参旗本〟は、会社で言えば〝部長級〟ということです。将軍様、黄門様は社長で、お大名というのが重役で、直参旗本というのが部長で、その下の御家人が万年課長だというのは、まァ少し違うかもしれませんが、子供に対する説明だと思って御了承願いましょう。

ここまでは子供も分ります。「フーン、部長かァ……」と。戦前の子供だったら、この〝部長〟は勿論〝兵隊の位〟に翻訳されたでしょう。しかし、「部長かァ……」は分っても、それが実際にはどの程度偉いのかということになると、やっぱり子供には分りません。何故かといえば、それを実感出来るような社会生活が子供にはないからです。〝強い〟か〝強くない〟かの序列なら子供にも分ります。それは実際に見て（又は体験して）納得することが出来るからです。しかし、そういう子供に〝制度〟という抽象的なものの中での序列は分りません。

「ねェお父さん、部長ってどうして偉いの？」って訊《き》かれたって答えようというものがないことでそれは分ります。それは〝地位〟という慣習の中で決められたものだからです。そんなものが意味を持つのは、大人だけです。子供は〝強いか強くないか〟だけですし、そうした意味合いの中での〝偉いか偉くないか〟の、二者択一しか理解出来ないからです。悪人がいて、それを正義の人が倒す——そのことによってその人は〝強い〟と理解は出来ても、立回りの時に出される〝名刺〟は分りません。そう、早乙女主水之介の言う「直参旗本・早乙女主水之介！」というのは、大人社会でだけ成立する、肩書きつきの〝名刺〟なのです。その〝名刺〟も見て、大人の観客は「ああ、あの程度のエラサであああいう活躍をする。それだったら自分は一体感が持てて納得出来るなァ」と思うのです。

〝直参旗本〟は、サラリーマンだったら〝部長〟、地方公務員だったら〝本庁のエリート〟、八百屋のオッサンだったら〝配達先のエライ人〟というような、納得出来る──自分もその程度のエラサは持ちたいと思えるような、そんな地位を示すのです。

4　大人騙《おとなだま》しと、早乙女主水之介

早乙女主水之介は名刺の〝意味〟が理解出来る、大人の為のヒーローです。そして、チャンバラごっこを語るということは、もうお分りと思いますが、チャンバラ映画のエッセンスを語るということです。それならば、ということでこうなります──即ち、大人の為のヒーロー早乙女主水之介は、チャンバラ映画のエッセンスを語る時、微妙に消えてしまうような不思議なヒーローだ、と。

チャンバラ映画が〝くだらない〟という意味合いをこめて語られる時に必ず使われ

る言葉に〝子供騙し〟があります。なるほど、チャンバラ映画の重要な要素には〝子供騙し〟であることがあるから、それで易々と騙されて（？）子供はチャンバラごっこをする訳ですね。しかしそれなら、わざわざ「直参旗本」という〝名刺〟を出して大人を納得させる早乙女主水之介はなんなのでしょう？　〝子供騙し〟という言葉を使われる時、私達はうっかり錯覚をしてしまいますが、それは決して〝子供向き〟なのではなくして、〝子供騙し〟とは必ず、大人向きの――大人の為の娯楽なのです。〝娯楽〟というものが狭く考えられた時、そこに〝子供〟の二文字が与えられてしまうという、ただそれだけのことなのです。

子供は単純な生き物です。放っとけば遊んでいます。でも、大人というものは面倒な生き物です。遊ぶ為には、態々《わざわざ》その為の時間というものを作り出さなければいけません。別に子供に娯楽を与えなくとも、子供は放っとけば遊んでいる――だとしたら、〝娯楽〟というものは大人の為に存在するものではないかというのが一番シンプルな考え方です。娯楽を享受するには金がかかる。そして金を稼ぐのは大人である。そして、娯楽というものが何故存在するのかというと、それは人間にとって必要なものであるから、と。

なんだってこんなことを態々《わざわざ》言わなければいけないのかというと、「娯楽というものは下らないものだ」という、人間に関する偏狭な考え方があるからです。間違って真面目な人、何か目的があって禁欲的《ストイック》な人、遊ぶだけの金銭的な余裕の持てない人――そういう人達がこういう考え方をします。でもしかし、そういう人達だってうっかりと、楽しいという気分だって味わってしまうことがあるのです。何かの拍子にうっかり楽しい気分を味わってしまって、でもそれが自分の人生観とは相容れず、位置づけようがないから困ってしまうのです。困って、照れて、そしてそうした気分を「大人の自分とは関係ない、しかし大人の自分の中に残っている子供の部分のなせるわざである」というところに位置づけます。それが娯楽を〝子供騙し〟と呼ぶものの正体なのです。でもそれは本当でしょうか？　娯楽というのは、自分の中で忘れられている〝子供の時〟を態々引っ張り出して来なければならないような、そんな面倒なものなんでしょうか？　そんな面倒なものではなく、娯楽というものは、大人である今の自分が素直に楽しめるようなものであるのが本当だと思います。そして、だからこそ娯楽というものは、大の大人が簡単に子供のようになれてしまうという前提がなければ成立しないものだということになるんです。つまり、娯楽というものが大人を対象にして存在しているのならば、大人というものは子供っぽさを平気で持っていて、それを平気でオープンにしてしまえるものであるということにならなければ嘘だ、ということです。これは、大人というものが何事にも動ぜずどっしりと真面目であらねばならないという考え方とは、真っ向うから対立するものです。娯楽というものの存在を認めてしまえば、大人というものはそれを享受出来なければならない。それを楽しめるような受け入れ態勢をいつも持っていなければならない。キチンとしているだけではない、いつもいい加減でいられるような部分を持っていなければならない——それあってこそ初めて大人である、ということになるのです。この〝いい加減でいられるような部分を持っている〟ことを別の表現で置きかえますと、それは〝ゆとりがある〟ということになります。大人とはそういうものであるという〝常識〟を抜きにすると、大衆とか娯楽とか通俗というものは全く分らなくなります。〝大人〟とは、大衆とか娯楽とか通俗と言われるようなものの中に平気でいられるものであって、それを「子供騙し」と言って斥《しりぞ》けるものではないからです。通俗を語るのに〝子供騙し〟という言葉を使うのは、ある意味で逃げです。何から逃げているのかというと、それは勿論、大人の持つ〝いい加減さ〟からの、大人はいい加減であらねばならない、いい加減であれてこそ初めて人間は大人であるという、大人といい加減さに関しての積極的な肯定からの逃げです。そういうことをしているから、世の中はつまんなくなってしまうのです。

〝子供騙し〟は便利です。チャンバラ映画を語るのに、チャンバラごっこを語るだけですませることが出来ます。〝子供騙し〟は便利です。〝童心〟という純粋なるものを味方につけて、それで弁護してもらうことが出来ます。でも、大人というものは雑然としたものなのです。純粋だった子供に雑然としたものがくっついて、それで人間は大人になるのです。その雑然とした部分を否定されたら、人間は大人になっている甲斐がありません。そして、子供というものが純粋なだけではなく、もっと複雑なものだというのは、子供が実は、雑然とした大人になる為の色々な芽を胚胎《はいたい》しているものだからです。だからチャンバラごっこは、単純なる暴力衝動の発散ではなくして、体と口とを一緒に使う、複雑なドラマごっこなのです。そして、チャンバラ映画を見る大人は、別にチャンバラごっこをやらないんです。だからこそ、チャンバラごっこから抜け落ちている部分には、大の大人が喜ぶような通俗の塊《かたまり》というものがひそんでいるのです。

大人は、金持ちになりたいんです。金を持ったら、豪勢な恰好《かっこう》をしたいんです。大人は、ヘンテコリンな部分を持たずに、オーソドックスな存在でありたいんです。「直参旗本！」と、胸を張って名乗りを上げられるような地位と名誉がほしいんです。そういうことが胸を張って通用して行けるような、ドラマだってほしいんです。おまけに、そういう自分は正義の人でありたいし、いかがわしい部分だってあることは分ってるけれども、決して〝妖気〟なんて発散したくはないんです（したいのかもしれませんが）。

子供にはピンと来ないところに、大人は「そうだ！　そうだ！」とうなずけるんです。そういう人の為にこそ通俗はあって、そういう願望を肯定するものこそが通俗と呼ばれるようなものなんです。どうです、通俗ってすごいでしょう。いい加減さを全部認めた上でなおかつそれを正義にしてしまうという、大義名分からはハシにも棒にもかからないような存在が『旗本退屈男』の早乙女主水之介さんだったのです。

勿論、『旗本退屈男』の映画はサイレント時代からあります。サイレント時代にもあってトーキー時代にもあって戦後もあって、カラー大型画面時代に全盛期を迎える、通俗の極致が『旗本退屈男』なんです。

『旗本退屈男』が言っていることは唯一つ——派手な方がいい、賑《にぎ》やかな方がいい、それだけです。映画芸術もへったくれもありません。使えるものは全部使って、平気でそれで調和を取っている、生きている『日本』的の塊り、それが『旗本退屈男』だったんです。私の言っている〝日本〟的とは、ゴッタ煮こそすべて、雑然こそ唯一と言っている、そうしたエネルギーの持ち方のことです。日本て、ホントはそういう国なんですよ。どこの世界に、あんな派手な恰好した男がいるんだよね。日本だけじゃないか、というのは、これでも結構、重要な指摘なんじゃないかと思いますです。という訳で、早乙女主水之介は、あらゆる意味で日本特有の〝大人騙し〟の〝通俗〟なんです。

まずは、大人騙しの最たるところからまいりましょう。今では〝大人〟というものがどういうものかよく分らなくなってしまいましたが、昔は〝大人〟と言ったら決っておりました。女房がいて子供がいる——それが〝大人〟でした。大人の男、です。

大人の男が自由になる為には何が必要か？　左様、娯楽というものは、それを享受する人間に〝自由〟というものをまず感じさせなければいけません。それがなければノビノビ出来ません。そして勿論、大人というものは色々なしがらみの中でのびのびとすることが出来なくなっています。まずそれを切ってしまいましょう——という訳で、早乙女主水之介に女房子供はいないのです。

まァ、女房持ちの剣豪《ヒーロー》というのはあまり、いません。ここまでは常道です。しかし、こっから先が違います。早乙女主水之介があんまり子供のチャンバラごっこに出て来ないというのも、多分このことが関係しているでしょう。即ち、『旗本退屈男』には子供の影がチラつかないのです。子供をつきまとわせないヒーロー、それが〝退屈のお殿様〟早乙女主水之介だったのです。

鞍馬天狗に杉作は付きものです。例の角兵衛獅子の少年ですね、杉作は。丹下左膳にだって〝ちょび安〟という子供が出て来ます。宮本武蔵だって、お通は振るけど、伊織《いおり》という子供は連れて歩きます。伊賀の上野で仇討ちをした荒木又右衛門だって、実は、自分自身の為に仇討ちをしたのではなく、渡辺数馬という少年が仇を討つ、その助太刀をしたのですね。チャンバラ映画のヒーロー達というのは存外父性的なんです。保護者的と言いましょうか。あの妖気を漂わせて自分の女房を斬ってしまった机龍之助にだって、実は子供がいるんですけれども、しかし、この早乙女主水之介には子供の影がないんです。

早乙女主水之介は、子供の代りに霧島京弥《きりしまきょうや》という、美少年のお小姓を連れています。それだけです。早乙女主水之介は、幼い子供が「おじさん！」と言って慕い寄って来るのを「ヨシ、ヨシ」と言う、そういうヒーローではないのです。

それでは、早乙女主水之介が子供を邪慳《じゃけん》にする非父性的なヒーローかというとそうではありません。逆に、早乙女主水之介がチャンバラ映画のヒーロー達の中でどこか異色な感じがするのは、市川右太衛門扮するところの早乙女主水之介に父性的な感じが濃厚にするからだということさえ言えます。

通俗の極致、早乙女主水之介はどこか一筋縄では行かないのです。

東映チャンバラ映画の名物シリーズであった『旗本退屈男』は、サイレント時代から作られています。東映という映画会社は戦後に設立された映画会社ですから、それ以前の『旗本退屈男』は東映製作では勿論ありません。色々な『旗本退屈男』があって、色々な霧島京弥もいた、ということです。

霧島京弥といえば、それはもう北大路欣也で決りです。北大路欣也——即ち、早乙女主水之介に扮する市川右太衛門の息子ですね。言ってみれば、霧島京弥と早乙女主水之介は隠れた父子であるということになります。早乙女主水之介が父性的であるというのはここでしょう。

さてもう一人の霧島京弥、それは女優の宮城千賀子です。宮城千賀子というのもヘンな人で——というよりも日本の芸能がヘンテコリンと言った方がいいかもしれません——この人は宝塚歌劇団から出て、宮本武蔵のお通役で映画デビューをした人ですが、実はこの人の最大の当り役が男役だったのです。木村恵吾監督のミュージカル映画『歌ふ狸御殿』の主役、若君狸吉郎《たぬきちろう》で当時（昭和十七年）の女学生の胸をときめかせたのがこの人です。日本の芸能は平気で性倒錯を演じます。という訳で、この人がお小姓の京弥をやるのです。

男の市川右太衛門扮する早乙女主水之介と、女の宮城千賀子扮する霧島京弥の関係をどう説明したらいいのでしょう？　私も頭を抱えますが、しかしそうムツカシク考えることもないでしょう。これは〝色彩り《いろど》〟であると解するのが一番よい筈のものでしょう。

早乙女主水之介が派手な衣裳を着ているのと同じように、早乙女主水之介は派手な子分を連れているのだと解するのが一番いいと思います。そして、男の早乙女主水之介の名前の中に〝女〟がいるんだから、男の霧島京弥が女であっても不思議ではない、と。

早乙女主水之介と霧島京弥の関係を一言で、しかも現代的な目で見て言ってしまえば簡単です。ホモ関係だ、と。しかし、こう言われて一番キョトンとするのは、当の御本人達でしょう。

お殿様とお小姓の間に男色関係があったって不思議はないのが江戸時代ですが、しかしそれは〝必ずホモ関係があらねばならない〟という関係ではありません。〝やりたかったらどうぞ〟というような形、〝やってもやらなくても御随意に、とりあえず殿様に身の回りの世話をするお小姓はつきものですから〟というような形で存在するのが、お小姓なんです。という訳で、〝やってもやらなくても御随意に〟なんですから、「やったかもしれないけど全然覚えてないな」というような形で（あるんなら存在するのが、早乙女主水之介と霧島京弥のホモ関係なんです。

やれるやれない、あるなし、というような形ではなくて、〝やりたくなったらいつでもやれるから、当面は別にやらなくてもいい〟という形でしか、早乙女主水之介と霧島京弥に性関係は存在しないんですね。性的な飢餓感を刺激されないのだから、欲望は充《み》たされている——これが男の窮極の〃満足感〃というもので、我等がヒーロー早乙女主水之介は、実にここにいるのです。だからこそ、彼は、〃大人の為のヒーロー〃になれるのです。

早乙女主水之介は満たされているのです。だからこそ〃退屈〃するんです。満たされていない人間がどうして退屈なんかするもんですか。退屈というのは、そういう高級な心理状態を指すんですね。その退屈の虫を満足させる為に〃事件〃は起こって『旗本退屈男』の映画は始まるのですが、その危険な冒険を存分に享受出来る為に、旗本退屈男は満たされていて、自由なんです。

早乙女主水之介は大人の男です。そして、昔の常識で言えば、大人の男に女房子供は付き物です。それを養える、それを保護出来る、そういうことは男にとって嬉《うれ》しいことです。と同時に、それが義務になるのは面倒なことです。ムシがよくていい加減なところに男の願望の本質がありますが、「あるんだから満たしてしまえ」というところで、昔の娯楽は前提をスタートさせてしまいます。〃やりたくなったらいつでもやれるから、当面は別にやらなくてもいい〃という欲望の充足がそれです。そしてこれは〃そういう面倒なことはいやだから、それとほとんど同じでその上に面倒じゃないものを代りに持てばいい〟というような形でも存在します。

子供につきまとわれるのは面倒臭いが、だからといって子供を邪慳《じゃけん》にするような存在にはなりたくない――だからその代りに〝子分〟がいる。それが早乙女主水之介に於ける霧島京弥です。これを濃厚に体現するのが、実子・北大路欣也の〝霧島京弥〟でしょう。父子的ではありながら父子ではない――面倒臭いことを考えないで、親子関係の実質だけは味わえるという、実に理想的な関係です。

おまけに、前髪立ちの若衆・霧島京弥はその見かけに反して剣の達人です。言ってみれば、若いという理由だけで〝息子〟になっているけれども、その実質は十分に自立した若者であるから、手がかかりません。手がかからず、役に立ちます。子分としては申し分のない存在です。息子がそんな風になっていたら、お父さんだって、実の息子と友達兄弟のような付き合いが出来る。フランクな付き合いが出来て、おまけに平気で命令したくなったら命令出来て、その命令に対して相手は決して萎縮しないという、親子、兄弟、上司と部下――およそ考えられる年齢差のある男同士の関係を全部満たしている理想的な関係、それが霧島京弥です。

あると面倒臭いけどないのも困るという、男にとっての女房子供の内の〝子供〟は、このようにして理想的な解消というのをされてしまいました。だとしたら次はその〝女房〟です。女房の存在を理想的に解消するのなんて、もうこんなものは簡単です。

内と外とに分けて、女を一人ずつおけばいいという、それだけです。

という訳で、早乙女主水之介には〝妹〟がいます。家の中での身の回りの面倒は、全部彼女に見てもらえばいい訳です。勿論彼女は、若くて美人に決っています。そして、彼女は妹なんですから、平気で冗談口を叩けます。男にとって極楽です。

内はそうで、外は――、ということになったら、こりゃもう簡単です。なにしろ、退屈のお殿様は女にもてるのですから。女性に対するピュアーな愛情は妹が担当する。そして、やっぱり大人の女の魅力だっていいよなァということになると、花柳小菊《はなやぎこぎく》扮する〝自立した愛人〟なんていうのが出て来ちゃう訳ですよね。常磐津《ときわず》の師匠だとか、鳥追い女だとか、ともかく職業を持った姐御肌《あねご》の粋《いき》な女というのが、退屈男のそばにはいる。何しろ彼女は自立してるんだから、別に「結婚してやらないと彼女が可哀相かなァ……」なんてことを考える必要もない。という訳で、大人同士の自由な恋愛が成立するという、考えてみれば極楽極楽です。

愛人である女性は自立している。小姓である若者も自立している。そうすると可哀相なのは、家に閉じこめられて主水之介の世話をしている若い妹であるということになる。なるけれどもしかし、この妹が美少年の京弥と恋仲になっていれば、彼女だって〝仕事を持ちながら青春をエンジョイしている女の子〟ということになる。

まァ、なんともよく出来た設定ではあります、この早乙女主水之介の擬似ファミリーは。

〝直参旗本〟だから、まァ、喰《く》うには困らない。金を稼ぐ心配をする必要はないが、しかし、家計の采配《さいはい》は誰が振うのか？　妹には少し荷が重くないか？　ということになったら心配御無用、ここには堺駿二扮する三太夫が出て来る。〝爺や〟というものが、早乙女家の実質を切り回す――これは勿論、理想化されて縮小された〝親〟ですね。少しぐらいうるさいことを言ってくれる人間がいた方が安心するし、子供に邪慳だと思われたくないのと同じように、親孝行をないがしろにしてると思われたくない。コミカルな親がいてくれたら一番ラクだ、ということになる。

そしてこの三太夫は年を取っているから、別に今更色恋沙汰でもない、仕事に専念出来ていればそれで満足。殿様がなんにもしないおかげで、この爺さんの毎日は充実している、と同時に、殿様が時々ヘンな〝事件〟に首を突っこむので、まァ娯楽にもこと欠かない。まことに、老若男女すべてに対して気配りの行き届いたお殿様ではあります――と言ったら間違い。現実問題として、大人の男はそれだけの周り全部に気配りをしなければならない――ならないという、その男の重圧を全部解消してしまうと、全く理想的なハッピーになる、それが『旗本退屈男』なのだ、ということなんですね。

これだけの人間関係に守られていれば、早乙女主水之介はなんにもしなくてもいい。

平気で退屈をしていられる。こんななんともムシのいい存在であることが許されるのは何故かといえば、それは勿論、彼が〝自立した男〟だから、なんですね。

日本的な〝男の自立〟の条件というのを挙げましょう。経済力は勿論そうですが、その上です。〝他人に対する愛情〟でしょうか？　勿論違いますね。退屈のお殿様の人間関係というのは、そうした気配りを一切必要としないで出来上っている訳ですからね。問題は〝それが許されているのは何故か？〟なんですね。

それは勿論、早乙女主水之介のパーソナリティーのある部分です。明朗なる豪快さでしょうか？　大体そんなところでしょうね。日本的な〝男の自立〟を可能にするものは何かというと、それは実に〝男の色気〟なんです。早乙女主水之介の中に〝女〟がいるというのは、そういうことではあるんですね。

5　早乙女主水之介にみる、男の色気

〝早乙女主水之介〟という名前は、実によく出来た名前です。この名前を考え出したという、そのことだけで『旗本退屈男』の原作者・佐々木味津三《ささきみつぞう》は日本の大衆文化の歴史に燦然《さんぜん》と輝くでしょう。（そしてそのことだけでというのは、あまり大きな声で

は言えませんが、原作がちっとも面白くないからです――内緒ですよ）

〝早乙女主水之介〟の〝主水《もんど》〟は、正式には〝主水《もいとり》〟と読みます。〝もい〟とは〝水〟――飲料水です。その〝水《もい》〟を〝採る〟のです。飲料水の採取、即ち昔の朝廷の水道局（及びその職員）が〝主水《もいとり》↓主水《もんど》〟です。

〝介《すけ》〟とは何か、これもやはり昔の朝廷の官職で〝次官〟のことです。その昔の朝廷の官職は四つに分れていて、上からこれを〝長官《かみ》・次官《すけ》・判官《じょう》・主典《さかん》〟と称します。〝すけ〟は次官で〝輔・亮・助・介・佐〟というような字を充《あ》てます。だから〝主水之介《もんどのすけ》〟とは〝主水《もいとり》〟の〝次官《すけ》〟――即ち、水道局の次官ということになる訳です。

一体これになんの意味があるのかというと、大した意味はありません。ただし、人に名前をつける時、人はその名前の持つ、その言葉の向うにある〝イメージ〟というものを重要視したりするものではありますが。

〝――介（助・輔）〟という名前は今ではそうポピュラーではなくなったのかもしれませんが、女の子の〝――子〟と同じような、男の子の名前用の文字でした。子供に名前をつける親がなんでこれをよく使ったのかといえば、それは手頃なカッコよさと格式を持っていたからでしょう。〝スケ〟とは勿論、正式な官職名です。（ちなみに、日本の男の子の名前のもう一つの主流〝一郎・二郎・太郎〟といった時の〝郎〟――

こちらは鎌倉時代から始まる武士の〝一族郎等《ろうとう》〟の〝郎〟です。この場合の〝郎〟とは、身内集団を作る一つの単位としての人間個人という意味です。〝スケ〟が平安的官職――サラリーマン的であるなら、〝ロウ〟は鎌倉的集団――個人営業的でもありましょうか）

だから、男の子に〝スケ〟の一字を与えるというのは、格式があってカッコよくという願望があってのことだということになります。そして、〝スケ〟というのは〝たすける〟の〝スケ（助《すけ》ッ人《と》）〟で次官《スケ》ですから、あんまりエラクない。エライかもしれないがトップでは決してない。庶民というか一般人が出世を頭に描いた時、〝そこそこ〟という限度・謙遜・手の届きやすさを持って存在するのが〝スケ〟ということになりましょう。

という訳で、〝助・介〟という名前は氾濫《はんらん》します。中村錦之《きんの》助《すけ》が別に〝錦の次官〟ではないということですね。

さて、退屈のお殿様の場合です。江戸時代のお芝居（歌舞伎）なんかでは、大体〝主水〟というのは理智的な武士にふさわしい名前になってました。テレビの『必殺仕事人』で藤田まこと扮するのが〝中村主水〟であるのもその伝統を引いている訳ですね。〝主水〟というのは、そういうカッコいい名前です。

そのカッコいい名前に〝介〟がくっつきます。この〝介〟の一字が微妙ですね。

江戸時代を通して、〝スケ〟という名前は非常にポピュラーになりました。商家の番頭・手代はみんな〝〜スケ〟です。〝新助〟〝藤助〟〝権助〟。そこいら辺の町人はみんな〝〜スケ〟で、もうちょっといいとこの子になると間に〝之〟が入るというのがこの時代の感覚です。〝新之助〟〝藤之助〟〝権之助〟――みんな下に〝様〟の敬称がついてもおかしくありません。〝主水之介〟だって、やっぱり〝之〟が入るのだから、下に〝様〟がつくような人ではありますが、ここで〝〜之介〟の上を振り仰ぐと〝主水ノスケ〟であるところがなんともいえません。

〝主水之介〟というのは〝主水の次官《スケ》〟を感じさせる、正式をバックに持っています。ただし、〝主水〟だけだったらうっかりふんぞり返った侍になってしまいかねないところを〝スケ〟というザラにある名前の親しみで救われているところも、この〝主水之介〟にはあります。そして、それから離れて「普通のシンスケ、ゴンスケ程度じゃねェぞ、もっともっともらしくかしこまって霊験あらたかだぞ」というニュアンスも、この〝モンドノスケ〟という名前のくだくだしさの中にはあります。

ありがたそうで、ホントらしくって、親しみがありそうで、そして理智的な感じが、ゴッチャになって、するのが〝主水之介〟という名前です。江戸が終って明治大正が過ぎて、昭和の四年に生まれたのが小説『旗本退屈男』です。もう終ってしまった江戸時代にそう忠義立てする必要はない、しかしやっぱりそれらしい本物さは持っていたい。それで生まれるのが〝主水之介〟という名前の絶妙さでしょう。そして、この〝主水之介〟が〝早乙女〟という姓を導き出します。〝主水之介〟の〝主水〟は勿論〝水〟ですが、〝早乙女〟というのだってやはり〝水〟に縁のある名前です。〝早乙女〟というのは、水を湛《たた》えた水田で田植をする女性のことですから。〝早乙女〟↓〝主水〟――全体を貫くイメージは〝水〟の透明感、清々しさです。そこに〝強さ〟〝理性的〟〝権威性〟〝本格〟〝親しみやすさ〟〝もっともらしさ〟がくっついて、立派な時代劇のヒーローの名前が登場して、そしてその中に〝女〟の一字があるのです。中に〝女〟を抱えた豪快な男という、絶妙のコンビネーションはこうして出来上ります。

男の中に〝女〟がいる、そのことが不自然でなく成立しているのが〝早乙女主水之介〟です。そして勿論、この〝女〟とは最前に申し上げた〝色気〟のことです。

〝色気のある男〟というと、あんまりいい意味にはとられません。〝女性的な男〟という風にとられてしまいますが、勿論これは間違いです。間違いというよりは、〝色気のある男〟のある部分だけを取り上げた拡大解釈です。

〝色気のある男〟というのは往々にして女性にもてます。そして、女性にもてる男というのは往々にして女性的な匂いがします。だから、〝色気のある男というのは女性的だ〟と錯覚されるのですね。これはあまり男の方には知られていないことかもしれませんが、女性というものは、自分と同質のものを持っている男性に惹《ひ》かれるのです。その同質さを感じとって、「あ、安心できる」と思って、それで惹かれるのです。「分ってもらえる」ということが、だから、女から見た〝もてる男〟の条件なのです。「なんでェ、あんな男」と、男性的な男の人から軽視される男が女にもてるというのは、だからそういうことなんですね。女の人は、頭でではなく、体でそういうこと――「分ってもらえる」ということを、感じとってしまうのですね。

〝色気〟というものが女性に関するものであったり、男にあるまじく〝性的〟なものを感じさせるということは、だからそういうことなんです。女性が頭（＝論理）ではなく、体・心（＝感性）で感じとれてしまうもの、ということです。

男の人は、女の人を分って上げられないんですよ。自分では分って、分って上げたつもりになっても、そのことを女の人がどう思ってるかは別なんです。普通の男の人には〝色気〟というものがあんまりありませんから。〝色気〟というのは、「分ってもらえる」「分って上げる」という了解が暗黙の内に成立してしまう人間的な〝ゆとり〟のようなものなんですね。〝包容力〟と言った方がいいでしょうか。

旗本退屈男＝早乙女主水之介に色気を感じる女の人はそんなにいないと思います。

いるとしたら、かなり年の行った女性であると思います。退屈のお殿様の色気というのはそういうものですから。そして、旗本退屈男に色気を感じる男の人というのも、やっぱりそうはいないと思います。いるとしたら、それはやっぱり〝ヘンタイ〟というところに分類される人達だけだろうと思います。だとすると、早乙女主水之介の〝色気〟というのはどういうもので、どういうところにあるのかということになりますす。簡単にしてメンドクサイというのはここで、早乙女主水之介——というか市川右太衛門扮する早乙女主水之介でしょう、やっぱり——の色気は、それが絶対〝色気〟だとは感じられない〝男の色気〟だからです。

『旗本退屈男』の観客は、前にも言いましたように〝大人の男〟です。だから、観客の反応は「ああ、あたし、あの人が好きだわ……」ではないのです。そこが、長谷川一夫と市川右太衛門の分れるところです。大人の男の観客は、自分が早乙女主水之介に*な*っ*て*い*る*と思って、それを見るのです。そうじゃなかったら、「どうすれば自分は、早乙女主水之介のような悠々とした男になれるんだろうか?」と思って、ある意味で〝人生の教科書〟として見ていたのです。

『旗本退屈男』がどうして人生の教科書になるんだ?　と御不審に思われる方もいらっしゃるかもしれませんが、だったら、私が前に書いたことを思い出して下さい。年頃の息子とうまくやっていけて、家事をあずかっている女性ともうまくやっていけて、老人には頼られて、決して自分を縛らないでしかもねんごろな関係になっている大人の女がいて、しかも自分は悠々としていられて、しかもその上〝正義の人〟で悪を懲らして世の中の役に立っているんです。こんな人、他にいますか？　鞍馬天狗や丹下左膳や机龍之助や宮本武蔵に、こんなすごい条件を満足させることが出来ますか？　旗本退屈男以外に、こういうムシのいい、理想的な条件を叶《かな》えさせてくれるヒーローって、いないんです。

　大衆小説やチャンバラ映画が人生読本になんかなる訳がないって言ったって、男の〝理想〟というのは、そういうものの中でしか叶えられない、いい加減でムシのいいものなんです。私はだから、それがいけないと言っている訳ではないんです、誤解しないで下さい。〝理想〟というものは、いつだってそういう、いい加減でムシのいいものなんです。だから人間は、学生が終って世の中に出たりすると〝文学〟なんてものとは縁がなくなるんです。「人生とはなんぞや？」って言っている（昔よくいた）文学青年の上に必ず〝青白い〟という形容詞がつくのは、そういう人間が目指す〝理想〟というのが、現実から見ればいい加減でムシがよくて、ひ弱な青年の頭の中でしか「リアルだ！」と実感されないものだからなんです。

　文学青年が旗本退屈男に〝目指すべき自分の理想の姿〟を見ないのと同じように、

『旗本退屈男』のファンにとっては、文学青年の〝理想〟は絵空事なんです。人はそれぞれにそれぞれの〝理想〟というものを見るもんだから、旗本退屈男に〝人生の教科書〟を見る人がいたって、ちっともおかしくはないんですね。

という訳で、旗本退屈男は〝教科書〟です。そして、それが何を学ぶ〝教科書〟なのかというと、「冷静に考えたらムシがいいだけの理想状態を、一体どうしてあの人は可能にしてしまうのだろうか？」ということを探《さぐ》る為の教科書なんです。

何がそのことを可能にしているのかというと、それは勿論、早乙女主水之介＝市川右太衛門が全身から発散している〝色気〟です。但しそれは〝色気〟という言葉ではあまり理解されません。〝ゆとり〟とか〝自由さ〟とか〝豪放〟〝快闊《かいかつ》〟という言葉で表わされるものです。そして、どうしてそういう〝ゆとり〟とか〝自由さ〟とか〝豪放〟〝快闊〟ということが可能になるのかというと、それは彼に色気があるから、ということになりますけどね。

〝色気〟というのは、他人を惹きつける為のものだけではないのです。〝色気〟というものの中には、他人を自由に遊ばせておくものもあるのです。太陽のような色気と言いましょうか。その人の持っている色気が他人を惹きつけて、そして惹きつけられた人間達がその人の周りを、まるで太陽を取り巻く惑星のように自由に運行しているという。

父性的な人間の持っている色気というのは、どこか他人を自由にするのですね。難しい言い方をすれば、健康な性的エネルギーが他人を豊かにするというようなことかもしれませんが、まァ、こういう言い方はしない方がいいかもしれません。その人を取り巻く人間達をのびのびさせるものが昔の〝男の色気〟と呼ばれたものだと言った方がいいでしょう。

男とか父親とかいうものは、うっかりすると、気むずかしくて、他人を萎縮させてしまうものになりがちです。むつかしい顔をして――むつかしい顔をしなければむつかしい世の中はやっていけないというところもありますから――人から敬遠されて、それじゃ淋《さび》しいからといって、女房子供、親戚一同、妾《めかけ》とか使用人その他をかき集めて言うことを聞かせたって、虚《むな》しいだけです。虚しいし、周りは迷惑します。その一点で、男とか父親というのは淋しいものです。だから、そうならないように、理想のヒーロー早乙女主水之介は作られたのです。そういう設定に、市川右太衛門の陽性の魅力はぴったりとはまったのです。だから、そういう人を見ていれば、見ている側には何か、得るところはあったのです。だからこそ大人の男はチャンバラ映画である『旗本退屈男』を見に行ったのです。

どうです。ちゃんと〝教科書〟になっているでしょう？

さて、こうして早乙女主水之介は〝教科書〟になったのですが、しかし実際問題として、こんな言い方をする人間は私ぐらいでしょう。何故〝『旗本退屈男』は大人の男の教科書である！〟という言い方が奇異で、他の誰もこんなことを言い出さなかったのかというと話は簡単明瞭で、『旗本退屈男』は教科書だったかもしれないけど、実際問題なんの役にも立たない教科書だったからです。

たとえば、日活アクション映画のユージローなら、それを見てファッションなりしぐさなりの真似をすることが出来ます。見る方も演《や》る方も、同じ〝現代〟というところを舞台にしているからですね。

ところで『旗本退屈男』は時代劇です。真似のしようがありません。映画館が存在する現在は江戸時代じゃないんですから。

見て「うん、分った」と大人の男の人が思ったって、それはなんとなく当人が分ったたけで、「俺は早乙女主水之介だ！」と言ったって周りの誰も納得しません。直参旗本になれる訳でもなし、派手な着物が着られる訳でもなし、チョン髷《まげ》が結《ゆ》える訳でもありませんから。時代劇の悲しさというのは、それを見た人間がいくら「なるほど」とうなずいても、結局は〝男の独善〟というところに落ち着いてしまうしかないところです。〝男の独善〟だから、結局は「大の大人がいい年して、チャンバラ映画なんか見て」というところになって、折角の教科書が教科書になれないで終ってしまった――チャンバラ映画が衰退した最大の理由はこれなんだと思います。

結局、時代劇は現代じゃない。だから、折角見てつかまえた〝男の色気〟というものは役立ちようがない、と。教科書を教科書にするんだったら、その教科書を使って現実を変えて行けばよかったんです。「なんで旗本退屈男は平気で派手な着流し姿なのに、それを見て納得している自分には貧乏じみたジャンパーしかないんだろ？　どうしてこう現実はつまらないのだろう。自分が早乙女主水之介みたいになれるような方向で現実が豊かになって行かないから、この日本の現代というのはつまらないいんだ」と、そういう発想をすれば、立派に『旗本退屈男』は人生の教科書になれたのにね、と、今こうしてこの文章を書いている私は思います。私は立派に、『旗本退屈男』を人生の教科書にして生きて来ちゃった人間みたいですよ。

6　チャンバラ映画と華麗なる元禄時代

『旗本退屈男』の原作者・佐々木味津三のエッセイに「大衆文学は無軌道の花電車」

というものがあるそうです。本当にこの人はこういうところで抜群の冴えを見せる人ですねェ。要するに退屈のお殿様は、〝花電車〟なんです。それも、線路がなくてもどこへでも行っちゃうという、無軌道の。原作の小説がつまらなくても道理です。花電車なら、くだくだしい描写より、輝ける現物を見た方がいい訳ですから。白黒スタンダードで音がしない世界でよりも、人々の喚声《かんせい》が聞こえるカラーのワイドスクリーンで見た方がお祭り騒ぎはズッと盛り上りますから。

〝花電車〟というのは——こういうものを説明しなければならない時代になってしまいました——要するに〝飾りをつけた路面電車〟です。街の大通りを走って行く路面電車が、街を挙げてのお祭りの日、特別に電飾を燦《きら》めかせてパレードをする（勿論、同じ線路の上ですけど）——その都市の祝典行事のシンボルが〝花電車〟なんです。自動車の波に追われて路面電車というものは徐々に姿を消して行きましたが、それは華やかな都市文明のシンボル、新しく華麗な〝通俗〟だったんです。

花電車が登場すれば、それだけでもう、お祭りは最高潮です。その華やかさを沿道の観衆に見せつける為に、花電車はユルユルと走って行きます。ただの電車が飾りをつけて〝花電車〟に化ければ、それだけでもう、一見の価値はあって、見る人達はワクワクとしたのです。花電車はただ走っていればいいので、別に何かそれ以上の芸当をする必要はないのです。だから〝無軌道な花電車〟というものは、もうお分りですね、それは、テキトウなところをなんとなく走ってくれればいいんです。佐々木味津三の原作が大して面白くないと私が申し上げたこと、お分りいただけるでしょうか？この人は、花電車を作った人なんです。作っただけじゃ花電車が花電車にならないから、適当に走らせたんです。別に線路なんかなくたって、走ればいいから〝無軌道な花電車〟なんです。この言い切り方はすごいと思いますよ。佐々木味津三という人は、娯楽の真髄を知ってた人なんですね（ある時期の娯楽の真髄だけ、なのかもしれませんけども）。

〝無軌道な花電車〟というのは、別に〝暴走する花電車〟ではないんですね。だって、線路（＝軌道）がなかったら、電車は脱線してしまいますから。暴走させる為には、無軌道ではなく、線路だけはしっかり敷設しておかなければならないのですからね。『旗本退屈男』の対極にあるのが『丹下左膳』だというのはもうお分りでしょう？『丹下左膳』は、〝暴走する無蓋貨車《トロッコ》〟なんですよ。オンボロのトロッコが、ジェットコースターみたいに、線路の上を突っ走るんですよ。だから、林不忘の原作小説は、やたらにリズムのある文体で、いきなりズカズカ登場して来た丹下左膳は「こうしてくれるのだッ！」で青痰《あおたん》〝カァッ、ペッ！〟なんですよ。だから映画の方だって、〝キャーッと異様などよめきが場内を圧し〟て〝ラグビーさながら〟なんですよ。男性的なチャンバラ映画は、一切の飾りをはぎとって、一方通俗的なチャンバラ映画は、満艦飾でお出ましになる、という訳なのですね。

もっとも、虚飾をはぎとった疾走とゴテゴテ飾りをつけた行列の間に、どっちが上かというランクをつけるのはインテリのすることで、大衆というヤジ馬にしてみればどっちも同じなんですね。殺気立ちたい時は疾走が好きだし、陶然としたい時は行列が好きだし、と。これから長い戦争に突入して行こうとする昭和の初年代には疾走する『丹下左膳』の方がより大衆にマッチしたろうし、戦争が終って〝所得倍増計画〟なんかが言われ出す昭和の三十年代なら『旗本退屈男』のキンキラキンの方が作りやすかろうしという、そういう違いですね。


さて、旗本退屈男は〝花電車〟なんですから、豪華じゃなければいけません。早乙女主水之介の〝色気〟というのも、言ってみれば花電車の〝花〟なんですから、飾りが必要です。というより、飾りがあるから〝色気〟があると言った方が正確でしょうか。昔は、理屈があってそれに形容が追いつかないという訳ではなくて、形容がよけりゃ理屈なんてどうでもよかったんですから。

という訳で、ここでは早乙女主水之介の外観――即ちファッションについて述べることにいたしましょう。衣裳小道具も含めてのファッションになりますと勿論、お伴の〝霧島京弥〟だって一つの小道具なんです。〝花電車〟の飾りなんだから、綺麗《きれい》な方がいい——それだから、男装の宮城千賀子という配役だって出て来るんですね。

前近代というのはすごいもので、見た目がよければ深い意味なんかどうでもいいんです。若衆が女性で、お殿様が〝早乙女〟だなんていうことは、〝花電車〟の一言で全部カタがついちゃうんです。それにたじろぐのは、花電車が出て来るような、華やかな祭典の日を自分の日常に持てない、現代に住む男性だけなんです。現代は、貧乏くさかったんでしょう。昭和六十年の今も、昭和四年の昔も——殊《こと》、大人の男に関しては。という訳で、花電車を引っ張り出して来る必要があった佐々木味津三は、『旗本退屈男』の時代背景を華麗なる元禄時代に設定しました。

さて、という訳でのクセモノが、この〝元禄時代〟という時代設定なのです。


大衆小説とチャンバラ映画とを問わず、明治からこっちの大衆向けの時代考証はある意味でメチャクチャです。〝切支丹バテレン〟とか〝長崎の出島〟とか〝平賀源内〟というようなキー・ワードを使えば、平気でＳＦが書けちゃうというようなところもあります。江戸時代が終って、明治が始まって、そして改めて〝時代劇〟が作られたという経過を見れば——チャンバラ映画が〝着物を着た現代劇〟であるということを考えれば、それはそれなりに納得の行くところです。

江戸時代が終って明治維新がやって来ます。江戸が東京になって、文明開化の時代です。〝旧幕時代の遺物〟というような言葉が出て来て、旧弊なものはダメになります。天皇陛下をないがしろにしていた徳川はダメだ、江戸そのものはロクでもない時代だった、という考え方だって出て来ます。徳川家康が狸親爺で、それに滅ぼされた豊臣家は可哀相で善人、という見方がクローズ・アップされて来るのは、徳川の江戸が終ってしまったという時代背景を考えてみれば当然でしょう。

明治になってブームになって来た講談で、〝真田十勇士〟というものがクローズ・アップされて来るのものその為です。大衆小説で〝豊臣の遺臣〟というのがよく出て来るのも、この延長線上にあります。明治三十七年に初演された坪内逍遙の最初の〝新歌舞伎〟『桐一葉《きりひとは》』が「桐一葉　落ちて天下の　秋を知る」──即ち豊臣家（その紋所は御承知のように〝桐〟です）の崩壊を描いたのもその風潮の一つです。そして、豊臣ブームにはもう一つの意味がありました。それは、安土桃山時代という絢爛《けんらん》豪華な時代を日本の〝ルネサンス〟にする、という考え方です。

〝ルネサンス〟というのは西洋の美術史から来ている一つの時代区分です。言ってみれば、ヨーロッパ人にとっては〝先祖伝来の家宝〟のような輝かしい誇りです。こういうものは日本にはありませんでした。文明開化になってヨーロッパ、アメリカの文明が日本に入って来た時、「そういう輝かしいものは日本にはないんだ」と、日本人はそう思ったのです。

　明治になる前、即ち幕末の日本の文化状況がどういうものかというと、一言で言ってしまえばエログロと冗談だけです。まァ、今の日本に似ていないこともありません。幕府の上層部は尊皇攘夷《じょうい》、開国かどうかで揉《も》めておりますから民衆がどうなってるかなんてことは眼中にありません。芝居や講談の主人公は大体泥棒で（〝白浪《しらなみ》物〟と言います）、物語の行き着く先は大体がとこ近親相姦の血みどろ地獄、というようなあり様です。という訳で、幕末のゴタゴタが終って明治になった時、政府のお役人が改めて現実を見たら、目を覆った、というようなことになるのです。西洋の貴婦人は美しいが我が日本人は褌《ふんどし》一丁の裸体で町をカッポしているというような。なにも突然やって来た西洋人の基準に合わせて日本人の現実を裁く必要もないじゃないかという気もしますが、時代が若かったのでしょう。若いというのはそういう気取り方をしますから、「日本人は恥ずかしい」ということになったのです。「西洋にはルネサンスという輝かしいものがあるのに、我が日本にはそういうものがない！」と。

　まァ、それだけだったら日本はコンプレックスの塊りになって、今頃はみんな英語を喋っていたりはするでしょうが、日本人にはプライドがありますから、「いや、そんなことはない！」と言って〝安土桃山時代のルネサンス＝人間復興〟を出して来たんです。素直に恥ずかしがらないで〝代用品〟を出して来て誇る――その基本的な違いには気がつかないというダサさは、明治のこの時代からのもんなんですね。まァ、どうでもいいですけど。

という訳で明治の中頃、鹿鳴館なんていうものがイタリア・ルネサンスの様式で建てられた後、今度は歌舞伎座という新しい演劇の殿堂が、安土桃山風の破風《はふ》作りで出現する訳です（勿論、歌舞伎座というのは明治になって出来たものです）。

大雑把《おおざっぱ》に言ってしまえば、安土桃山時代というのは織田信長と豊臣秀吉の時代です。戦国の世も一通り片がついて、南蛮人はやって来るしキリスト教もやって来るし、金《きん》碧障壁画《ぺきしょうへきが》の時代ですから、派手で西洋的です。ですからこの時代を日本の〝西洋《ルネサンス》〟にしちゃうのは分りますが、しかしルネサンスには一方〝人間復興〟という側面もあります。レオナルド・ダ・ヴィンチやミケランジェロ、ラファエロばかりではなく、大詩人ダンテや劇聖シェークスピアもいる訳です。西洋ではそうですが、日本の安土桃山時代にはそういう目ぼしい人がいません。「そいつァ困った、どうしよう……」になって出て来るのが、井原西鶴や近松門左衛門のいた元禄時代です。

元禄時代というのは、五代将軍綱吉の時代です。安土桃山時代が、織田・豊臣の時代だとして、大坂夏の陣で豊臣家が滅んで元禄時代が来るまでに七十年も経っています。七十年も経っていますが、幕末を過ぎて明治を迎えてしまった明治時代の人にとっては、それは〝昔の江戸時代〟という意味で、ほとんど同じだったんですね。

「江戸時代、江戸時代」と一口に言いますが、江戸三百年、色々の江戸時代ってあるんです。ちょっと話はそれますが、江戸の〝年表〟というものを掲げてみます。

一六〇三（慶長）　徳川家康、征夷大将軍となる
一六一五（元和）　大坂夏の陣、豊臣家滅亡
一六三七（寛永）　三代将軍家光　天草四郎、島原の乱
一六五一（慶安）　由井正雪・丸橋忠弥、慶安の変
一七〇二（元禄）　五代将軍綱吉　赤穂浪士、討入り（忠臣蔵）
一七二九（享保）　八代将軍吉宗　大岡越前守、天一坊の処刑
一七八六（天明）　十代将軍家治　田沼意次失脚
一八三二（天保）　十一代将軍家斉　遠山左衛門尉、鼠小僧の処刑

一八五三（嘉永）　十二代将軍家慶　黒船来航

一八六八（明治）　明治維新

〝江戸三百年〟というより二百六十年、その中間地点は、将軍吉宗の〝御落胤《ごらくいん》（隠し子）〟を自称した天一坊の〝享保《きょうほう》〟です。これ以前が前半、以後が後半ということになります。

　徳川家光のいた〝寛永《かんえい》〟、今ではこの年号はもう忘れられたに等しいものですが、昔は〝間垣平九郎《まがきへいくろう》の寛永三馬術〟とか〝寛永御前試合〟という形で、相当有名でした。そして、この三代将軍家光のいた時代には〝天下の御意見番〟大久保彦左衛門という人がいました。大久保彦左衛門がいれば、当然そこには〝一心鏡の如し〟の江戸っ子、一心太助もいます。大久保彦左衛門は大坂夏の陣の生き残りです。ですから〝寛永〟というのは、安土桃山時代に接近するような、江戸の初期も初期なんですね。

　そしてこの大久保彦左衛門の一の子分、一心太助は魚屋です。安藤広重描く『東海道五十三次』の〝日本橋〟をバックにして一心太助が登場するところなんて、多分一度や二度、何かで御覧になったことはあると思いますが、ところが、この『東海道五十三次』はいつ頃の作品かというと、それから二百年も後の、遠山の金さんと鼠小僧の〝天保《てんぽう》〟時代の作品なんですね。

私達が〝実際の江戸時代〟と思って頭に浮かべるイメージは大体、江戸の浮世絵が元になっていますが、じゃァその浮世絵というのがいつ頃出て来るのかというと、〝天明《てんめい》〟の田沼時代なんですね。田沼の後に出て来た寛政《かんせい》の改革の松平定信にお咎《とが》めを受けるのが喜多川歌麿で、私達が知っている江戸のイメージ、江戸っ子のイメージが出来上るのは、田沼時代から後の後半になってからなんです。

チャンバラ映画に出て来る将軍様というのは三代将軍家光、五代将軍綱吉、八代将軍吉宗の三人でしょう。この三人が一番ポピュラーな存在で、家光が〝初期のまともな将軍様〟、吉宗が〝最後のまともな将軍様〟、綱吉が〝中だるみの困った将軍様〟ということになっているようです。〝中だるみ〟だから「生類憐みの令」なんてものを出すし、それをいさめる為に〝天下の副将軍〟水戸の御老公＝黄門様も出て来る訳ですね。もしも水戸光圀が元禄時代の人じゃなかったら、あれほど人気が出たかどうかはよく分りませんね。

という訳で、チャンバラ映画の将軍様は、浮世絵でおなじみの〝江戸風俗〟が出来上る前の人達ばっかりなんです。将軍様の時代は江戸の前半で終っちゃって、後は田沼以降の退廃ということになるんですね。これが、チャンバラ映画や大衆小説の〝江戸時代像〟というものなんです。

勿論これがどうしてそうなるのかというと、「古い封建的な徳川は終った！」「西洋は高級なルネサンスだが、我々の文化は、幕末以来のエログロ冗談だけだ！」という、明治になってからの〝幕末嫌悪症〟の結果ですね。

明治になって文明開化の世になっても、結局そこにいる人間達の圧倒的多数は、江戸時代から続いている生活様式で生きて行かなければならない――しかし江戸というのはロクなもんではなかった、そういうジレンマがあるのが、江戸の終った明治です。という訳で、そのジレンマを解消する為に〝理想の江戸時代〟というものをどうしても作り出さなければならなかった。やっぱり大衆というものは、自分達が生きているその生活に見合った――そして支えてくれる〝立派な物語〟というのを必要とするんです。

映画というものがまだ登場する以前、既にして明治の中頃迄に、民衆の中には〝理想的な江戸時代〟の根本というのは出来上っていたのです。江戸時代の前半、家光――綱吉――吉宗までがそれですね。だから、この時代の物語というのは、まだない筈の江戸っ子風俗を身にまとって語られるという、矛盾を平気で冒《おか》すんですね。元禄といえば、すぐ『元禄花見踊』を思い出しますが、実をいえば、これが作られたのは明治になってからなんです。その後で有名になりすぎて、うっかり「元禄ってそういう時代なんだ」と思われかねませんが、これは作られた〝ウソの元禄〟なんです。当時のファッションの中心地、三越デパートが「今年の流行！」で〝元禄模様〟の着物を売り出した。そのCMソングとして作られた『元禄花見踊』だってあるんです。

安土桃山時代の様式を模して作られた新しい演劇の殿堂である歌舞伎座で、新しく作られた『元禄花見踊』が踊られる——それが明治の文化なんです。太平洋戦争は、天照大御神から続く万世一系の天皇のいる神国日本という〝神話〟で戦われたものですけれども、そういう風に国が〝神話〟を作っていかなければならない理由というものは、既に江戸が終ってしまって今はなんにもない明治であるという、その時点で既にあったんですね。

明治からこっちが、全部〝神話〟の中にあるんですから、元禄だってチャンバラ映画だって、みんな〝神話〟の中に浮いてるんです。という訳で、〝いい加減〟に目くじらを立ててもしょうがないんです。要は、そのテキトーないい加減さを材料にして、如何にしてその時代、納得出来るようなものを人々は作って行ったか、ということになるんです。

という訳で、早乙女主水之介は〝元禄時代〟の住人ですが、生類憐みの令も忠臣蔵も近松門左衛門も井原西鶴も尾形光琳も水戸黄門も、旗本退屈男と関係がないといえばみんな関係ありません（「使える」と思ったら平気で使えるということでもありますが――私としてはどうして『旗本退屈男と謎の曽根崎心中』とか、『旗本退屈男・謎の赤穂城断絶』ていうのがなかったかなァ、とも思うんですけどね)。

早乙女主水之介にとって、〝元禄〟という時代は、自分一人派手な着物が着られる、自分一人月代《さかやき》が伸ばせる、そういう時代であればよかったというだけなんです。

7　三日月傷と主水之介ファッション

早乙女主水之介といえば、派手な着流しに月代を伸ばした〝浪人ヘアー〟です。派手な着流しの方は〝元禄模様〟という言葉があるくらいですから、「元禄時代の人は派手な着物を着ていた。だから――」ですみます。もっとも、そのくせ、派手な恰好しているのは退屈のお殿様唯一人で、他の人は普通の江戸時代ファッションという不思議はありますが。まァ、男というのは面倒くさいもので〝社会性〟という厄介なものを背負っております。元禄時代という時代設定がなければ、如何に早乙女主水之介といえども派手な恰好は出来なかっただろう――と同時に、自分が派手な恰好を出来さえすれば、他の人間のことなんかどうでもいいという、一人合点さが〝男の社会性〟の中にはあるということですね。

自分がまともな社会人であるとさえ思っていられれば、後は独善が罷《まか》り通る、というのが〝男〟であり、〝社会性〟というものなのであります。そして勿論、そういう一人合点さの上に〝色気〟という高級なものが登場すれば、それは天下晴れての〝人生の教科書〟になるという訳です。「人間というのは、公然と矛盾していればよい。ワッハッハ」と、退屈のお殿様は言っているようなものです。

さて、全体はそうですが、問題は頭、です。どうして退屈のお殿様は月代を伸ばしていられるのか、ということなのです。

月代《さかやき》というのは、チョン髷《まげ》を結った頭のテッペン――そこを剃刀《かみそり》で剃《そ》ってある部分のことを指すのですね。

普通の武士は、みんなここを剃っています。町人だって、みんなここを剃っています。ここを剃らないで髪の毛を生やしているのは、主人に仕える必要がなくて、しかも金のない浪人だけです（チャンバラ映画で、貧乏人や病人の頭にショボショボと毛が生えているのは、あれは剃らないから伸びているという、それだけのことなんですね）。月代を剃るのは礼式の問題で、それはほとんどサラリーマンがネクタイを締めているのとおんなじことなんですね。「直参旗本！」という早乙女主水之介の〝直参〟とは、将軍に直接会うことが出来る、ということです。いくら退屈ですることがないといったって、将軍様と直接会える身分――〝会う〟ということによって、常に礼儀正しくしていなければならない人が、どうして不躾《ぶしつけ》にも髪の毛を伸ばしっ放しにしていられるのか？　ということだってあるんです。勿論これも〝元禄〟という時代が可能にします。〝元禄〟というよりは、ホントだったらもうちょっと下って江戸の初期、そこには〝旗本奴《はたもとやっこ》〟という、イキガリ人間がおりました。平たく言えば不良です。旗本という正式な身分を持ちながら平気で不良であることも出来る、そういうことを可能にしたのが〝初期〟という、まだ秩序が完全に出来上っていない、管理の目がそこまで詮索がましくない時代です。

〝旗本奴〟と〝町奴《まちやっこ》〟――白柄《しらつか》組の水野十郎左衛門《みずのじゅうろうざえもん》と幡随院長兵衛《ばんずいいんちょうべえ》の対立で有名ですが、早乙女主水之介は、その水野十郎左衛門の系譜を引く人物なんですね。市川右太衛門の当り役に『大江戸五人男』の水野十郎左衛門があるというのもそういうセンですね。市川右太衛門というのはそういう人なんです。育ちはよいけど（又は〝よいから〟）平気でアナーキーになれてしまうという。

旗本奴の髪型は伸ばした月代に〝棒茶筅《ぼうちゃせん》〟です。〝棒茶筅〟というのは、昔の〝お殿様〟や山賊がよくしています。髷を、頭の上で折り畳まないで――鉄砲を頭に乗せたように置かないで、髷を紐《ひも》でぐるぐると結えて、頭の後にピンと立たせる、その髷です。若い頃の織田信長が、こういう髷をしています。この髷は〝戦国の遺風を残す豪快な髷〟ということになって江戸の初期にはやりましたが、やがて〝禁令〟が出ます。昔の管理は、リーゼントをダメと言う高校中学の〝生徒心得〟みたいなもんですが、イキガリというのはやはりカッコでするものなんです。イキガリは秩序を逸脱して乱暴に走るから禁止、という訳で〝秩序〟が出来上る訳です。

そういう時代風俗を背景にしているから、早乙女主水之介は平気で月代を伸ばしているんですね――と言ったら、やっぱりこれも嘘です。〝元禄の旗本奴だったら月代を伸ばして棒茶筅〟でいられるというのもやはり、〝早乙女主水之介が唯一人派手な着流し姿でいられる為に元禄という時代をとった〟というのと同じ〝独善〟です。〝元禄〟は月代を伸ばす為の方便でもありましたが、それればかりではありません。〝元禄〟という方便は、直参旗本が〝浪人〟とおんなじ恰好を平気でしていられるという〝嘘〟を成立させる為の方便だったのです。私の話は回りくどくてメンドくさいかもしれません。「ごめんなさい」とは言いますが、しかし事態はそれぐらい回りくどいものを背景に持っているのです。

早乙女主水之介は、将軍にお目見得可能な直参旗本です――これはもう言いました。だから月代を剃ってなくちゃいけない、なんていうことは、でも〝着流し〟姿であることに比べればなんていうこともないんです。〝粋《いき》な着流し〟なんていう言葉もありますが、これは〝着物を着てれば粋だ〟というような、そんな貧乏臭い話とは違うんです。着流しの上に袴《はかま》をつけて、それで礼式になる――その礼式《フォーマル》に対して略式《カジュアル》である、そのファッション・スタイルが粋だ、ということなんです〝粋な着流し〟というのは。だから、〝粋な着流し〟というのは〝カッコいいTシャツファッション〟というのとおんなじなんです。

Tシャツは元々下着です。それが平気で外出着になってしまったのなら、それは時代がカジュアルの方向に走って行ったせいです。〝着流し〟だっておんなじです。いやしくも武士・旗本だったら、よっぽど砕けた場合じゃないと袴はとりません。旗本奴の水野十郎左衛門だって、外出の時は袴を穿《は》いているんです。自分の家で人と会う時だって、よっぽど親しい仲か病気中でもなかったら、侍は袴をつけて改まります。袴をつけないですむ侍といったら、よっぽど下ッ端か、主人を持たない浪人だけです。派手な着流しと伸びた月代――要するに退屈のお殿様は浪人とおんなじ恰好をしているのです。外見だけでいえば、いくら御当人が「直参旗本！」と言っても、このお殿様は〝浪人〟とおんなじなんです。浪人を代表する形容詞が〝貧乏〟であるのだとすると、旗本退屈男の早乙女主水之介は、貧乏じゃない〝金持ちの浪人〟として、スクリーンに登場しているのです――いつも。

チャンバラ映画に於ける〝浪人〟の位置は大きいです。というより、浪人を主役にすることによって、チャンバラ映画は初めて歌舞伎と手が切れたと言ってもよいでしょう。

チャンバラ映画の初めは〝歌舞伎の実写〟でした。下ッ端の歌舞伎役者が地面の上で、実景をバックにして歌舞伎を演じるのがチャンバラ映画の初めでした。〝目玉の松ちゃん〟尾上松之助は、こうした時代のスターでした。そして、尾上松之助を代表とする時代のチャンバラ映画を、その後に来る世代の映画人達は〝旧劇〟と呼びました。「それはもう分ったから、今度は自分達の感性にピッタリ来る映画を作りたい」という意味合いをこめて、歌舞伎の延長線上にあるチャンバラ映画を〝旧劇〟と言ったのです。〝旧劇〟から分れて、初めてチャンバラは独立した映画の形を持ちました。勿論これはまだサイレントの時代です。

この時代を代表するのが若き天才・伊藤大輔監督、阪東妻三郎、大河内伝次郎、嵐寛寿郎、月形龍之介。作品は前にも述べました『雄呂血』、丹下左膳の『新版大岡政談』『鞍馬天狗』というところです。勿論ここには我が市川右太衛門の『旗本退屈男』も存在しますが、しかしこの主人公達は早乙女主水之介一人を除いて、みんな浪人なんです。浪人といえば、サイレント時代の名作として知られるマキノ雅弘監督の『浪人街』シリーズを忘れる訳にはいきませんし、この他に有名な浪人といえば、大衆小説のニヒルな青年三羽烏といった『赤穂浪士』の堀田隼人、『侍ニッポン』の新納鶴千代、『大菩薩峠』の机龍之助がいます。机龍之助は別としても、この堀田隼人と新納鶴千代の二人は、ニヒルというよりは、親との関係がうまく行かなくて世をすねる、『エデンの東』『理由なき反抗』のジェームス・ディーンの日本版と言った方がよいかもしれません。勿論日本の浪人達の方が、ジェームス・ディーンよりも早く世をすねてはいます。

サイレントの時代は、映画も若く、映画の作り方も若い時代でした。自分達の心情をストレートに訴えられる〝浪人〟というものを映画人達は作り出しました。世をすねる、あるいは世に受け入れられない、あるいは世間から追われる、あるいは格式ばった世間とは一線を画して自由にはね回っている——ひょっとしたら〝モラトリアム人間〟というものを作り出したのは、日本が世界で一番早かったのかもしれません(もっとも、モラトリアム人間というのは、結局は訳の分らないことを力なく呟《つぶや》くだけのロクデナシというような意味ではありますから、いざとなったら剣の達人であるような、チャンバラ映画の浪人達とは違いますけどね。昔は、自分の自由というものは、自分の力で獲得したものだったのです)。

さて、浪人というのは二十代から大体三十代の前半ぐらいまでです。ヒーロー盛りというか、モラトリアム盛りというか、そういう年齢です。こういうものを昔は〝青年〟と言ったのでしょうか？　〝青年〟というよりは〝若い〟ということの代名詞が〝浪人〟であったという方が正確でしょう。チャンバラ映画の世界では、一人前でしかも若い武士は、みんな〝浪人〟だったのですね。

浪人を主役にすることによって、どうしてチャンバラ映画は歌舞伎と手が切れたのか、サイレント映画の昭和初年代はどうして江戸の前近代と手が切れたのかという話です。

どうしてか？　それは、一人前で若い男で、しかも自由という〝青年〟をこの地に送り出したからです。

〝青年〟なんてものは、いつの時代にもいたといえばいますが、なんとなくいるのと、はっきり存在するというのとは違うんです。

江戸時代、みんな子供は〝前髪〟をつけていました。十代が〝若衆〟で〝前髪立ちの美少年〟というのはここです。前髪があるということは、まだ子供だということです。元服という、昔の成人式は、この前髪を剃り落すことから始められました。前髪立ちの美少年の額が、一挙に禿げ上るのが元服です。前髪がなくなるのだから、禿《は》げ上るのと、ほとんど見た目の変化では一緒です。一緒ですが勿論、江戸時代の人はそんな風に考えません。みんな、額は禿げ上っている（剃っている）のですから。人間、額から上に髪の毛を持つことによって初めて、「元服とは禿げることだ」という冗談も可能になります。明治になってチョン髷をやめて、初めてそういうことが分ります。大人になるのは禿げることだ。そして、そうなった顔で、ヘラヘラ笑っていてはみっともない。勤厳実直な顔をして袴を穿いているのが、元服を終えた一人前の侍だ、ということが改めて分ります。就職するとネクタイ締めて、つまんない顔して、毎日会社行く、というのと同じです。そこで「じゃァ、大人になっても額が禿げなかったら」という発想が出て来ます。そして、そこには月代を伸ばした――〝大人の前髪〟を持った〝むしり〟という、浪人用の鬘《かつら》がありました。〝むしり〟というのは、頭の毛がむしれる、というような意味でしょうか。言ってみれば、浪人の髪型とは、ビートルズが流行らせた男の長髪とおんなじなんですね。「頭のテッペンを剃らないです む〝自由〟を持つもの」――それが浪人だったんですね。主人を持たない、しかし同時に金もない。自由とは、自分の体で購《あがな》うものである――そのことを体現しているのが、袴も穿かない着流しで、月代を伸ばした浪人なんです。浪人とは、だから〝若者〟だったんです。

勿論、退屈のお殿様だって、サイレント当時は〝若者〟でした。だから、直参旗本という定職を持ちながらも、スタイルだけは〝浪人〟だったのです。
浪人だから不良です。月代が伸びているから〝前髪のある大人〟なんです。早乙女主水之介のシンボルマークである〝額の三日月傷〟――あれがツルツル額に直接くっついていたら、ずい分とおかしいことになっていたでしょうねェ。そこでその〝三日月傷〟になります。市川右太衛門は最後の旗本退屈男『旗本退屈男・謎の竜神岬』を撮った昭和三十八年、五十六歳でした。大河内伝次郎が『丹下左膳』を撮って、〝もう昔のように走れない〟と気がついた昭和二十八年に、市川右太衛門は四十六歳でした。こういう年齢の人が扮していたのが、戦後全盛期を迎えた東映チャンバラ映画の『旗本退屈男』だったということをよく覚えておいて下さい。

〝額の三日月傷〟で有名な人間は、もう一人います。そのことから、早乙女主水之介の、意外なる類縁関係が浮き上って来るのです。

〝天下御免の向う傷〟の先祖はなんと、浜松屋へ女装をしてゆすりに行き、その結果番頭に額を割られた、前髪立ちの不良少年〝弁天小僧菊之助〟なんです。それ以前、額に傷をつけているのは、やはり愛人のところへゆすりに入った〝切られ与三郎〟ですが、こちらはちょいと傷が多すぎるのではずしましょう。派手な衣裳と三日月傷――早乙女主水之介は、弁天小僧菊之助だったのですね。〝弁天〟というのは勿論、江ノ島にある女の神様の名前ですけど。

河竹黙阿弥《かわたけもくあみ》が歌舞伎『青砥稿花紅彩画《あおとぞうしはなのにしきえ》』で作り出した弁天小僧菊之助というのは、

ちょっとすごいものです。当人が浜松屋の店先で言うセリフの中から引けば、〝最初は岩本院で稚児奉公〟――〝岩本院〟というのは江之島にあるお寺で、お寺というのは勿論、男だけの世界です。そこの召使いというのは十代の少年がやるのですけれども、勿論〝稚児奉公〟というのはそれだけではなくて〝夜のお相手〟という面も含まれます。そして、〝それから若衆の美人局《つつもたせ》〟――〝美人局〟というのは、男と女が組んで、女の方がトロそうな男を引っかけて来て、あわやという瞬間、相棒の男が「おゥ、よくも俺《おれ》の女に手ェ出しやがったな」と言って出て来るゆすりですが、これの〝若衆〟版ということになると、弁天小僧菊之助は、今でいうゲイボーイかホストクラブの与太者《よたもの》ホストということになりましょう。アナーキーというのは、性的な面までも含めて、ということになりますが、こういう少年が、相棒の南郷力丸クンと組んで、嫁入り前の武家娘に化けて呉服屋へやって来る。わざと見つかるように万引をして、それを咎《とが》められたそのことを逆手にとってゆすりを働く、番頭に算盤《そろばん》で額を割られて、女じゃないと見破られて、店先で着物を脱ぐと、真赤な長襦袢《ながじゅばん》の下から桜の彫物が出て来るという。

この芝居が初演されたのは、黒船がやって来た後の幕末、明治維新まで後六年という文久二年（一八六二年）のことです。今に〝歌舞伎美の極致〟として残る、健全な弁天小僧がこういうものなんですから、不健全な幕末といったら、大体どんなもんか想像がつくようです。

日本というのは不思議なとこで、このいかがわしさの極致であるような弁天小僧の芝居が、一度だって上演禁止だの〝いかがわしい〟だのと言われたことはないんです。それは、「知らざァ言ってきかせやしょう」で始められる啖呵《たんか》の中で、自分のいかがわしい前歴を公然と口にするこの不良少年は、観客にいかがわしさを見せるのではなく、美しさを見せるからです。その美しさに眩惑《げんわく》されて、観客は、そのいかがわしさを発見することが出来ないのです。言い換えれば、日本という国は、美しければどんないかがわしいものでも平気で通してしまう、モラルに関しては超法規の一面を持っている国だということなんです。

十代の不良少年の額の三日月傷は、その美の象徴のようなものでしょう。そして勿論、早乙女主水之介の額の三日月傷も同じようなものです。その永遠に赤い色を失わない額の三日月マークは、無頼行為も性的倒錯も平気で罷り通らせてしまう、十代の少年の色気を際立たせる為の〝化粧〟と同じものだったのですね。

早乙女主水之介の傷が赤くなった時――それが口紅とおんなじ色を持つのだというのがはっきりと分るようになった時――即ち映画がカラーになった時ですが、その主演の市川右太衛門は勿論十代ではありませんでした。五十代の〝男盛り〟というような年齢です。

五十男が十代の男の子を思わせるようなものをくっつけて、それで恥ずかしくないのか？　違和感はないのか？　という話もあります。しかし、ないんです。早乙女主水之介の三日月傷は、月代の伸びた〝むしり鬘《かつら》〟の額にあります。別に早乙女主水之介は前髪立ちの美少年でも女装が似合う美少年でもないんです。早乙女主水之介は、二十代〜三十代前半の〝男の前髪〟を持った〝浪人〟のスタイルをとることによって、十代の少年の〝色気〟を取り入れることに成功しました。

五十代が十代を装うのは気持悪いけど、モラトリアム人間が若さを保持していたって不思議はない。そして、五十代の浪人なんていうのは、永遠の失業者でしかないけれども、退屈のお殿様は、別に浪人なんかではない。何不自由なく、何を気にすることもなく生きていられる身分だからこそ、平気でそういう礼式を無視した恰好で出歩くことも出来る。そして、少年と青年のいいとこだけを取ってしまった退屈のお殿様＝市川右太衛門には、その上に〝壮年〟の貫禄まである。はっきり言って、あの派手な衣裳を着こなすのは〝若僧〟には無理なんです。

戦後の日本映画の黄金時代──昭和の三十年代です──東映という映画会社は、似たようなチャンバラ映画ばっかりを、毎週毎週二本立てで作り続けて来ました。ほとんど〝通俗の製造工場〟と言ってもいいでしょう。

この会社は、片岡千恵蔵・市川右太衛門の二大〝御大《おんたい》〟を筆頭として、中村錦之助、大川橋蔵、大友柳太朗、東千代之介と綺羅星《きらぼし》の如く、スターがいました。今の六人に美空ひばりを加えて、これで〝東映七大スター〟ということにもなります。みんな〝通俗〟なんだからキンキラキンの恰好をしていた訳ですが、その中で一番派手な恰好をしていたのが市川右太衛門の旗本退屈男でした。あの美空ひばりよりも派手なオジサンがいたというのは、今思い返してみれば驚異ですが、でも、そういう年頃にならなければ、あの臆面《おくめん》もない派手さは着こなせないんです。

あの、「直参、早乙女主水之介！」という、一種傲慢《ごうまん》といえば傲慢な名乗りだって、五十代という社会的地位《ステイタス》を感じさせる貫禄がなければ通らなかったでしょう。なにしろ「水戸光圀公なるぞ！」とは違って、「天下の直参旗本！」じゃ、誰も「ははァ……」とはひれ伏しゃしないんですから。五十代という年齢は、そういうものを可能にする年齢だったのです。

考えてみれば、市川右太衛門扮する旗本退屈男ほど不思議なヒーローはありません。このヒーローにはなんでもあるんです。矛盾する一切が、「そういうものが全部なければ嘘である」という、大衆の不届きな願望に応えて、全部あるんです。こんなヒーローはちょっといません。

色気と若さと貫禄と、社会的地位と自由さと。浪人であるような恰好をしていて浪人ではない。女に不自由していないようで、独り身で、家父長的でありながら青年で、五十代でありながら青年で、男でありながら〝女〟の一字を名前に持っていて、大した根拠もないのに偉くて、派手好きなくせに豪快でという具合で、唯一つないのは〝貧乏臭さ〟だけですが、それだって〝むしり鬘〟に着流しの浪人スタイルを取っていれば、そう大金持ちには見えないというところで、貧乏人との親近感は保てます。〝通俗〟のすごさは、相互に矛盾するようなものを、決してその矛盾を露呈させずに、見る人に納得させてしまうことですね。その納得のさせ方の微妙さ――決して尻ッ尾をつかませない周到さに関しては今迄の記述を振り返っていただければお分りいただけるのではないかと思います。そして〝通俗〟の欠点は――それが「たかが通俗じゃないか」と言って斥けられるのは、それが現実には到底存在出来ないようなものであるところですが、しかし〝通俗〟がすごいのは更にその上を行くところで、「実際にはそうかもしれないけど、こういうのが昔あったかもしれないじゃないか」という〝根拠〟を平気で持つということですね。〝理想の（しかも都合のいいとこだけをとって）元禄時代〟というのがそれですけれども。そしてその上に、旗本退屈男のすごさは、それが正に〝通俗〟だとしか言えないようなところにあるのです。

早乙女主水之介を「カッコいい！」と言えるでしょうか？

カッコいいことがヒーローの条件であるのは当り前ですが――〝カッコいい〟というのは戦後の日活アクション映画の石原裕次郎から出た言葉です（ついでですが）

——しかしこの早乙女主水之介というヒーロー、「カッコいい!」と言うのにはあまりにも満艦飾すぎるのです。子供も含めて若者が「カッコいい!」と言うのは自分と一体化が可能であるということですが、旗本退屈男は〝大人の男〟を対象にしたヒーローですから、若者子供に、そういう言葉を発することをためらわせます。大人の男というのは、「カッコいい!」なんて軽薄な言葉を決して口にしないからです。「カッコいい」というような言葉を発すべき時には、黙って、ニッコリ笑って、一人でうなずくというような反応が、日本の大人の男の取るべき態度だからです。まァ、私に言わせれば、日本の男の不幸は〝カッコいい!〟に該当するような感嘆詞を持てなかったことに尽きるのですが、〝カッコいい〟でもなく〝すごい〟でもないような、通俗の権化であるような旗本退屈男を評する言葉は日本にはちょっと見当りません。そこで外国の言葉を借ります。旗本退屈男は、英語で賞めればぴったり来るんです。それは〝ファンタスティック《すばらしい》!〟であると。

〝ファンタスティック〟が元々は〝幻想的〟という意味合いを持っている、そして旗本退屈男にそれがふさわしいというのは、この〝通俗〟が〝理想の過去〟を舞台にして存在している、一種のファンタジーだからです。現代ではないけれども、明治維新で突然終っちゃった江戸時代が、相変らず〝現代〟に生きる人にとってリアリティーを持って存在していたからこそ、このファンタジーが〝幻想〟としてではなく、リアルなものとして多くの日本人に納得されたんですね。「それは、現実とは関係ない時代劇ではあるけれども、しかしそれはやがていつの日か我が身の現実として体現出来てしまうものかもしれない」――大人の男はそう思って、平気でそれを見ていたのです、役に立つか立たないかは別として――「まだ自分は早乙女主水之介ほど豊かではないからそのことは考えられない」という保留はあっても、それが〝人生の教科書〟として存在出来るのは、時代劇の向うに〝理想〟があったからなんですね。

まァ、こういうことを言うと語弊《ごへい》があるかもしれません。「あんな、いい加減で無責任でケバケバしいものがどうして男の〝理想〟なんだ」と。でも、誤解なすってはいけません。テキトーな人間関係とケバケバしい環境の中で春風駘蕩《しゅんぷうたいとう》を演じていることが男の理想ではないのです。男の理想とは、そういう自分が正義の為に戦うことにあるんですから。

8 『旗本退屈男』にみる、東映チャンバラ映画の基本パターン

旗本退屈男は戦後の東映で九年間に十六本（編集部注：『旗本退屈男・唐人街の

鬼』〈一九五一年〉、『旗本退屈男・八百八丁罷り通る』〈一九五三年〉を含めると十二年で十八本）――大体年二本平均で作られていますが、中味はみんな同じです。なんでこんな極端なことをいきなり言うのかというと、〝名は体を表わす〟ということわざ通り、題名が全部おんなじなんです。

東映で最初の旗本退屈男が『旗本退屈男・どくろ屋敷』。そして昭和三十三年、市川右太衛門が五十一歳の年に作られた〝映画出演三百本記念映画〟の題名が『旗本退屈男』であるのを除いて、東映製の旗本退屈男は全部、『旗本退屈男・謎の――』で一貫しているからです。〝謎の南蛮太鼓〟〝謎の蛇姫屋敷〟〝謎の幽霊島〟〝謎の大文字〟〝謎の珊瑚屋敷〟等々。いくらシリーズ物でも、ここまで徹底しておんなじであるようなシリーズも他にはあるまいと思われます。

このおんなじさは戦後だけではなく、戦前もそうではあるんですけどね。戦前の退屈男は大体〝出没篇〟ではありました。『京へ上った退屈男』『仙台に現はれた退屈男』『江戸へ帰った退屈男』等々。最後には『宝の山に入る退屈男』という具合で、結局はおんなじなんです。東映の創立三十周年記念映画『ちゃんばらグラフィティー斬る！』の中で市川右太衛門さんはインタビューに答えてこう言っています――「その都度その都度、姿なり顔形をその時代の雰囲気に合わせてやって来た」と。別にストーリー展開を変えたとは、退屈のお殿様はおっしゃってらっしゃいません。「強い奴《やつ》というか、悪い奴はどこまでもやっつけるという、そこに私が惚《ほ》れこんだんですよ」で、昭和五年から三十八年までの三十三年間、旗本退屈男は続いたんですね。ファッション、スタイルが変ればそれを生かすように筋立ても微妙に変る――一番最初の昭和五年版『旗本退屈男』では退屈のお殿様、ちゃんと袴をお召しになっていらっしゃいます――変るけれども、そのスタイルが完成されてしまったらもう物語は変りようがない。究極のヒーローである早乙女主水之介の完成された黄金のワンパターンが『旗本退屈男・謎の――』に示されている訳です。

〝謎の――〟ですから事件がおきます。太平のうららかなる日常に身をまかせて退屈しているお殿様がこの〝謎〟を解いて行くという、『旗本退屈男』は一種の推理ドラマ、捕物帖《とりものちょう》でもあります。

主人公は満たされています。ですから、この人の内面にドラマが起こることはない。という訳で、ドラマというものは〝悪人〟という人が太平に向かって仕掛けて来るという形で起きます。これは別に『旗本退屈男』だけに限った話ではありません。〝通俗娯楽時代劇〟〝明朗娯楽時代劇〟と称されるような戦後の東映チャンバラ映画は全部そうです。旗本退屈男のヤング版、大川橋蔵主演の〝若さま侍捕物帖〟。〝いれずみ判官〟の、片岡千恵蔵主演の遠山の金さん。大友柳太朗主演の〝右門捕物帖〟。みんなそうです。みんな、若い、独身の、満ち足りた――但し暇をもて余してだけはいる主人公が謎《なぞ》の怪事件に巻きこまれて、最後は正義の刃《やいば》を振るって幕、というパターンです。

市川右太衛門の早乙女主水之介が若くて独身で満ち足りているなら、片岡千恵蔵の遠山の金さんも若くて独身で満ち足りていました。片岡千恵蔵という人は市川右太衛門よりも四歳年上ですから、東映チャンバラ映画の全盛期はこの方の五十代に完全に重なるのですが、それでも若くて独身でした。

遠山の金さんというのは、若くして無頼の徒の中に入り、体に彫物までしてしまった天保期の江戸北町奉行ということになっております。こういうエピソードだけは有名ですが、どうしてこの人が〝若くして無頼の徒の中に入り〟ということになったのかは忘れられています。戦前はこういう部分も映画には描かれたんですが、戦後は流《は》行《や》らなくなりました。遠山の金さんは継母とうまく行かなくなったから、家を出たんですね。

私が話しているのは別に、遠山の金さんに関する〝史実〟ではありません。講談その他で有名になった、虚像としての遠山の金さんのエピソードです。遠山の金さんは実母と死に別れて、お父さんが再婚した為に新しく弟が出来ます。実母を失って淋《さび》しかったのか、それとも弟と両親の間で新しい〝親子関係〟が生まれてしまってそれに淋しさを感じたのかは知りませんが――ともかく講談は女々《めめ》しい〝心理〟というものを嫌うのでそこら辺は説明してくれません――遠山の金さんは「自分がグレたら親も自分に家督を継がせることを諦めて、弟が遠山の家を見事に継いで、それですべてはうまく収まるだろう（いいんだ、いいんだ、俺なんか）」と、家を出ます。やっぱり、彫物なんかしちゃう背景には〝すねて〟という心理状態はある訳ですが、あんまりこら辺を突っ込むと金さんが女々しくなるので突っ込みません――私がではなく、昔の講談作者がです。

すねてグレてた金さんがどうして北町奉行なんかになれるのかというと、昔のお定まりで、父親が病気になるんです。病気になった父親はやっぱり息子を愛してて、気が弱くなってて、素直に「金四郎、戻ってくれ」と言って、その結果金さんはお白州《しらす》で、悪人を前にして片肌を脱ぐんですね。

金さんが〝遊び人〟になって町をほっつき歩いてるのには、ちゃんと理由はあって、いい年をしたこの人は〝理由ある反抗〟をしてるんですね。〝刺青判官《いれずみ》〟がシリーズ化されて、毎回毎回金さんが両親と揉《も》めて家を飛び出すところからやってたらたまりませんものね。片岡千恵蔵御大は五十すぎで、どっちかというと、「金四郎、戻ってくれ」と言うお父さんにふさわしい年齢ですからね。という訳で、金さんは理由もなく町人に化けて江戸市中にいるんですね。という訳で町人の金さんは、やっぱり退屈のお殿様とおんなじように〝満ち足りて〟はいるんですね。

旗本退屈男のヤング版〝若さま侍捕物帖〟はもっと極端です。主演の大川橋蔵は東映の全盛期が二十代後半から三十代にかけてですから、〝若くて独身〟はピタリですが、この〝若さま〟、どこの若様で名前はなんというのかさっぱり分らない。早乙女主水之介は一応、本所長割下水《ほんじょながわりげすい》というところに住んでいて〝無役《むやく》〟ながらも千二百石ということになっています。〝無役〟というのは、幕府の役職についていないということです。役職にはついていないが金には全く困らない、輝ける窓際族が退屈のお殿様で、だからこそ、「またぞろ退屈の虫が騒ぎ出したわ」なんてことを言って正義の刃を振るう暇もあるのですが、この〝若さま〟は、そういう面倒なこと一切なしです。

着流し姿は同じでも〝若さま〟の頭に月代は伸びていません。いつもキチンと剃り上げて、こちらは育ちのよいお坊ちゃんが売り物です。面倒臭い詮索抜きで、いつも船宿喜仙《きせん》の二階でゴロゴロしていられるモラトリアム人間の保証――つまり〝若さま〟と呼ばれる身分があればいいという、そういうヒーローなんですね。

東映のチャンバラ映画の全盛期というのは〝もう戦後ではない〟という昭和二十年代の終りからほぼ十年間の、昭和三十年代です。戦争が終り、廃墟《はいきょ》の虚脱状態が朝鮮戦争の特需景気をきっかけにして立ち上り、〝所得倍増〟から〝高度成長〟へと国全体が浮上している期間に当ります。言ってみれば、苦しいけれども明るい時代です。

生活の立て直し、豊かさの獲得がすべて。努力すれば報われるということが信じられた時代です。一通り以上の豊かさが達成された、そのお披露目が昭和三十九年の東京オリンピックということになりましょうか。この頃から、チャンバラ映画の東映はヤクザ映画の東映に変って行って、国民の方も〝豊かさの陰の……〟という、なんだか訳の分らない心理的な陰翳《いんえい》を持った時代に突入して行きます。遠山の金さんはただ活躍していればいい、古い家族制度のモヤモヤなんて過去のもの、というのが昭和の三十年代でしょう。古い過去のものが〝家庭内暴力〟〝家庭崩壊〟という形で再び登場して来るのが昭和五十年代ですが、それは先のことです。昭和の三十年代には、人は働くことで忙しかったのです。グレた人間がいたとしても、結局はカタギの生活に戻って行くことが出来た、そういう実質を持った時代が昭和の三十年代でした。仕事をして、金を稼いで、そうやって出来た僅《わず》かばかりのゆとりで、一家揃《そろ》って映画でも見て食事をしてということが大衆娯楽の王道でした。日本映画の全盛期は、退屈する暇のない退屈男で日本中が満ち満ちていた時代だといえましょう。

　自分達は満ち足りている――少なくともささやかな娯楽を求められるだけの豊かさは既に獲得している、後はノウハウと退屈していられる身分だけなんです。若くて独身で満ち足りているヒーローというのは、この上に存在するんですね。重要なのは〝活躍〟という名の公然たる遊びなんです。

刑事事件の専門家である八丁堀同心も、だからこの時期派手でした。悪人相手の立回りに大友柳太朗扮する〝むっつり右門〟は、浅黄（水色）の着流しに紫繻子《しゅす》の覆面という、「ちょっと身分柄を間違えてやしない？」というような恰好で公然と登場します。八丁堀同心が実際にどうであるかではなく、わざわざ金を払って見に行く娯楽だからこそ浮き立つような派手さがなければ物足りない、というのがこの時代だったんですね。

ヒーローの側はこうで、次は悪人の方です。〝謎〟の事件が「大変だ！」と言ってヒーロー達の前に持ち込まれる、その〝謎〟を作る側です。

東映チャンバラ映画の〝悪事〟は十中八九お家騒動と決っておりました。天下を狙《ねら》う大悪人が己れの〝私利私欲〟を肥やす為に〝罪もなき人々〟を虐げるのです。という訳で、「天下万民に代って成敗してくれる！」と、退屈のお殿様は言ってのけるのです。

日本映画の全盛期というのは、実は、悪がはびこっている時期でもありました。米軍の占領下で起きた松川・下山事件といった奇妙な〝事件〟。造船疑獄を初めとする、政治家の数々の汚職事件。法務大臣の〝指揮権発動〟によって、容疑濃厚であるにもかかわらず、無罪放免にされる大物政治家——元総理大臣が逮捕されるなどというのは夢のまた夢でした。自分達の現実とは関りのない上の方ではなんだかよからぬことがうごめいている——これが庶民の世界観でありました。朝鮮戦争から続く米ソの対立。原爆実験。砂川事件。六十年安保。「難しいことは分らないけど、そういうモヤモヤがあるということは、絶対に上の方でロクでもないヤツが悪いことやってるからだ」というのが、庶民の単純なる正義感というものでした。という訳で「己れの私利私欲を肥やす者」に対して「天下万民に代って」と名乗りを上げるヒーローの活躍は正に「そうだ！」と実感出来る行動だったのです。だからチャンバラ映画を見るという行為は、娯楽であると同時に、正義に対して参加する行動でもあったのですね。

この時代、まだ〝構造汚職〟などという言葉はありませんでした。〝権力欲〟とか〝上昇志向〟とか〝人間本質の悪〟とか〝社会悪〟というような難しい言葉はまだありませんでした。あったのかもしれませんが、普通の人にはなんのことだかよく分りませんでした。普通の人にとって〝悪いこと〟とは、悪いヤツが己れの私利私欲を肥やす為にするロクでもないことでした。

私利私欲に走るヤツがどういうヤツかというと、悪家老か悪老中でした。悪徳商人というのもいましたが、これは悪人の中ではワキ役でした。商人が悪いことしたって、政治家のする悪いことに比べれば大したことはない――何故かといえば政治家はみんな、、、の為を考えるのが役割で、こういう人が自分の都合だけで突っ走るとロクなことにはならないという、絶対の政治信仰、健康かつ単純なるモラリズムがその背後にはありました。オイルショック以後のテレビ時代劇では、悪人と言えば買い占める〝悪徳商人〟でしたが、これではつまらないと私は思います。住宅ローンの支払いにキュウキュウすることに代表される中流の〝ビンボー〟が、「それに引きかえ……」で金持ちをねたんでいるという構造があまりにも明白です。卑小なるウサ晴らしは正義のヒーローを貧乏たらしく、それを見るものの正義をかたくなにするだけです。悪徳商人は常に権力下の下ッ端です。それが士農工商の江戸時代というものです。ちっぽけな金儲《かねもう》けしか考えられない卑小なる商人の上に〝大悪人〟というのがいるのが本当なのです。

悪家老・悪老中というような〝大悪人〟は政治の中枢にいます。だから、金も権力もあります。金も力もあるんならそれでいいじゃないかというのは名もない庶民の発想で、金も力もあって好き勝手なことが出来る位置にいる人間というのは「もっと好き勝手なことをしたい！」と思うのです。これが〝私欲〟の正体です。

私欲に目がくらんだ悪家老・悪老中は、政治の実権を握ってしまえば自分の私欲が満たせるだろうと考えます。この計画が即ち〝私利〟です。頭をめぐらせれば、お殿様・将軍様の他に、国政を担当出来る位置にいる後継者もいます。〝腹違いの弟君〟とか、将軍家に対する〝御三家〟なんていうのも、そういう傀儡《かいらい》政権の材料です。表向きはそちらの方に代表させて、自分はその陰で「思いのまま……」というのが〝大悪人〟の考える悪事・謀叛の設計図です。

まァ、大悪人というものはこういう青写真を持っているのですが、この青写真の先にあるゴールというのも、考えてみれば大変なものです。というのは、悪事が達成されて自分の思うままのことが出来る位置についた時、その大悪人というのは、やっぱり〝政治家〟をやっていなければならないからです。殿や将軍を亡き者にしたって、やっぱりその後では新しい殿様や将軍様はやって来て、自分は相変らずナンバー2（もしくは〝実質的ナンバー1〟）でやって行かなければなりません。相変らず、政治という重い責務を背負って行かなければならないので、そのことは大変といえば大変なことです。表立って好き放題なことを目立ちやすい権力者がやって、それで民衆がおとなしくしているか、という話もあるのです。まァ、こういうことは〝悪の盛えた例《ため》しはない〟の言葉通りで、悪人は必ず倒されてしまいますから、あまり考えなくてもいいことではあります。だから、問題は、私利私欲に目がくらんだ大悪人がロクでもない政治を将来において行なうことを阻止する、ではないのですね。問題は、私利私欲に目がくらんだ大悪人が、悪事を遂行しようとするその途中で、名もなき人々を虐げる、そこのところにあるのです。ロクでもない人間がロクでもないことを企らむ、その道筋はロクでもないことだらけ、ということでしょうか。正義のヒーローが立ち向かう〝謎〟とは、この〝ロクでもないことだらけの道筋〟の一端なのです。

たとえば、最近若い娘が次々とさらわれる。そしてさらわれた娘の一人が水死体となって上った。「大変だ！」ということになる。

たとえば、「そういえば家のお父っつァんも、仕事に行くって出たきり帰って来ないわ」というように、腕ききの大工が何人も行方不明になっている。そして、謎の殺人事件が起こる。

前者なら、若い娘を誘拐して外国に売り飛ばす、御法度《ごはっと》の抜け荷（密貿易）商人がいて、それはなんの為かというと、天下転覆を狙う大悪人の資金稼ぎの為だったということになります。

後者だったら、「将軍家〇〇御参詣の砌《みぎり》、釣天井をもって亡き者に……」という陰謀の為にかき集められた大工の一人がこっそりと危急を知らせる為に逃げて来て、殺される、ということです。

どっちにしろ、すべての謎は謀叛へ通ずなんですが、ともかくそれが分んないから、退屈のお殿様は「ウーム、この謎は深い……」「この謎きっと、解いてみしょう……」と唸《うな》る訳ですね。

大悪人の悪事は、将来的にはどうなるのか分らないが、当座の発端では、必ず名もない庶民を虐げる（殺す、かどわかすetc）というところで明白な訳です。

〝悪いこと〟というのは簡単にわかりますが、しかし〝悪いこと〟というのはよく考えると難しいことで、幼い子供に「ねェ、どうしてそれがいけないことなの?」なんてあどけなく訊かれると答に窮してしまうという一面もあるんですね。大悪人の作った青写真が、完成した後でも「ふっふっふ……」と笑っていられるような楽しい悪事かどうかはよく分らないというのもそこら辺のところです。だから、〝悪人〟とか〝悪事〟というのはいたりあったりするのは決っているけれど、よく考えるとその正体というのはよく分らないのです。だから〝奇怪な事件〟という、分りやすい悪の結果をまず見せなければならないのですね。そして、悪事とか悪人というのが、実はよく考えるとよく分らなくなるということを防止する為に、悪人というのは、みんな明らさまに〝悪人の顔〟をしているのですね。

〝悪人の顔〟とはどういう顔か?　それ即ち、物を考える人間の顔であるというのはこの次です――。

9　東映チャンバラ映画の悪人達

悪人というのは私利私欲に走る人達ですから、自分のくだらない〝野望〟と称されるようなことばっかり考えています。だから〝物を考える〟のです。〝物を考える〟人間にロクな人間はいません――ということに東映チャンバラ映画の世界ではなっています。戦前ヒーローの一典型ではあった世をすねた浪人、流れさすらうアウトロー――こういう人達は暗いから、戦後は悪人です。色々と事情はあるのだろうけれど、その事情故に悪に溺れて悪人になってしまうのが東映チャンバラ映画の世界です。ある意味で、日本映画の黄金時代は〝知性的〟であることに対して容赦なく冷たいんです。

大川橋蔵主演の『新吾十番勝負』には平幹二朗扮する悪役の浪人が出て来ます。戦後の〝浪人〟というものは〝職を失っている→貧乏→金につられてロクでもないものの仲間になる〟という、戦後の復員兵、特攻くずれといった人々の暗さを反映して、正にロクでもないのですが、ここの平幹二朗もそうです。「生活に苦しんでいる百姓達を放っておいて、なにが〝剣の道〟だ！　悠長なこと言いやがって!!」というトーンで、主役の葵新吾に斬ってかかるのです。言っていることはまともです。まともですから、言われた主役、ポニーテールに前髪立ちの美少年葵新吾（この人は八代将軍吉宗の御落胤で幼名を〝美女丸〟といいます――それにふさわしい人と思って下さい）は「僕って、いけないんだろうか……」とたじろぎます。たじろいだって別に、それで負けやしません。なにしろ主役対敵役です、主役が負ける筈はないのです。

この敵役が何故主役に斬られるのか？　話は簡単です。言ってることはまともだが、言ってる人間はまともではないからです。まっとうなことを言っている人間が何故嫌われるのかというと、それは、まっとうなことを言う人間は、深く物事を考えすぎて、世の中から孤立してしまって、そしてその孤立故に性格が悪くなるからです。だから見てくれが、いかにも薄汚なくて憎々しげで悪人なんです。性格が歪んでしまったから、考えていることはまっとうだが、そのまっとうさはどこか見当はずれに歪んでいる。だから、しでかすことはロクなことではない。だから、斬られて、観客はせいせいするのです。まっとうなことを言われてたじろいだ主役も、悪人の言ったことだから大して気にしません。問題は悪人になんか言われただけですぐ傷ついてしまう己れの弱さだ、ということになって、改めて修行の旅に出るだけです。

平幹二朗と大川橋蔵を比べればどちらが〝知性的〟かということになりますと（まァ、今では最早甲乙つけ難いまんま大川橋蔵さんは逝ってしまいましたが）当時で言えば、断然、平幹二朗だったでしょう。一方は通俗娯楽映画の二枚目、一方は新劇の俳優座ですから。

悪役というのは自分のことばかり考えて私利私欲に走る。私利私欲に走って、自分の属している社会秩序の中で自分に与えられている〝分際《ぶんざい》〟というものを越えてしまうのです。自分の分を越えて、秩序を乱してしまう。自分の欲望が秩序を乱して他人に迷惑をかけるものであるのに、そこのところを全く考えないで、平気で自分の欲望だけを押し通す。その結果、名もない庶民が殺されて見事悪事は現出する訳ですが、その一点で、悪役の知性は限界を持っていて、その限界故に暗いのです。そういう顔をしているのです。だから、そういう顔をしている人ばっかりが悪役になるのです。

チャンバラ映画のヒーロー、二枚目はほとんど歌舞伎の出身者ですが、悪役は違うのです。こちらは〝新劇〟という方向からやって来るのです。

東映の二大悪役スターと言ったら、進藤英太郎《しんどうえいたろう》と山形勲《やまがたいさお》でしょう。その、ちょっと変った経歴を覗いてみましょう。

進藤英太郎というのは元々は〝新派〟の人でした。新派というのは、平たく言ってしまえば昔の新劇でした。今では〝新派大悲劇〟という言葉だけが残って、新派といえば『婦系図《おんなけいず》』に代表される昔の古臭いメロドラマということになってしまいましたが、昔の新派は立派に現代劇でした。

〝新派〟という言葉は〝旧派〟に対するもので、〝旧派〟とは歌舞伎のことでした。新しいチャンバラ映画を作ろうとした若い映画青年達が、歌舞伎の演技を基にした尾上松之助のチャンバラ映画を〝旧劇〟と言って斥けた話を前にしましたが、〝新劇〟というのも勿論、この〝旧劇＝歌舞伎〟に対しての〝新劇〟なのです。

明治維新になってから困ったことは幾つもありましたが、演劇界で困ったことは、リアルな現代劇というものがないことでした。チョン髷が頭にのっかっていてこそ悠長な歌舞伎もサマになっていましたが、日本人が全部ザンギリ頭になってしまってからはどうもいけません。生活のリズムと舞台のリズムが合わなくなってしまったのです。

江戸時代の娯楽の王様だった歌舞伎が無視したことは一杯あります。〝荒唐無稽〟という言葉で代表されるように、歌舞伎は史実を無視しました。これには江戸幕府の「現実にあった事件をドラマにしてはならない！」というお触れのせいもあったのですが、根本的なところでは「お客様に楽しんでもらえばいい」という、エンターテインメントに徹した歌舞伎の側の姿勢の方が大きかったでしょう。

何かというと見得を切る。結局のところ、セリフは全部リズムに乗せて謳《うた》い上げてしまう。実際がどうであるかというよりも、それが芝居としてサマになっているかどうかという、心地良さが歌舞伎の側の至上命令でしたから。

という訳で、西洋から〝近代的知性〟というものが日本に入って来た時、「この浮世離れのした悠長なるデタラメさはなんとかしなければならない」と思ったのでした。勿論、デタラメと嘘を承知で、誇張されていて悠長な歌舞伎がどれほどスゴイ表現力を持っていたかということと、この問題は別です。

歌舞伎を見て、自分達の実際とかけ離れているものを感じてしまった演劇青年達は、自分達の芝居を作ろうとします。それが、新派であり、新劇であり、もう一つ言えば、歌舞伎を〝国劇（国を代表する演劇という意味で、相撲は日本の国技であるというのと同じ意味合いで使われました）〟として、それに対する〝新国劇〟というのもありました。

〝新国劇〟というのもやっぱりリアリズム演劇を目指した一種の新派・新劇ではありますが、こちらは、新派が〝泣きの芝居〟で人気を獲ち取ったのとは違って、リアルな殺陣《たて》で人気を得ました。

昭和の初め、世はチャンバラブームで、〝剣戟王バンツマ〟と並んで勇名を馳《は》せたのが沢田正二郎の新国劇──「月さま、雨が……」「春雨じゃ濡れて行こう」の月形半平太は、この人が流行《はや》らせたのです。月形半平太になればその連想で出て来るのが、東映のもう一人の悪役、月形龍之介です。月形龍之介という芸名は新国劇の二大当り狂言、『月形半平太』と『大菩薩峠』の机龍之助からいただいたものです。と言えばお分りのように、この人は新国劇の出身です。もう一人、新国劇出身のスターに大河内伝次郎がいます。

新国劇の特徴は、言ってみれば男性的な強さ、です。月形龍之介が冷酷な悪人とか、渋い武道の達人なんていうところを役処《やくどころ》にしたのはそのせいですね。

新国劇が男性的なら、新派は女性的です。新しい時代の演劇を目指して、結果的には新しい時代の義理人情を描く芝居になってしまいましたが、ここで必要とされたのは新しい時代の人間の心情です。新国劇が新しい動きなら、新派は新しい心理と言いましょうか。ですからここの人の芝居には深みがあります。進藤英太郎と並ぶもう一人の新派出身の悪役、柳永二郎をここに出して来ると、そのことはもう少しはっきりすると思います。

進藤英太郎が行動する悪の首魁《しゅかい》だとすると、柳永二郎は決して刀を抜かない悪人です。殿様に毒を盛る医者の役なんかは絶妙です。そして、忠臣蔵の柳沢出羽守《やなぎさわでわのかみ》なんてやらせるとこの人が最高です。

柳沢出羽守は、吉良上野介《きらこうずけのすけ》を無罪放免のお咎《とが》めなしにした人です。そして（実際はいざ知らず）賄賂《わいろ》政治を流行らせて、吉良上野介を煽《あお》って、浅野内匠頭《あさのたくみのかみ》をいじめさせた人です（映画では大旨そんな風な扱いです）。言ってみれば忠臣蔵の影の真犯人で、決して手も汚さず決して泥をかぶることもない、イヤな奴という点では最高の悪人です。

忠臣蔵最大の悪人は勿論吉良上野介で、悪役のトップスターはこちらに扮します。憎々しげな顔をして若く美しい浅野内匠頭をいじめて、「私が悪人だ」ということをスクリーンの上から観客に主張しますが、柳沢出羽守は特別なことをしません。「ふふふ」と笑うだけです。善人とも悪人ともちょっと見には分らず、しかしはっきりとイヤな奴という性格演技が必要なのです。言ってみれば新派の心理演技というのは心持ちの演技なのですね。

進藤英太郎、柳永二郎共に善人の役をやる時は、本当に心が広い優しい人というのをやります。心持ちの深さが基本にあるからこういうことも可能なのですが、しかし今ではこういう人達を実際に見ることが稀《まれ》になってしまったのでちょっとピンと来なくなりました。やはり新派は新劇よりも一時代前の芝居だからこうなるのかもしれません。進藤英太郎の悪役は、どこか得体が知れないけれども、実際の斬り合いになったらそう強くはないんじゃないかという、まァ言ってみれば自民党の大物政治家タイプの悪人ですが、これが新劇となるとちょっと違って来ます。何故か、新劇出身の悪役は凶暴そうで、こわいんです。

新劇派の悪役――それは勿論、あの山形勲です。

この人はすごいです。生まれがロンドンです。お父さんはロンドンで芸能関係の仕事をしていて、その後日本に帰って来て麻布でホテルの経営者になります。新劇というのはモダンなものですから、まず環境からして違います。チャンバラ映画に熱中して俳優になろうと思い、歌舞伎の六代目菊五郎が創設した日本俳優学校に入学、その後今度は新派の大物・井上正夫の作った井上演劇道場に入り、これを中途で脱退して、山村聡《やまむらそう》と文化座という劇団を作ります。歌舞伎・新派・新劇と辿るところなどは一人で日本の演劇史をやってるみたいですが、役者としての修業に〝学校〟というものが入る――昔の役者に〝学校〟などありません、全部弟子入りの実地訓練です――ところが近代というか、現代人です。この人は悪役の一方、東映の一心太助シリーズでは〝智恵伊豆《ちえいず》〟と称される名老中・松平伊豆守をやっています。ということは、非常に理性的な顔をしているということです。ですから、山形勲の悪役は非常に理性的なのです。進藤英太郎の悪役が前近代的な自民党の大物政治家であるなら、この人の悪役は、近代的な大企業の敏腕専務という感じです。

大企業のキレ者だから悪人だという、単純な話ではありません。この人のこわさは、有能で「次の次の社長候補はあの人だよなァ」と噂されるような人が、酒を飲むと突然眼が据《すわ》って、恐ろしい顔付きで同僚の悪口を言い始めるという、そういうこわさです。自分の有能さが自分の首を締めてしまってニッチもサッチも行かなくなっている――その結果何かが麻痺して公然と悪に走るという、そういう悪人のこわさを持っています。だから、シラフの時でも酒乱の凶暴さをどこかに感じさせるのです。現代人がもっとも陥りやすい冷酷な悪というのは、この人のものでしょう。

人間が内面を持っているとは、このようなことです。内面の演技とは、こういうようなことを可能にする演技なんですね。

新劇というのは理屈を言う演劇です。日本の演劇史に主張《テーマ》というものを持ち込んだのは新劇が最初です。新国劇が新しい動き、新派が新しい心理（というか情緒）であるなら、新劇は新しい主張です。動き、心、と来て、新劇は頭です。物を考えるのは人間だから当り前のことですが、それが知らない間に見当違いの方向に行って一人で暗くなっている悪相《あくそう》を演じるなら、新劇に如《し》くはなしということになるのです。事実、戦後の日本映画には時代劇と現代劇を問わず、陰翳《いんえい》のある現代的な悪を演じられる人は新劇にしかいなかったんです。ニヒルな青年を演じてスターになったのは当時俳優座に所属していた仲代達矢ですし、現代的な悪女で売ったのは当時文学座の小川真由美でした。それぐらい、映画スターという人達は明るく能天気だったと言ってもいいのかもしれません。

現代劇の方は別として、チャンバラ映画のスターはみんな歌舞伎の出身者でした。片岡千恵蔵（〝片岡〟の姓は師の十一代目片岡仁左衛門のものです）、市川右太衛門（師は市川右団次）、嵐寛寿郎（この人の高祖父は三代目嵐徳三郎で、当人も映画以前は五代目嵐徳三郎)、長谷川一夫(前名林長二郎の姓〝林〟は初代中村鴈治郎の長男である、師の林又一郎のもの)。戦後の二大スター、中村錦之助は名女方三代目中村時蔵の四男、大川橋蔵は六代目菊五郎の養子で〝大川橋蔵〟は江戸時代の名優、三代目尾上菊五郎の別名。歌舞伎の親戚である長唄の方からは、六代目杵屋《きねや》弥三郎の息子で、踊りのお師匠さんをしていた東千代之介、それと杵屋勝東治《かつとうじ》の二人の息子、若山富三郎と勝新太郎。もう一人歌舞伎では、市川雷蔵が市川寿海《じゅかい》の養子です。

歌舞伎の人が物を考えないとはいいませんが、舞台で理性的な目をしていたら「表情が生《なま》だ!」という叱責が飛んで来るのが、歌舞伎という形容美の世界です。役の性《しょう》根《ね》(性格)ということは勿論考えますが、それだけじゃダメなんです。どうすれば美しいか、どうすればカッコいいかがスターの義務であるという、そういう世界なんです。

歌舞伎の世界は〝色気〟です。立役《たちやく》(男性の役)でも悪役をやるのでも〝色気〟がなくてはいけない。若い内は別に女方役者じゃなくても一遍は女方を経験しておかないと体に柔らか味が出ない――人間にゆとりが出来ない、愛嬌《あいきょう》が出ない、人に好かれない、人気が出ない、スターになれないという、そういう世界です。若い人の理屈なんて、「口先ばっかり」で片付けられる世界です。理性的な顔になんか三文の値打もないのです。

新劇出の悪役をもう一人挙げましょう。そうすれば、チャンバラ映画の世界で理性的とか知性的とかいうものがどんな扱いを受けていたかがよく分ると思います。その人は、山村聡です。この人が山形勲と組んで文化座という劇団を作ったことは前にお話ししましたが、なんとこの山村聡という人は東大を出ているんです。東京帝国大学文学部ドイツ文学科の出身です。戦後は〝現代ぷろだくしょん〟というのを設立して、あの小林多喜二の『蟹工船』を、自らメガホンを取って映画化しているくらいです。筋金入りの新劇というか、生きている近代的知性の権化のようなものです。この人はある時期テレビのホームドラマのお父さん役で当てて、日本の理想のお父さんのナンバー1役者になったこともあります。温和で知的で男性的な風貌——言ってみれば、決して悪いことをしない信頼出来る大企業の重役であるお父さんというところでしょうか。

　ところがこの人は悪役をやっているのです。『旗本退屈男・謎の暗殺隊』では、将軍を亡きものにして自分が天下を取ろうとする尾張の殿様に扮しています。進藤英太郎、山形勲、あるいは月形龍之介に代表される大悪人に利用される傀儡《かいらい》政権の、その傀儡役です。

　傀儡といっても、別に傀儡に甘んじているデクの坊ではない、当人にも進んで政権を取ろうという気は十分にある、そういう意味では立派な殿様です。

立派な殿様ですが、しかしこの人が何をするのかというと、なんにもしません。悪事の御膳立ては、全部家臣である大悪人に任せて、自分はそれを見ているだけです。カラクリ天井の能舞台を作って、そこに将軍様を招いて舞を舞わせて、それを家臣一同謹んで拝見するという、そういう悪事の中心にいて、ただ坐って見ているだけです。

お能は最高潮に達して「今だ！」というその時、見事に能舞台の天井は崩れて見事将軍様はその下敷き——かと思いきや「ハッハッハッハッ」と辺《あた》りを揺がす大笑い。「だ、だれだ！」と言ってオタオタするのがこのお殿様の役割。温和で知的で男性的であるこの山村聡の風貌のどこがお殿様にふさわしいかというと、その目です。いかにも育ちのよさそうなお坊ちゃんの面影をそのまんま残す瞳が、如何にも御大家のお殿様にふさわしいのですが、しかし如何んせん、新劇ですので、のっぺりとした白塗りが似合うという訳ではありません。知性的、男性的である面が、如何にも貧乏臭い所帯やつれに思えて、一人合点でロクでもないことを考えて、結果それが露わになるとオタオタするという、正にそういう腰抜けのお殿様の顔になるのです。

悪事が露われて、悪の中心人物ですから、この山村聡のお殿様は、早乙女主水之介を「斬れ！　斬ってしまえ‼」と命令します。命令しますがしかし、この人はお殿様ですから決して、自分で刀を抜こうとはしません。進藤英太郎、山形勲、月形龍之介の三悪人は「斬れ！」と部下に命令しても、やはり最後は自分も刀を抜くことになります。月形龍之介は、バンツマ、大河内伝次郎と並ぶサイレント時代のチャンバラスターですから、勿論立回りは大得意です。ロンドン生まれの山形勲だって、チャンバラ映画が好きで俳優になろうとした人ですから、刀を持つ姿はサマになります。進藤英太郎が強いかどうかは別として、この人だって刀を持ってかかって来ます。

進藤英太郎は新派の人で、新派という芝居は明治大正の現代劇ですから、人間達は着物を着て演技をします。この時代まで日本人の感性は着物でしたから、そうなるのです。

ところで一方、新劇は現代の現代劇です。新しい理想を目指すものです。着物に代表される古い日本的な因習からの脱皮をはかろうとするのが新劇です。歌舞伎・新派・新国劇の人には洋服があまり似合いません。洋服の似合う役者といったらやはり新劇なのです。山村聡の温和で知的で男性的な風貌というのは、英国製のスーツを着てこそ光るのです。こういうものを着こなせる日本の役者があまりいなかったから、この人は信頼出来るカッコいい日本のお父さんのナンバー1になったのです。言ってみれば日本的な紳士です。そして、紳士というのは、武器を捨ててこそ紳士なのです。刀という武器は、洋服を着た紳士とは合わないのですね。刀を持ってもサマにならないお殿様の悪役——日本の知的な紳士の典型は、チャンバラ映画の世界観で翻訳されるとこうなるのです。

新派出身の刀を抜かない悪役、柳永二郎はそれ故にイヤなヤツでした。「絶対にこいつは刀を抜かないぞ、卑怯そうな顔してるもん」というところが新派の演技です。ところが山村聡は〝卑怯そう〟ではないのです。刀を抜けない、〝臆病な腰抜け〟というイメージなのです。だから、殿様であったとしてもどこか男の風上にもおけないような気がして〝悪役〟なんですね。

前にも申しましたように、チャンバラ映画というのは、江戸時代が終って明治大正になってから作られ始めたものです。現代の中でワザワザ時代劇を作っていたのは何故かというと、「だって現代ってあんまり面白い時代じゃない」と大衆が思っていたからだと申し上げました。私はその典型を山村聡のお殿様に見るのです。

考えてるだけでなんにもしない、立派そうな顔をしていてもオタオタして逃げる——日本が平和になって所得倍増から高度成長へ向って、その先は〝本物志向〟だとか〝カルチャー志向〟という〝知性の時代〟がやって来る、そのトバ口でもっとも人間的な〝知性〟がそういう扱いを受けていたというのは重要なことだと思います。何も言わない、言えないけど、何が正しいかは分ってる（と自分では思ってる）大衆の最も痛烈な皮肉がこのお殿様のキャスティングに結集しているように思います。

東映のチャンバラ映画は〝勧善懲悪〟と言われています。悪玉がいて正義がこれを倒すという他愛のない話と思われています。他愛のない話なのかもしれませんが（しかし真実が一つならすべてはワンパターンでもいいじゃないかという考え方だってあります）、その悪役の〝正体〟というものを考えてみると、なかなか意味深なものを持っているなァということ、お分りいただけましたでしょうか。

「やっぱり近代っておもしろくない、だって近代的知性ってうさんくさいんだもの……」とみんなが思っていたからこそ、ああいう人達が悪役に扮していたんですね。

そういう悪を滅ぼして正義は勝つのです。勝ち方は勿論、華麗なる剣の舞です。

10　東映チャンバラ映画の終り方

東映のチャンバラ映画で、悪人は物を考えています。一方、その悪人の仕掛けた〝謎〟を解く正義の側は、謎を解くのですから頭も使いますが、そんなことよりもカッコ良さが第一です。

東映のチャンバラは基本的に捕物帳の推理仕立てですが――『若さま侍捕物帖』『右門捕物帖』など、題名も明らさまにそうです。そうですがしかし、誰もチャンバラ映画のヒーローに名探偵シャーロック・ホームズを期待しません。日本の捕物帖で本格的推理小説になっているのは岡本綺堂の『半七捕物帳』だけで、あとは推理仕立ての江戸風俗小説だというのは都筑道夫さんの説ですが、正にそうです。

本格的探偵小説推理小説愛好家の目で見れば捕物帖などは推理小説の名にも値しないというところもあります。ところで、本格推理の最大の欠点はなんだか御存知でしょうか？　それは、犯人が被害者を全部殺してからでないと探偵が犯人を当てられないことです。「こうこうこれだけの事件（＝材料）が出揃いました。これを基にして論理で全てを解明して行きます」――これが本格推理の謎解きで、だからこそ推理小説は知的なエンターテインメントなんです。

しかし、チャンバラ映画でそんな悠長なことをやっていていいものでしょうか？　将軍様が暗殺された後で、その犯人を当てたってしようがないんです。将軍様が暗殺されたら、当然その犯人は次の将軍様になってるんですから、そんなことしたって悪は栄えるだけです。だから、正義は悪を阻止しなければなりません。という訳で、悪を倒すという〝活劇《アクション》〟の方向に転換するのですから、本格ファンには御不満でしょうが、推理物としてはいい加減になりますよ、というのがチャンバラ映画なんです。

悪人は、将軍様お大名というエライ人を、派手な仕掛けを使って抹殺しようとします。その代表が吊り天井ですね。

悪人はその仕掛けのある場所にお殿様を案内します。案内して始まるのが饗応の〝ショー〟です。能舞台で能を見せる、お殿様に一さし舞っていただく――こういうものはみんな〝ショー〟であり、レビューです。〝市川右太衛門映画出演三百本記念〟と銘打たれた昭和三十三年の『旗本退屈男』では、悪人達に囲まれた早乙女主水之介はなんと、七色のカクテル光線の降り注ぐホリゾントの前で、立回りを見せます。これはほとんど、当時全盛だった、キャバレー、ナイトクラブのフロアショーと同じ感覚です。そういうものが華やかで贅沢なものだったから、そういうものまで平気で時代劇に取り込めたのです（余分なことですが、江戸時代に電気照明なんてありませんからね）。

場所は、長崎の出島――オランダ屋敷や唐人屋敷の内部に設定されたエキゾチックな舞台。あるいは華麗なる日光東照宮とかお城の大広間に組まれた本格的な能舞台。こういう華麗にして人工的な舞台を背景にしてクライマックスの立回りへと続く〝ショー〟が始まるのです。

昭和の三十年代、この時代テレビはまだ白黒です。台数もそう行き渡っていませんし、生放送が中心だったテレビ番組はチャチです。しかるに一方、映画は総天然色のワイドスクリーンです。こういう豪華なものが毎週日本全国の映画館で上映されていたのが昭和の三十年代ですが、勿論、こんな贅沢なものが日本中で同時に見ることが出来るなんていうのはそれまでの日本歴史の中ではありませんでした。

日本で最初のカラー映画は昭和二十六年木下恵介監督の『カルメン故郷に帰る』、日本で最初の大型映画は昭和三十二年大友柳太朗主演の『鳳城の花嫁』――勿論東映作品です。最初のカラー映画は一種の実験作品でした。勿論最初のトーキー映画だって一種の実験で「うまく行くかどうかとりあえずやってみよう」ですから、最初のトーキー映画からトーキー全盛時代までには何年かかかります。カラー映画だっておんなじです。金がかかるからよっぽどのことじゃないとカラー作品というのにはなりません。最初のトーキーが五所平之助監督の『マダムと女房』で『カルメン故郷に帰る』と共に映画史に残る作品です。日本の場合は普通〝娯楽作品〟は映画史に残らないことになっていますからこういう書き方をしましたが、『鳳城の花嫁』の監督が誰かなんて誰も問題にしません。監督は勿論東映の巨匠・松田定次監督ですが、それよりも『鳳城の花嫁』は知られるとしたら〝大友柳太朗主演〟の娯楽作品としてです。日本最初の大型映画が〝実験〟であったとしたら、それは新しい作品の質、内容ではなく、「当るかどうか」という、興行的な実験でした。そして勿論これは当ったのです。最初のトーキー・最初のカラーから、本格的トーキー・本格的カラーの時代になるまでは数年を要しましたが、最初の大型映画はまたたく内に本格的大型映画の時代を招来してしまったのです。最初のカラー映画から数年を経て本格的カラー時代へ突入しようとするぐらいの年、それが同時に、最初の大型映画の年、本格的大型映画時代の始まる年でもあった、ということなのです。

「よっぽどのことでもなけりゃカラーは出来ない」と思われていた時代が、「見世物に色がついてなかったら意味はない」という考えにとって代られてしまいました。

はい、勿論〝総天然色・東映スコープ〟は見世物だったのです。だから〝○○監督作品〟という形で映画史には残らないいし、娯楽映画専門と思われていた東映が率先して大型映画を導入したのでした。という訳で、チャンバラ映画がレビューになる――レビュー性を持つというのは当然でした。見世物が華やかじゃなかったらつまりませんから。

だから、華やかな踊りの舞台が一転して修羅場になる。崩れ落ちた能舞台の瓦礫《がれき》の山を見て、自分達の暗殺計画が成功したと思ってほくそ笑む悪人達の前に「フフフフフフ、フハハハハハ！」という高笑いが起こるのです。物を考えている暗い人間達の悪企みは、ただただ、派手さによって圧倒されるのです。

豪快な高笑い。「だ、誰だ！」と狼狽《ろうばい》する悪人達。そして登場する、華麗なる能装束に身を包んだ〝謎の人物〟。ここら辺のイキはもう、ほとんど歌舞伎に於ける花道の出とおんなじです。

「誰だ!!」「何奴《なにやつ》だ!!」――悪人のこの問い掛けは、ほとんど大向うの掛け声と同じ、主役が名乗りを上げる為の拍手喝采のようなものです。

「人呼んで、旗本退屈男――、天下御免の向う傷」というような名乗りを上げる正義のヒーローは、自分の正体を明かす前に一々、悪人達に向って悪の次第というのを並べ立て解き明かして行く訳ですね。

チャンバラ映画が最終的に立回りで決着をつけると言っても、ただ立回りですむ筈がありません。物を考える悪人に、ただ腕力だけで立ち向かって行ったらただのバカですから。チャンバラ映画の締め括《くく》りが、踊り→登場→名乗り→立回りと進んで行くのにはちゃんとこうした訳があるからなんですね。物を考える悪の知性には、やはり知性＝言葉が必要なんです。勿論この知性・言葉だって悪人のそれと正義の人のそれとは違います。正義が拠って立つところは〝強さ〟と、そして〝色気〟なんですから。

派手な動きで締めくくる市川右太衛門御大とは対照的なもう一人の御大、知性で締めくくるのは御存知片岡千恵蔵の遠山の金さんです。

遠山の金さんでは、もう立回りは終っています。町人姿で彫物を見せて立回りをするのが金さんで、クライマックスにそれはありません。金さんの本業は町奉行という裁判官で、そのクライマックスの舞台は〝お白州《しらす》〟という、決して刀を振り回してはならない法廷なのですから、こちらは頭脳による決着なのです。

屋体崩しはもう終って、将軍様は間一髪のところで危急を逃れました。シーンは一転してお白州で、悪人達はそこにいます。そこにいますが、悪人達は裁かれる側ではなく、裁く側にいるというのが物を考えるズルイ政治家の犯罪です。

お白州で縛《ばく》についているのは、下ッ端の悪人です。下ッ端の悪人と、そして善人側の人間が罪の汚名を着せられようとして同時に並んでお裁きを待っています。

金さんは言わば主任判事です。悪の張本人はエライヤツですから、その横に控えています。そして、その悪の張本人の命を受けて実際に悪事の段取りを進めていた悪のナンバー2は、金さんの同僚判事でもあります。

まず金さんは悪人達を安心させる為に、お白州の下にいる人間の罪状認否だけをやります。悪人達は、自分達の悪事がバレるものかと思って涼しい顔です。涼しい顔で、そして自分達の悪事を隠蔽《いんぺい》する為に却《かえ》って、善人に罪を着せようとします。

これは別にチャンバラ映画の遠山の金さんに限ったことではありません。江戸時代の〝お白州物〟というのは必ず、善と悪との容疑者が二人います。二人いて、悪は善に罪を着せようとして、名裁判官は必ずこの二人の内から無実の罪に泣くものを救い出す、ということになっています。〝甲論乙駁〟という言葉があります。一方が何か主張し、もう一方がそれに反論を唱える――互にそれをすることです。〝裁《さば》く〟はまた〝捌《さば》く〟の字を当てます。これは分けることですね。太平の世の江戸時代、世の中の秩序は出来上っていて、悪とはこの秩序を乱すもの、そして秩序を乱す悪とは必ず、そのことによって善を陥れる――だからこそ〝悪〟だったのです。だから、裁かれる側には常に善悪二通りの容疑者がいたのです。

直接政治に参加することの出来ない民衆は、その点で弱いものです。心細いと言った方がいいでしょうか。政治が信頼出来るものだったらいいけれどももしそうでなかったら、自分の立場はいつ埋れてしまうか分らないという、不安感があります。そうした不安感が名裁きをする政治家の話を作り出したのですね。名裁きの原型が出来たのが江戸時代で、それから百年経った昭和三十年代がまだ相変らず同じことをやっていたというのは、その時代でもまだ、選挙権を持った民衆達は常に、政治に参画出来ている実感が持てていなかったということになりましょうか。

昭和三十二年の『はやぶさ奉行』を例にとります。

ここでは、日光東照宮御参詣の将軍をカラクリ仕掛けの御殿で暗殺しようとした悪人達の裁きが行なわれます。

一番悪いのは、自分の妹を大奥に入れて、御寵愛《ちょうあい》をカサに着て横暴を振う陰の権力者・有楽斎《うらくさい》で、進藤英太郎が扮します。自分の妹にお手がついた――そのお腹の子を次の将軍にする為に上様暗殺を企てた悪いヤツです。

次に悪いのは、ズッと将軍家に冷遇されていたことを恨みに思っている外様大名で、進藤英太郎にそそのかされてこの悪巧みに乗りました。こいつに扮するのが市川小太夫。

この二人は大名以上ですから、勿論遠山の金さんの横に坐って、高いところにいます。

お白州のムシロの上にいるのは、柳永二郎扮するところの、外様大名の家老です。お白州に家老が坐らされているのは、自分の領地内で将軍暗殺未遂事件を惹き起こした責任上坐らされているだけで、金さんが何を言っても知らぬ存ぜぬです。知らぬ存ぜぬばかりではない、事件の真犯人は、自分達が監禁して無理矢理カラクリ天井を作らせた——本来ならば被害者である大工の棟梁《とうりょう》だなんてことを言い出します。

善人の容疑者と悪い容疑者の二人がこうして出揃います。勿論この大工の棟梁というのは、町人になっていた金さんが親しくしていた人です。一体、大工の棟梁が将軍暗殺を計画してなんのトクになるんだという話もありますが、悪人達はそういうリアリティーを無視した嘘を平気でつきます。ともかく、自分達がやった、命令したという証拠がないから「記憶にございません」で押し通そうとする訳です。おまけに「たかが町人の証言で大名を罪に落そうとする」なんていう生意気なことまで言います。証拠がないことを前提にしてイケシャーシャーと嘘をついて、金さんに証拠を出せと、喰ってかかる訳ですね、この悪人達は。

こっからが金さんの見せ場です。遠山左衛門尉は裁判官の正式の衣裳――長裃を身につけていますから、口のきき方だって格式ばっています。

「証拠を出せ」と言われて「尤《もっと》もなる仰《おお》せ、言葉通りにいたそう」と、金さんは荘重に言います。この荘重は、ほとんど「悪人共の嘘八百を聞いているのはもう我慢の限界」という意味です。だから当然、次のセリフは怒ったようなトーンです。

「いわれなき非難――。（ムーッ……と来て攻撃に転じます）よこしまなる執念により天下を覆えさんとする不逞《ふてい》人。頭が高いッ！　下がれ、下がれ、下がれおろうッ！」

ここで立ち上った金さんは悪大名をつけ回し、お白州の上へ蹴倒してしまいます。なんたって、一番カッコいいのはここです。

自分は町人になって、その悪事の現場にいたから、誰が何をやったかを金さんは全部知っているのです。その知っている自分がおとなしく黙っていると思ってなめやがってというのが、この「頭が高いッ！」です。格式張った言葉が、ここでそのまま喧嘩口調になって、次の瞬間一気に砕けます。勿論、片肌脱いでの彫物姿です。

「やい、雁首《がんくび》を揃えて、よっく見ろい！　名人左甚五郎の眠り猫と妍《けん》を競う、桜吹雪の彫物だ。ウヌらの目にやァ、昨日の今日、よもや忘れたとァ言われめェ」――美文調の町人の啖呵です。この後に、普通の町人口調になって「と、こうバラしたからにゃァ、オレの素姓も分った筈」と続きます。

この〝金さんの片肌脱ぎ〟は、毎週テレビでもやっていました。一時間番組の四十五分目位には毎週片肌脱ぎになっていると冗談にさえなったぐらいですから、今更こんなところでクドクド書く必要もないようなものです。ないようなものですがしかし、〝金さんの片肌脱ぎ〟というのが戦後になって流行ったものだということは御存知でしょうか？

昭和十一年、荒井良平監督・尾上菊太郎（後に殿様役者となった、戦前の二枚目です）主演の日活映画『江戸の春　遠山桜』では、金さんは片肌を脱ぎません。お白州で裃《かみしも》姿のお奉行様が突然「俺だよ、金さんだよ」というところはテレビとおんなじですが、この尾上菊太郎の遠山の金さんは、そう言って着物の袖口からソッと、彫物のある片腕を見せるだけなんです。もう一つ、昭和十三年のマキノ雅弘監督『弥次喜多道中記』――遠山の金さんと鼠小僧が弥次喜多になって東海道を旅するというスゴイ映画ですが、こちらは、腕をめくるどころか、なんにも見せません。ただ口で悪人をやっつけるだけです。こちらの金さんは若き日の片岡千恵蔵ではありますが。

でもよく考えたら、これは当り前なんです。天下の町奉行が一々町人相手に片肌を脱いでいたら威厳もへったくれもないではありませんか。江戸の町奉行と言ったら、今の東京都知事と警視庁総監と東京地方裁判所の長官を合わせたようなエライ人です。そんな人が「おい、俺だよ、金さんだよ」と言って見せる——そんな奇蹟のようなシチュエーションが戦前の遠山の金さんだったのです。

戦前、天皇制の日本にはエライ人と一般人の間には歴然たる一線がありました。そういう常識を超えて、エライ人が自分達の仲間として存在している——難しい言葉で言えば〝貴《き》種流離譚《しゅりゅうりたん》〟のファンタジーが遠山の金さんだったから、金さんは厳粛なる取り調べの席で〝愛嬌〟を見せたのです。

まともな取り調べだけですむのなら彫物を見せる必要もありません。いたずらっ気を出して「ちょっとグーの音も出ないようにしてやろうか」と思えば笑って少しだけ彫物を見せる。それだけの威厳が町奉行にはありました。いざとなれば、昔は拷問にかけて白状させるという手だってあったのですから（自白第一主義の昔の裁判ではこちらの方が主流でしたでしょう。拷問道具を立てかけてあるお白州とは、だから恐ろしい場所ではあったのです）。こんなところで、どうして天下の町奉行が悪徳商人とはいえ、たかが町人相手に毎回毎回片肌を脱いで見せなきゃいけないんでしょう？片肌脱ぎというのは〝愛嬌〟じゃありません、喧嘩の体勢です、お白州という公式の席で一々町人に喧嘩の準備をして見せるなんて、町奉行はそんな安いものじゃないんです。

『はやぶさ奉行』の遠山の金さんは、大名相手に喧嘩を売ったんですね。それぐらいの覚悟が必要な相手だったから「頭が高い！」と蹴っ飛ばしたんです。

裁判所は〝論理〟の世界で、言葉の世界です。だから悪人達は「証拠を出せ」と言ったんです。

金さんは勿論、犯罪の全貌を知っています。しかし、どうして金さんがそれを知っているのかというと彼が町人に化けていたからです。そして、天下の遠山左衛門尉が町人に化けていたなんていうことは、武家大名の世界では信じられないことです。「たかが町人の証言で大名を罪に落そうとするのか」という悪人相手ならなおのことです。

「私が町人に化けていたから知っています」と金さんが言えば、「それなら証拠を見せろ」と悪人が言うのに決っています。「その時その場所に居合わせていたその町人とあなたが同一人物である証拠を見せなさい」です。そしてそう言われて、金さんは見せることが出来ないのは何故かというと、その証拠が背中の彫物だからです。

それは、武士にあるまじきもので、決して見せてはならないようなものであるのが本来なのです。追いつめられて「その証拠をお見せしましょう」と言って金さんがおとなしく彫物を見せたとしたら、悪人達はなんというでしょう？「ほう、これは奇妙なものを」と言って、武士でありながら背中に彫物のある人間を嘲弄するのに決っているのです。嘲弄して優位に立ってしまえば、「そんなものをしている町人など見たこともない」と、またシラを切ることも出来るのです。金さんは、イレズミを見せてしまったことによって、公式の論理を逸脱してしまったという弱味を悪人達に見せてしまったも同然になるのですから、こういう嘘は平気で罷り通れるのです。まことに言葉とはいやらしいものです。というよりも、実体を欠いた言葉とはいやらしいものです。

金さんはだから、自分の論理に説得力を持たせなければならなかったのです。

自分は全部知っている――だから金さんは武士として高飛車に出ます。「下がりおろうッ！」までが武士の言葉、即ち〝公式言語〟であるというのはそういうことです。同じ土俵に立っていなければ相手のド胆を抜くことなんか出来ないからです。

相手には弱いところがある、だからド胆を抜けば勝てる――「頭が高いッ！　下がれ、下がれ、下がれおろうッ！」はだから言葉の立回りなんですね。それだけの力を言葉が持っているから、だからカッコいいんです。

公式言語でド胆を抜いた――でもまだこの段階では、相手のド胆を抜ける〝根拠〟というものを金さんは出していないんです。そしてこの〝根拠〟は、公式の場では決して出せないような〝根拠〟なんです。〝自分はそういう町人である〟――そのことが説得力を持って通るのは、全員が平等に町人のレベルに立っているという前提がなければなりません。だからここで、金さんの言葉は町人言葉に変るんです――「やい、雁首を揃えて、よっく見ろい！」と。

大名は蹴落されて、お白州の下にいます。片肌脱いだ金さんは、お白州梯子《ばしご》の上です。最早悪大名に逆らう気力はありません。金さんの勢いに呑まれています。勢いで相手を呑んでいるんだから、金さんの言葉は喧嘩の言葉、即ち〝啖呵《たんか》〟なんです。これが通って初めて、「と、こうバラしたからにゃァ、オレの素姓も分った筈」と、町人としての証人に金さんはなれるんです。

言葉というのは、このようにメンドクサイ段取りを持っているものなんです――というよりも、言葉を流通させている実社会はと言った方がいいでしょう。

言葉は、それを通用させる人間同士が同じレベルに立っているという前提があって、それで初めて通用するものなんです。

太平洋戦争が終って進駐軍がやって来て、日本には民主化というものが行なわれました。エライ人というのはそのせいでいなくなった筈なのです。筈なのですがしかし、昔権力者がいたというその惰性はまだ残っていて、うっかりエライ人のふりをしたりされたりすることが平気で罷り通ってはいました。汚職した政治家が捕まらないですむというのは、その最たるものです。〝内なる権力欲〟とでもいいましょうか、「俺はお前よりエライんだ」とある人間が勝手に思いこんでそう決めてしまえば、「だからお前の言うことなんか聞かない――聞く必要はない」と思いこめるようになるのです。つまり、平気で嘘がつける、罷り通れるようになったのです。ズルが出来る――平等と共に退廃がやって来るというのはこういうことなんですね。

そういう状況だから、言葉は力ずくで通用させて行かなければならなかったのです。だから、遠山の金さんは、厳粛なる名裁判官であるのと同時に、伝法《でんぽう》で粋な正義のヒーローでもあったんです。〝正義〟とはそういうものなんです。

〝正義の人〟はいつも〝正義の言葉〟を持っている。〝正義の力〟の裏打ちがなければ、正義を装った言葉なんていうものはいつだって嘘になってしまう。だから正義のヒーローは名実共に強かったんです。

11　これが正義だ！

実は『はやぶさ奉行』に代表される東映の〝いれずみ判官〟シリーズのお白州の場には原典があります。それは、歌舞伎の『伽羅先代萩《めいぼくせんだいはぎ》』の〝問註《もんちゆう》所《じよ》対決の場〟です。〝問註所〟というのは足利時代の裁判所＝奉行所のことで、歌舞伎というのは同時代の事件をそのまま脚色して舞台に乗せることを幕令で禁じられていましたのでこういうことになりました（勿論〝先代萩〟は江戸時代の仙台藩のお家騒動を脚色したものです）。

問註所のお白州には大悪人・仁木弾正《にっきだんじょう》と、老いた善人・渡辺外記左衛門《わたなべげきざえもん》が控えています。裁判官も二人いて、一人は悪人の山名宗全《やまなそうぜん》、一人は善人の細川勝元《ほそかわかつもと》です。山名宗全が進藤英太郎、細川勝元が遠山の金さんだと思って下さい。

山名宗全は仁木弾正と通じていて、善人達にとっては細川勝元だけが頼りです。ところが見回すと、取り調べの席にいるのは山名宗全だけで、肝腎の細川勝元はいません。「公用で遅れる」と、悪人は恐ろしいことを言います。

裁判官が一人で、その裁判官が悪人なんですから万事休すです。善人側の提出した折角の悪事の証拠も「こんなもの」と言って、握り潰されてしまうのです。ここに「しばらく！」と言ってやって来るのが白塗りの二枚目細川勝元です。この役は戦前の名優にして日本の演劇史上一、二を争う二枚目十五代目市村羽左衛門《うざえもん》の当り役でしたが、この名優はなによりも、音吐朗々としたセリフ術に長じていました。いい加減な悪の横行を正義の論理で打ち破るのですから何よりも声がよくなければならないのです。

細川勝元は、弁声爽やかに言葉だけで悪人を押さえつけて行きます。勿論細川勝元は身分の高い立派な武士なので、背中に彫物なんかしていませんから、片肌脱ぎにもなりませんし、悪人を蹴倒すこともしません。ただただ言葉だけです。

　御承知のように江戸時代は身分制の社会で、歌舞伎は町人大衆の芸術です。やる方も町人、見る方も町人で、ここには侍はいません（もっとも正確には、役者というのは〝河原乞食〟と呼ばれて差別される対象ではありましたが、そんなこと劇場の外での話で、舞台の上ではそんなこと関係がありません）。

　言葉というものは、通じさせる者同士が同じ土俵の上に立っていなければ正しく通用しないということは前にも言いましたが、そういう点でいえば、ここでは言葉が正しく通用するのです。通用しているからこそ、言葉を正しく通用させないものは悪だという常識が通るのです。

　劇場の中は、見る方も演《や》る方もどちらも町人です。そして、舞台の方のドラマは、裁く方も裁かれる方も同じ武士です。どちらも同じ土俵に立っています。武士同士の争いが何故町人に面白いと思えるのかというと、それは勿論「ああ、武士だとああいうこともあるんだなァ、町人だっておんなじようなこともあるものなァ」と、見る側にそう思うことが可能だからですね。武士・町人と階層は違っても、土俵を持つという点では同じだから、それで分ることは出来るんですね。だから、細川勝元の言葉は力を持つことが出来たんです。

不思議なことに、江戸時代に出来た歌舞伎には、武士が町人をいじめるという話はあまり出て来ません。悪い武士はいい武士をいじめ、悪い町人はいい町人をいじめるという、同じ土俵内の闘いが原則でした。

殿様が武家奉公に上っている町娘を手籠《てご》めにする、手打ちにする――こういう話はザラにあるみたいですが、あまりないんです。

腰元奉公に上っていた町娘を妾にしようとして断られ、それを怒って彼女を監禁する。そういう娘を助けてくれと頼まれたお数寄屋《すきや》坊主の河内山宗俊《こうちやまそうしゅん》が松江公の屋敷に乗り込んで行く――有名な河竹黙阿弥の『天衣紛上野初花《くもにまごううえののはつはな》』ですが、これが作られたのは明治十四年。

家宝の茶碗を割った咎《とが》で無残に斬り殺された妹の話を聞かされて、それまで禁酒を誓っていた魚屋宗五郎があまりのことに禁を破り、グデングデンになって殿様の屋敷へ押しかけて行く――同じく黙阿弥の『新皿屋舗月雨暈《しんさらやしきつきのあまがさ》』ですが、こちらも明治の十六年。

江戸時代、町人をいじめる武士は〝悪人〟ではなくて、ただの〝バカ〟でした。それをやる侍は、舞台の上で町人にバカにされる三枚目の役処でした。土俵を踏み外しているそのことを知らないでいるヤツは常識のないバカに決っているから笑われるのが当然、それが町人による町人の為の演劇世界での常識だったんです。江戸三百年〝町人の時代〟〝町人文化の全盛期〟と言われますが、それにはそれ相応の実力があったということなんです。身分制社会だから暗いというのは、ある意味では間違いで、身分制社会の無意味さを笑い飛ばせる力が下のものにあったればこそ三百年の太平は続いたんです。

それが明治になります。明治になると、御存知のように〝四民平等〟です。身分制というのはなくなりますが、新たに〝天皇〟〝華族〟というものが生まれます。これだけだったらほんの一握りの人達だからさして影響力のなさそうなところ、しかし、強いもの――〝強い〟とされるものが存在するところには必ずそれにたかるものが出て来ます。特別な身分ではないにもかかわらず特別な力を与えられてエバる――代表が官僚と軍人です。

本来ならば国民の誰にでもなれる筈の官僚・軍人が〝陛下にお仕えする〟の一点で威張る。明治になって、大名・武士が町娘をいたぶる芝居が出来た――そしてそれが今に至っても上演されているということには、明治になって侍の横暴を描くことが解禁になったという面も勿論ありましょうが、と同時に、平等になった途端、威張り散らす人間に対する〝土俵〟という名の歯止めがなくなってしまったという面もあるんです。

という訳で、「おい、俺だよ、金さんだよ」という戦前の遠山の金さんが生まれます。エライ人だけれども愛嬌があるんです。そういう人がいると思うことが、民衆の救いだったんですね。

そしてこの、戦前の金さんは、実に、現在のテレビの金さんと同じです。違うところは、戦前の金さんは腕しか見せなかったけれども、テレビの金さんは片肌（又は双《もろ》肌《はだ》）を脱ぐ、という。

戦後になって官僚の格式がとれたから平気で片肌を脱ぐ——親しみやすさの増大だというのは、間違いでしょうね。金さんに重味がなくなったから、一々片肌を脱いで見せなければならなくなったというだけですね。言葉に力がなくなったから、お安いデモンストレーションをするというだけでしょうね。

江戸時代が終った後で〝時代劇〟という形で江戸時代が作られて、それが時代時代で微妙に違っているということは、それを見ている大衆のあり方が時代時代で微妙に違っている、そのものの考え方を時代劇が反映しているからですね。

現在のテレビ時代劇はこうです——。

平気で武士の横暴を許しているか弱い町人がいて、それを視聴者は見て、なんとかしてくれる正義の人を待望している。

そして正義のヒーローは、国事犯でも大物でもない、普通の町奉行所の管轄になるような刑事事件の容疑者に対して、〝これでもか!〟的なコケおどしの片肌脱ぎをして見せる。

そんなに〝大衆〟っていうのは弱いんでしょうか? こんなに大衆がエバってるくせに、こんなにも〝弱い人々〟を必要として、過剰な強さを大衆が求めている時代はないと思いますよ。「それぐらい、自分でなんとかすりゃいいのに」と、私なんかは、テレビドラマの〝虐げられる庶民〟なんてのを見てて思いますけどね。「そんなことで一々すがられる〝正義〟ってのも、お安いもんだぜ」とかね。


前の話の繰り返しになりますが、太平洋戦争が終ってマッカーサーの占領軍がやって来て日本に〝自由〟というものが与えられました。エライ人がいなくなって、でもエライ人がいないとやっていけないという矛盾があって、その結果の混乱というものがやって来ました。

嘘が平気でつける——『伽羅先代萩』では山名宗全と細川勝元しかいなかった席に、金さんに蹴っ飛ばされる外様大名というのが出て来たのがその混乱の表われです。

それまでは町奉行所で普通の刑事事件しか裁けなかった金さんが国事犯まで裁けるようになったというところが戦後の〝自由〟です。そして〝自由〟という土台が出来たけれども、出来たのは土台だけで、その上に正義を通す為には力ずくの喧嘩を覚悟しなければならないというのがこの時代です（勿論そんなことは白ばっくれる悪人がいる限りいつの時代でも変らないことではありますが）。金さんが外様大名を蹴飛ばして片肌を脱ぐのはそれですが、勿論これにも原型があります。

その意外な原型というのは、早乙女主水之介の〝三日月傷〟のところでも出て来た『青砥稿花紅彩画』――浜松屋の弁天小僧です。武家娘に化けてゆすりに行って正体が露わされて、裸になると桜の彫物がある。緋縮緬《ひぢりめん》の長糯袢から片腕を突き出して啖呵を切る――これが正に遠山の金さんです。「知らざァ言って聞かせやしょう。浜の真砂と五右衛門が、歌に残せし盗人《ぬすっと》の、種は尽きねェ七里ヶ浜」と七五調の名セリフが続くところは「やい、雁首を揃えて、よっく見ろい！――」と同じです（その前の長袴《ながばかま》の裾をポーンと投げ出してお白州梯子の上で見得を切るところは、『一谷嫩軍記《いちのたにふたばぐんき》』の〝熊谷陣屋〟――「要らざる女のバカ念！」と言って自分の女房を蹴飛ばして〝制札の見得〟をする熊谷次郎直実《なおざね》でしょうが、詳しい説明は省きます）。

遠山の金さんは背中に彫物をして無頼の徒と交っていたんですから勿論〝不良〟で、ここに弁天小僧が出て来たってちっとも不思議ではありません。上っ面の公式見解を破って、自分の力で正義を通すのがヤクザの開き直りとおんなじだというのも、別に間違いではありません。しかしここで重要なのは、金さんの啖呵の背後には、民衆が「ああ、いいなァ、カッコいいなァ」と思っていた様々な様式があるということなんです。正義の武士、細川勝元の弁舌と、美貌の不良少年のゆすりと（そしてもう一つ熊谷次郎直実の男の苛立ちも入れましょうか）――水と油のようなものが「ああ、いいなァ、カッコいいなァ」の嘆声で一つになっているのです。

〝正義〟というのは〝正しい義〟です。〝義〟というのが何かというと、〝正しい〟という意味があります。〝意味〟という意味もあります。〝正しい筋道〟〝礼儀〟〝道理〟という意味もありますが、実はこれ、姿形の美しさが元々の意味なんです。美しい舞の姿、礼を尽す美しい姿、共に人を感動させるものであるというところで一つであるという、その姿形の美しさが〝義〟なんです。

剣の名人が舞の名人の舞姿を見て「スキがない……」と言って感動したというような話は昔からありますが、本当に機能的な動き、本当の筋道に適《かな》った動きは無駄がないから美しいんです。

〝義〟に〝正しい筋道〟という意味があるということは、そもそも〝義〟の一字に〝正義〟の意味があったということですが、その〝正義〟であるような〝義〟が色々混乱してしまった結果、その上に〝正〟という重複を持って来て〝正しさ〟を強調したのが〝正義〟です。混乱した結果〝正義〟は生まれる訳ですが、しかしその〝正義〟は必ず〝姿形の美しさ〟を持っていなければならないのです。口先だけの納得ではなく、体全体で納得出来るように、正義は〝美しい外見〟を必ず備えていなければならないのです。美しさを実感させる為の段取り、テンポ、様式を持っていて、それで正義なんですね。

　弁天小僧が何をやらかしたって、それが感動をもたらすような美しさを持っているのなら、そこには必ず納得出来るだけの理由——正義があるんだ、ということなんです。

〝通俗〟〝通俗〟と言って、見た目の派手さばっかりを今迄強調して来ましたが、しかし〝正義〟というものはそういうもんなんです。

　大衆というのはあんまり利口じゃありませんから弁は立ちません。立ちませんけれども、素直だから、その美しさに素直に感動出来るんです。別に御大層な理屈のついた〝芸術〟じゃない、ただの〝花電車〟や〝不良少年〟に。だからその一点で、大衆にはコムズカシイ理屈を超えた〝正義〟が分るんです。それが〝人間〟というもんじゃないでしょうか？

　正義が正しく機能していれば、それはそれだけで美しいんですね。別に媚《こ》びる必要はないんです。

　東映は、昭和三十年代のその全盛期、似たような話を毎週毎週二本立てで封切っていました。どれもこれも、己れの私利私欲の為に天下の秩序を乱そうとする悪人と、正義の人との対決であったと言ってもさしつかえないと思います。そういう意味ではワンパターンの十年ですが、しかしワンパターンというのは、いつもと同じでありながらいつもと違うという矛盾を持っていなければこんなにも持続はしないものです。「正義は勝つ！」という一点では同じで、目先というものはいつも違っていなければならないのです。

という訳で、いつも同じではありながらも、早乙女主水之介や遠山の金さんが毎週毎週出て来た訳じゃないんです。早乙女主水之介や遠山の金さんの出番は年に一回か二回だけだったんです。色んな正義のヒーローが一杯いて、ローテーションというものがちゃんとあったから、毎週毎週同じ人が、出て来る必要はなかったんです。

それぞれの人が、それぞれに年に一回か二回の特別の出番を持っていて、その為に装いを凝らしたんです。毎週毎週同じ人が出て来て同じことをやるテレビの時代劇とは、ちょっと訳が違うんです。

〝スター〟というのは〝星〟です。〝星〟とは自ら輝くものです。決して、お客さんに迎合するだけでやっていけるものではないんです。〝通俗だから大衆に媚びてる〟という考え方は間違いですね。お客さんとスターは、その昔、〝期待〟という名の同じ土俵に、毎回毎回上って〝満足〟という名の相撲をとらなければならなかったんです。同じ土俵に上っても、同じなのは〝相撲を取る〟という行為だけで、取口は毎回違わなくちゃいけないんですよ。

私なんかは昔、階段を見ると宝塚のレビューのフィナーレと、金さんの「下がれ、下がれ、下がりおろうッ！」ばっかりを思って興奮してたものですから、今の、蹴飛ばさない、愛嬌だけの、平気で毎週片肌を脱いじゃう金さんに代表される、テレビの時代劇って、いやなんですね。毎週同じものを見ている惰性に安心感を覚える大衆なんて、正義とは無縁なものだとは思いませんか？

正義を支える一端は大衆が握ってるんだから、その意味で、大衆だって真剣にならなくちゃいけないんですよね。

何も知らないで「派手なだけの恰好」とか「内容のない美文」だなんて言ってるのはただの無知というものです。そういう〝通俗〟が、昔はまだ大衆の間に根づいていなかった〝正義〟というものを支えていたんですからね。

東映のチャンバラ映画のラストは、必ずと言っていいほど〝日本晴れ〟でした。正義に助けられた名もなき善と、それを助けた美しい正義が、お互いにニッコリと笑って、右に左に別れて旅立って行くのでした。正義というのは、晴れ晴れとしたものだったのです。晴れ晴れとした顔で〝明日〟へと向かって行くのが、或る時期の日本を代表する〝娯楽〟だったのだということを忘れてはならないでしょう。それが〝通俗〟だったのです。日本ていうのは、いい国だったんですよ、ヘンなヤツがいなければ——。まァ、ヘンなヤツもいたからしょうがない、こっから先もあるんですけど——。

第三講

格調の高さの研究

1　遠山の金さんのお説教

チャンバラ映画に於ける〝通俗〟とは、一言で言ってしまえば〝教養のないお父さん〟です。時代遅れで趣味が悪くて、威張っています。派手なものにしか反応できないから派手好きですが、しかし一方そのことを指摘されたがりません。自分は〝お父さん〟という一定の地位（というか〝位置〟）を獲得しているから、自分が知らない内に露呈してしまう趣味の悪さを認めたくないのです。〝お父さん〟というのは、世間知らずでウブなところがある代りに頑固であるのは、その〝お父さん〟のお父さんたるステイタスに縛られているからですね。つまり〝お父さん〟は、自分のことを立派な人間だと思いたいし、思っているのです。という訳で、〝お父さん〟はお説教をします。実は、チャンバラ映画の〝通俗〟がダサイといって敬遠されるのは、この〝お説教〟という一面があるからなんですね。

『はやぶさ奉行』の遠山の金さんもお説教をします。場所は一件落着後のお白州で、その相手は、若い鼠小僧です。若い鼠小僧には大川橋蔵が扮します。

鼠小僧がどうして、上様のお命を狙った謀叛人《むほんにん》を裁くお白州に出て来るのかというと、これが、悪人に命じられてカラクリ仕掛を作らされた大工の棟梁《とうりょう》の無実を晴らす証人としてなんですが、それはどうでもいいことです。

鼠小僧というのは天保《てんぽう》の盗賊で、遠山の金さんとは同時代人です（但し正確には、遠山金四郎が江戸町奉行の位置につくのは鼠小僧が処刑された後ですから、二人がお白州で顔を合わせるということはないんですがね）。

鼠小僧がスクリーンに現われる時は〝義賊〟ですから善人です。但し、この善人は弁天小僧とおんなじで不良です。金さんも無頼の徒と交っている訳ですから、チャンバラ映画ではこの二人、友人同士です。昭和十三年のマキノ雅弘監督『弥次喜多道中記』で、金さんと鼠小僧が弥次喜多になって旅をするというのもこれです。原典でいえば、『弥次喜多道中記』が『はやぶさ奉行』の元になるのかもしれません。

ともかく、鼠小僧というのは〝人を殺さない〟というその一点で義賊の善人です。ですから金さんが町人になっている時は仲のいい友達で通りますが、お白州で顔を合わせたらそうは行きません。一方はレッキとしたお奉行様で、一方はレッキとした盗賊だからです。だがしかし、チャンバラ映画で友情が法に負けたことなんていうのは一遍もない訳ですから、必ず鼠小僧は許されます。そして許される前に必ず、金さんからお説教をされるのです。「以後心を改めるように」とか「いつまでも芳しくないことをしてるんじゃないぞ」とか。

こう言う時の金さんは勿論立派な顔をしてるんですね。格調の高い顔というか。

時代劇のヒーローはみんなこうです。いくら親しみのある顔をしていても、ある一瞬で必ず格調高い人に変ります。天下太平の旗本退屈男だって、「天下万民に代って退治してくれる」なんていうエラそうなことを言います。

時代劇が〝ダサイ〟とか〝クサイ〟とか言われるのはこれですね。〝立派な人〟を演じる為にクサイ大芝居《おおしばい》をしなければならないのが時代劇なんですから。

こっから先は、その通俗に於ける格調の高さの研究というのをして行きたいと思います。どうして、「自分の奥さんにお歯黒をつけさせたくない」と思ったり、自由なカッコよさを求めて直参旗本のくせに態々《わざわざ》〝浪人〟のスタイルをした人が同時に、それと逆行するような古臭い格式を求めたのか？　ということです。

2　どうして東映のチャンバラ映画はワンパターンか？

今迄お話しして来ましたように、東映のチャンバラ映画のほとんどは謎解きの捕物帖仕立てです。

初めに〝謎〟の発端となるような人殺しがある。それも、「エッ？」と人が覗《のぞ》きこむような猟奇的な殺され方をする。大衆というのは基本的に覗き趣味ですから、この発端の〝猟奇〟は欠かすことが出来ません。これでもって一気に、観客を物語の中に引っ張りこんで行くのです。
〝猟奇〟があって、そしてその内実は天下を狙う謀叛人のお家騒動で、そして最後は〝善〟が悪に勝つのが、推理小説仕立てで始まって最後はアクション小説になってしまう、日本的な捕物帖の基本パターンです。何故東映のチャンバラ映画がみんなこうなってしまったのかというと、実はその背後に戦後すぐの〝捕物帖ブーム〟というのがあったからなんです。

太平洋戦争に負けてマッカーサーの進駐軍がやって来て日本は占領されました。この時期日本に〝主権〟はなかったんです。マッカーサーのやることとやったことは、日本の古い体質を除去することでした。という訳で、〝自由主義の傾向を奨励する〟ことを基本目的に掲げたマッカーサーの司令部は、歌舞伎・時代劇に対する禁令を出しました。

正確には歌舞伎や時代劇を禁止した訳ではないのですが、実際問題として歌舞伎・時代劇の大部分が上演不可能になるような通達を出したのです。その十三ヶ条からなる注意書きのあらましは、〝その主旨に仇討ち、復讐のあるもの〟〝国家主義的、好戦的なもの〟〝歴史的事実を曲解したもの〟〝封建的忠義を連想させるもの〟〝死、残虐、暴行、或は悪の栄えるもの〟――これ全部禁止です。これに一つもひっかからない時代劇というのは、まずないと見ていいと思います。何故かといえば、時代劇は〝封建的忠義〟の江戸時代が舞台になっているものだからです。『忠臣蔵』なんかは、〝封建的忠義〟で〝仇討ち〟だから、真っ先に上演・上映禁止です。その〝内実〟がどうであるかではなく、そう解釈出来るものは全部ダメなんです。誰が解釈するのかといえば、日本のことを知らない（知っていてもそんなに詳しい筈がない）アメリカ人が、です。

という訳で、日本の歌舞伎・時代劇、そしてその原作となりそうな大衆時代小説は潰滅《かいめつ》状態となりました。そこに出て来るのが捕物帖ブームです。昭和二十一年、岡本綺堂作の『半七捕物帳』の復活と、それに続く探偵小説専門誌『宝石』の〝捕物帳特集号〟がその火つけ役になりました。

捕物帖小説が進駐軍の通達に触れなかったということの半分はどうやら結果論です、というのは、この〝捕物帳特集号〟をやった『宝石』の編集長・城昌幸《じょうまさゆき》——この人はかの『若さま侍捕物帖』の原作者であります——が、実はそんな通達が進駐軍から出ていることを知らなかったという裏があるからです。

江戸時代にも、幕府から町人に対して色々なお触れが出ました。やれ、贅沢《ぜいたく》はするなだの、ポルノはいけないだの、お上《かみ》を茶化してはならないだの。でも〝江戸のお触れは三日坊主〟というようなもので、出た当座「はア、さようでございますか」とおとなしくしていれば後は有名無実というのが常識でした。寛政の改革とか天保の改革とか、歴史の教科書に出て来るような立派なことが町人達の間で評判が悪かったというのは、この時の実力者、松平定信《まつだいらさだのぶ》や水野忠邦《みずのただくに》という人達がその〝常識《ルール》〟を破って、本気で取り締まりをしたからなんですね。町人をいじめる武士が出て来ると、みんなでバカにして嗤《わら》ったという、文化を持つものの〝実力〟とはこうなんですね。そしてその平気でしらん顔が出来るという、その伝統が昭和の二十一年にも一部では生きていたようでした。

という訳で、捕物帖というものは戦後すぐブームになって、大衆娯楽のあるパターンを作り上げてしまいました。だから東映のチャンバラ映画もそうなったのです——というのは、社会的背景から見た一つの理由です。

小説が流行を作り、その土台が映画のパターンを決定する。今のように小説が売れない時代から見れば夢のような話ですが、しかしそうだとすると少しヘンだという話もあるんです。

というのが何かというと、東映チャンバラ映画の全盛期、昭和の三十年代の大衆小説界は、もう捕物帖ブームは終って、剣豪ブームというものが起こっていたからです。五味康祐《ごみやすすけ》の『柳生武芸帳』、柴田錬三郎の『眠狂四郎無頼控』の二大連載が昭和三十一年『週刊新潮』で始まります。

剣豪ブームの〝剣豪小説〟が何かといえば、極めてゲーム性の強い、個人主義的なアクション時代小説ということでしょうか。エロと暴力のあるハードボイルド時代小説かもしれません。チャンバラ映画に即していえば、派手で白塗りの色気ではなく、筋肉のある男ということにもなりましょうね。昔の流行語に〝3S――SPEED《スピード》・SEX《セックス》・SUSPENSE《サスペンス》〟というのがありましたが、剣豪小説というのは正にそれです。剣豪ブームと重なって山田風太郎の『甲賀忍法帖』以下の忍法帖シリーズと村山知義の『忍びの者』に代表される〝忍法ブーム〟というのもあります。受けた理由は剣豪ブームとほぼ同じと思っていいでしょう。

こういうブームがありましたがしかし、〝時代劇は東映〟のキャッチフレーズを持つ東映はこちらに対して冷淡でした。『柳生武芸帳』は三船敏郎主演で東宝。〝眠狂四郎〟とそして〝忍びの者〟は市川雷蔵主演で大映。そして『柳生武芸帳』から出て来る柳生十兵衛を当り役とした近衛《このえ》十四郎《じゅうしろう》（松方弘樹のお父さんですね）は松竹で『柳生旅日記』のシリーズを撮って東映に移りますが、この人が主演した東映版の『柳生武芸帳』は同じ東映でも、第二東映の作品です。

〝第二東映〟（後に〝ニュー東映〟）というのは昭和三十年代の後半、あんまり映画が儲るので欲を出した東映の作った別会社で、どちらかというと現代物を主流にして（『警視庁物語』がその代表）、そしてあんまりパッとしたスターがいなくて（第二東映の誇る〝青春スター〟が美空ひばりの弟でその後色々とゴタゴタを起こした小野透《おのとおる》であったのがその代表)、そして、総天然色よりは白黒の方が多かったという会社です。

剣豪ブームを取り入れたのが〝第二東映〟であったというところに〝時代劇は東映〟の姿勢が窺《うかが》われますね。本家本元の東映にとっては、昭和の三十年代になっても時代劇は〝剣豪小説〟ではなくして〝捕物帖〟だったのです。何故でしょう?

捕物帖は勧善懲悪で、剣豪小説には「ワッハッハ」と笑う単純なる正義は出て来ないからという理由もありますが、しかし、捕物帖は捕物帖で〝悪いヤツを捕まえる話〟でしかないそれを、「天下を狙う不逞人!」にまで高め洗練して〝勧善懲悪〟にしてしまったのが東映チャンバラ映画であるのなら、今流行の剣豪小説をそういう風に変えてしまってもよかった筈なのです。「名もなきものを虐げるもの……」と言って、中村錦之助扮する正義の眠狂四郎が悪に立ち向かって行ったってよかった筈なんですね。映画が原作を平気で変えてしまうなんていうのは日常茶飯ですから。

しかし東映は頑《かたく》なに〝捕物帖〟であった、それは何故か?

東映の〝捕物帖〟の構造を考えてみるとよく分ります。まず初めに猟奇があって、事件があって、最後に正義がある——これが何かというと、実に〝新聞〟なんです。〝人殺し〟という猟奇事件があるけど、それには深入りしないで、飽くまでも社説は

〝社会正義〟である、と。

一方、剣豪小説は〝新聞〟じゃなくて〝週刊誌〟なんです。『柳生武芸帳』『眠狂四郎無頼控』が『週刊新潮』連載であるところが御注目ですね。

昭和三十一年というのはこの一月に石原慎太郎が『太陽の季節』で芥川賞をとり、『週刊新潮』『週刊アサヒ芸能』その他が創刊されて〝週刊誌ブーム〟が起こるそういう年です（ちなみに『週刊アサヒ芸能』には大藪春彦の〝ハードボイルド〟が登場します。そういう時代なんです）。週刊誌とは、ヌード写真のある新聞《ジャーナリズム》、猟奇に（勿論）深入りする新聞《ジャーナリズム》で、正義はある筈ですが、これはどちらかといえば斜に構えて、人間性の森の奥に隠れているような正義です（しかし我ながら、うまいこと言うもんだと思っております）。

週刊誌は昔、俗悪の代名詞でした。新聞を読まないで週刊誌しか読まない人間というのは、良識を疑われて当然というところもありました。

新聞だって勿論猟奇に惹《ひ》かれるんです。週刊誌のない時代、新聞は十分そういうことをやっていたんですから。しかし、時代が豊かになると、もっと詳しい猟奇を求めてそれに応えられる供給の方も可能になって来ます。事件物語性《エピソード》を重視した出版社系の週刊誌が出て来るのはそれです。と同時に、豊かになれば人間は〝お上品〟というものも求めます。良識ある新聞から猟奇が排除されて行くのがそれです。

〝教養のないお父さん〟は俗悪な週刊誌だって見るけど、やっぱり〝お父さん〟がお父さんである為にはチャンと新聞を読んでいなければならない。〝格式〟というのはそういうもんなんです。

という訳で、チャンバラ映画の通俗娯楽は、新聞の通俗教養と並ぶんです。娯楽にはそもそも通俗教養の一面があったのだという話がこれから始まるのです。

明治維新になって江戸時代が終った時――それはほとんど、進駐軍がやって来て〝戦前〟が終った時に等しいようなものですが――古い娯楽がダメだということになった時、人々は〝猟奇↓正義〟の娯楽として新聞を発見したということなんです。戦後の捕物帖ブームは、文明開化の新聞記事と同じ物語性を持っていた――つまり明治維新から昭和の三十年代まで、日本の大衆は〝捕物帖的世界の完成〟を待望していたということにもなるんです。

3　日本の近代に於ける娯楽の始まり

明治維新になって江戸時代が終った時、日本人は多くのものをなくしました。歴史の本にはあんまりこんな書かれ方はしていませんが、実はそうです。明治維新になって日本人がなくした最大のものが何かというと、それは〝物語〟でした。これはある意味で、子供が大人になって行く時に子供時代の物語をなくして行くということに似ています――というより、おんなじです。

明治四十三年というのは目玉の松っちゃん・尾上松之助が第一回主演作品『碁盤忠信《ごばんただのぶ》』を撮った次の年ですが、この年、谷崎潤一郎の『刺青《しせい》』が書かれています。耽美派谷崎潤一郎の名声を一躍高めた有名な作品ですが、それはこういう書き出しです――〝其れはまだ人々が「愚《おろか》」といふ貴い徳を持つて居て、世の中が今のやうに激しく軋み合はない時分であつた〟

谷崎潤一郎という明治生まれの青年にとって〝幕末（旧幕時代）〟というのはそういう時代だったのです。

〝「愚《おろか》」といふ貴い徳〟が生きていた時代の〝物語〟がどんなものかということになります。一言で言ってしまいますと、これは、〝武士〟という自分達と関係のないい人々が繰り拡げる冒険物語、ファンタジー（幻想小説）でした。江戸時代（幕末）の〝物語〟といえば、草双紙《くさぞうし》・読本《よみほん》と呼ばれる小説と歌舞伎の二種類でしたが、それはどちらも同じでした。

何某《なにない》家の侍（又は若殿様）が何かの失敗をしでかして浪々の身となり、様々の体験をした結果元の身分に戻る。それに絡《から》む町人というのも、実は元々は何某家の御恩を受けたものとその血筋であるというように、様々に入り組んだ色々なエピソードが結局は〝何某家の物語〟という大きな枠組に入りこんでしまうのが江戸の〝物語〟でした。前に出て来た弁天小僧だってそうで、彼は〝小山判官〟という武家の侍の行方不明になっていた息子という設定になっています。有名な『南総里見《なんそうさとみ》八犬伝《はっけんでん》』だって千葉の里見家の物語で、生まれも境遇も違う八犬士という若者はすべて、里見《さとみ》義実《よしざね》の息女伏姫《ふせひめ》の〝息子〟という訳です。

〝物語〟の対象は町人で、その〝物語〟の設定は全部自分達とは関係ない〝上の方〟のことで、そして〝物語〟の内容は現実離れのした冒険です。

実際にあるかもしれないような事件、実際にあった事件だって、現実離れのした設定に投げこんでしまえば、もっと華やかでワクワクしたものになる。到底ありそうもないデタラメな話だって、細部をもっともらしくして現実的に描いていけば、実際にあったように、あるように感じられる。それが江戸の〝物語〟でした。

〝物語〟という娯楽を作り出し享受するのは町人であって、その〝物語〟の中にリアルな町人は出て来ても、それは絶対に自分達の〝物語〟ではない——それが江戸の〝物語〟という娯楽でした。

関係のない物語だから、いくら深刻で暗い話になっても〝娯楽〟として楽しめる——それが江戸時代から続いている日本の娯楽の伝統なんです。江戸が終ってから出来上った〝時代劇〟という娯楽は、正に、自分達とは関係ない時代の物語ですからね。

このことには色々と難しい社会背景というのもあるような気がします。と同時に、そういう難しい話は関係ないということもあります。

娯楽というのは常に気軽に楽しめるものでなければならない、ということになったら、娯楽物語というのはいつだって気軽な他人事であるというのが〝社会背景云々《うんぬん》〟を抜きにした、簡単な娯楽の本質です。

難しい方の話をしますと、江戸時代、町人は生きる主体を武士に奪われていたから、自分達の〝物語〟を作れなかった、ということです。自分達の結局のところの人生は〝町人〟という枠組の中に収っていて、夢という素敵なものは〝武士〟という自分達とは関係のない世界にしかない――この〝町人〟を子供、〝武士〟を大人という言葉で置き換えれば、江戸の〝物語〟が子供の時にしか存在しない夢の物語だということがおわかりいただけると思います。

世の中を預るのは〝武士《おとな》〟です。〝町人《こども》〟は政治に関ることが出来ません。しかしその一点で〝町人《こども》〟はいくらでも無責任になれます。なにしろ、江戸時代の町人には所得税というものがなかったのですから。

世の中は〝武士《おとな》〟とその使用人――つまり〝農民〟です――とで出来上っていて「〝町人《こども》〟は勝手に遊んでろ」というのが江戸の封建制だったのです。〝封建制〟というのはそもそもがヨーロッパ中世の社会制度ですから、それをそのまま日本に充《あ》てはめるとややこしくなりますが、領主と領民で出来上っているのは同じです。領主が武士で、領民が農民です。当時の武士にとって世の中の構造というのはそれだけでした。士農工商という身分制度は、武士にとっての必要で上から決められて行ったもので、〝工＝職人〟の必要性はまだ分るけれども、〝商＝町人〟の必要性は、武士にはよく分らなかったのです。

武士の食べ物は農民が作る。その他の生活必需品は職人が作る。それ以外の〝商〟というのには一体どういう意味があるのかよく分らないで町人が野放しにされていたのが江戸という時代だったのです。商業の重要性に着目した田沼意次が江戸の悪徳政治家の代表のように言われるのは、（武士から見れば）いかがわしい〝商〟と手を組もうとしたからなんですね。

江戸時代の町人の扱われ方は、生活能力のない子供とおんなじです。武士が町人から金を借りていたのは、あれは正月の月給の前に懐《ふところ》が心細くなって子供のお年玉をあてにする大人の借金とおんなじなんです。生活能力のない町人《こども》がいくら金を持っていたって、それに税金をかけるなんてことは武士の体面が許しません。〝子供のお年玉〟をあてに出来ない武士《おとな》だけが「武士は食わねど高楊枝《たかようじ》」なんてことを言ってたんです。〝町人《こども》〟は〝町人《こども》〟のまんま野放しにされていたんだから、夢なんか見放題です。中には勿論〝真面目な子供〟だっていて「遊んでちゃいけないんだよ！」と言って真面目に堅実な商いだけをしていたりもしましたが、子供のけじめなんていうのははかないものです。

という訳で、江戸は町人文化の花盛りで、武士《おとな》はその遊びが目にあまると〝おこごと〟を口にして、町人《こども》は「はーい」で、当座だけおとなしくしていたというのが、「江戸のお触れは三日坊主」なんて言われるところですね。

さて、それが明治になって崩れます。武士《おとな》と町人《こども》という差別がなくなったということは、子供はいつまでも子供のままでいてはいけないということです。ここでいう〝子供〟は勿論〝江戸時代の遅れた日本人〟で、〝大人〟とは〝進んだ西洋人及び、そのことがよく分る日本人〟です。文明開化とは「大人にならなくちゃいけない！」という号令でもあったのですね。文明開化が分らない人のことを「旧弊《きゅうへい》」と言ったのは「いつまでも子供っぽいのはダメだ！」ということに等しい、でもあるんです。

という訳で日本人は〝大人〟になります。大人になると決定的にないのは〝物語〟です。それ以前の物語はみんな江戸の〝「愚《おろか》」といふ貴い徳〟が支配していた子供の〝物語〟だったからです。

何が分らないと言って、日本人は〝大人の物語〟が決定的に分りません。今までそんなものは日本になかったのですから。ここで言う〝大人の物語〟はとりあえず〝夢物語ではない現実的な物語〟ということにしておきましょう。

何も分らないままとりあえず〝大人〟になってしまった大多数の日本人《こども》には、〝大人〟ということがどういうことかよく分りません。〝現実的《リアル》〟という言葉はまだ一般的ではありませんでしたが、その〝リアル〟がよく分りません。江戸の〝物語〟で〝何某家の若殿〟以外の人間が活躍する物語といったら、唯一、十返舎一九《じっぺんしゃいっく》の『東海道中膝栗毛』の弥次さん喜多さんしかありませんでした。それが明治初めにいた唯一の〝現実的《リアル》な人間〟でした。

勿論〝心理〟なんていうものもよく分りません。自由民権運動が始まっても、大多数の人には〝自由〟というのがどういうものだか分らない訳ですから、オッペケペー節なんていうものにして分りやすく歌って聞かせるということをしなければならなかったのです。

これだけ分らないことだらけで不都合というものはなかったのかというと、実に、全くありませんでした。何故かというと、そんなこと知らなくたって、みんな〝日本の大人〟としてやっていけていたからです。日本の〝大衆〟というのが一向に物事に動じなくて、百年間ズーッと平気で時代劇に接し続けていて、インテリとか知識人に代表される〝心ある人々〟が日本の大衆の〝無知〟にイライラし続けていたのは実に、そういう訳でした。

〝大衆〟とは、高級なことなんか分らなくても平気で、〝大衆〟が分ってしまえることにどんな高級なことが含まれていても、それが決して高くは評価されなかったというのはそういう背景があったからです。大衆は、揺ぎなく生活していて、色んなことを貪婪《どんらん》に分って行ってしまったんです。大衆が獲得して行った教養──〝通俗教養〟と私が呼ぶものです──それは〝面白い〟という塀に囲まれた〝学校〟の中にありました。分りやすくいえば、「うん!」とうなずければ、それは全部〝教養〟として大衆の中に蓄積されて行ったということです。ここで言う〝格調の高さの研究〟とは、大衆が何を学んで行ったのかという、そういう研究でもあります。

明治四年、「散髪脱刀勝手令《さんぱつだっとうかってれい》」という法律が明治政府から出されました。勝手令の〝勝手〟とは〝勝手にしやがれ〟の〝勝手〟です。好きにしてよいということです。〝散髪〟──即ち、チョン髷《まげ》をやめて髪の毛を切る、〝脱刀〟──即ち、腰に刀を差すのをやめる、そのことはするもしないも自由であるということです。

明治政府には「髷を切れ！　刀を差すな！」と命令する力はなかった、だから〝勝手令〟なのだ、ということを知っておいた方がいいと思います。日本の場合、「そうしろ！」という命令の他に、「そうしなくても別にかまわない」という――言ってみれば「もう大人なんだから好きにしなさい」というような命令もあったのです。

そして放っておけば、大衆というものは自然と好きなようになって行くのです。

という訳で、あっという間にザンギリ頭の世の中は来ました。

その翌年の明治五年には、東京で最初の日刊新聞『東京日日新聞』（後の毎日新聞）が創刊されます。そしてこれが日本の近代で一番最初に登場した〝娯楽〟の元でした。

江戸時代にニュースというものは流れませんでした。流れたものは〝読売《よみうり》（瓦版《かわらばん》）〟という不定期の〝噂《うわさ》〟でした。なにしろ御政道に関する報道は御法度《はっと》なのですから、ニュースの流れよう筈がありません。子供は世の中のことなんか知らなくてもいい、ということとおんなじですね。

明治になってニュースは流れます。自分達が住んでいる現実に毎日何が起こっているかを知っていいし、諸外国という〝よその家〟ではそれが常識なのですから。

という訳で、自分達の住んでいる現実には毎日ドラマが生まれているということが明らかになります。正に、自分達が主体的に把みとってもいいのだという意味で〝娯楽〟の誕生です。毎日、お話は向うから送られて来るのです。

ただし、この段階では〝娯楽〟はまだ味も素っ気もないということにもなります。

次なるは〝娯楽〟のパワー・アップです。江戸という時代が豊かだったのか、日本人がこういうことに関して天才だったのかはよく分りませんが、明治五年、東京に最初の日刊新聞が生まれたその年、既にフォト・ジャーナリズム――今の『フォーカス』『フライデー』が生まれていたのです。

『東京日日新聞』が売れているのに目をつけた絵草紙屋が、その新聞記事の中の面白そうなものを、一枚刷りの錦絵にして売り出そうと考えて生まれたのが明治の『フォーカス』――新聞錦絵《しんぶんにしきえ》です。

明治の二大浮世絵師の一方、落合芳幾《おちあいよしいく》が描いたのが東京日々新聞錦絵、月岡芳年《つきおかよしとし》が描いたのが郵便報知《ゆうびんほうち》新聞《しんぶん》錦絵で、それぞれに、新聞の題字と、第何号という新聞の号数、その新聞の〝雑報《ざっぽう》欄（今の〝社会面〟）〟からとった面白そうな話を一枚の絵にして解説文がつけてあるという、正に一枚刷りの『フォーカス』『フライデー』です。

若い役者に入れ上げた妾《めかけ》が旦那を殺した（有名な〝夜嵐お絹〟）とか、もてない男が女郎屋で女に斬りつけて自殺したとか、戸塚の山の中で山賊に遭って身ぐるみ剝《は》がれて立木にくくりつけられた母娘が狼に喰い殺されたとか、そういう話が血みどろの絵になって刷られたりする訳です。勿論そういうものばっかりではなくて、征台の役の従軍〝写真〟とか、親孝行の話とか三つ子が生まれたとか、というのもありますが、当然センセーショナルな話の方が面白い訳ですから、話題はそちらに傾きがちです。発刊の辞なんかには〝童蒙《どうもう》婦女に勧懲の道を教うる一助に〟などという立派なことが書いてあります——要するに、なんにも知らない子供に物事を教え、女性にモラルを教える役に立つ為ということですが——そして文章も「悪いヤツだ、悪いヤツだ、こういうことをするのは悪いことだ」というトーンで書いてある訳ですが、そういう文章にくっつく絵というのは必ずや「すごい！」としか見る人に言わせないようなものですから、「いけない！」と言いながら面白がっているという、お定まりの構図にはなる訳ですね。〝猟奇〟があって、口をきくのは〝正義〟であるという、チャンバラ映画の基本トーンが明治の初め、新聞というニューメディアによって確立される訳です。

4　日本人の教養と忠臣蔵

明治になって四民平等になって日本人は大人にならなければならなくなりました。〝自分達とは関係ない上の方——つまり侍〟というものがなくなってしまった以上、そういうことになります。ということは、自分達の現実生活の延長線上に何かワクワクするようなものを発見しなければならないということです。ただ生きて、時々は暇潰《つぶ》しが出来る程度の生活の中でこういうことを発見するのは大変難しいことです。

子供は夢と現実の境目を無視して生きていますが、大人はそういう訳にいきません。現実と格闘して生きていますから、だから、現実の中にワクワク出来るようなことを発見するのなら、まず現実というものがどういうものかをはっきりさせることが必要です。

真面目に生きることがあって、そして娯楽がある。そして真面目に生きるというのはどういうことなのかを考えなければ、いつだって現実に押し潰されてしまう危険性がある。だから、真面目に生きるというのはどういうことなのか、真面目に生きている自分はやっぱり正しい、そういうことを考えさせてくれるものは、やっぱり大人にとって娯楽なのです。大人が理屈っぽいのは、そういうことを嬉しがっているからですね。

面倒なことはともかく、真面目に生きていることを考えさせてくれて感動させてくれる娯楽の典型を一つ挙げましょう。それが何かというと、御存知の忠臣蔵です。これぐらい日本人にとって面白く、タメになる——勉強になる（なっていた）ものはないからです。

忠臣蔵には、面白いという要素と、人生を考えさせてくれるからタメになるという要素と、歴史の勉強をさせてくれるから役に立つという要素の三つがあります（よく分ったようでよく分らない話です）。

当り前のようなこの三つの要素が、実は日本の近代の大衆というものの特殊性を説明しているのです。

一つ、江戸時代には正式な歴史というものがありませんでした。

二つ、大衆というものは、自分の人生に役に立たないものは面白いとは思えないという律儀さを持っています。

三つ、忠臣蔵には人生があります。

以上の三つが絡み合っているのが、明治から始まった忠臣蔵の歴史なんです。

忠臣蔵が何かということを一言で言ってしまえば、それは〝くやしさのドラマ〟です。

人間は現実生活の軋轢《あつれき》の中で、一つや二つどころではなく〝くやしさ〟というものを持っています。どんなに温厚に見える人だって、その温厚さというのは〝くやしさ〟をごまかす術を身につけているから可能だという訳で、決して「くやしい！」と思ったことがないという訳ではありません。人間は毎日毎日大過なく日常生活を送っていて、その中で〝くやしさ〟を爆発させてしまったら平穏な生活がその瞬間に破綻してしまう――だから〝くやしさ〟というものは我慢するしかない、というのが大人の智恵なのです。

しかしこの忠臣蔵は違います。〝くやしい〟と思ったことが公然と爆発して、それが天下晴れて〝義士〟という形で賞め称《たた》えられたドラマだからです。

忠臣蔵が忠臣愛国のドラマだとか、日本精神の発露だとかという御大層な話は、ほとんど全部嘘だと私は思っています。何故ならば、そういう御大層なお題目にストレートに反応する人間というのは、頭に血が上った世間知らずの〝青年〟（及びその延長線上にあるインテリというような人達）だけだからです。普通の人間は決してそんなものに反応しません。何故反応しないかというと、御大層な言葉というのは常に抽象的で、普通に生活している人間には一体それがなんのことだかよく分らないからです。分らない言葉に人間は反応出来ません――反応しようにも意味が分らないんですから。〝滅私奉公〟だの〝七生報国〟だの、言う方は分るんでしょうが、言われる方にはどういうことだかよく分りません。分らないから、どういうことかと訊くのです――それが大衆というものです。

訊いて「バカもの！　貴様にはそんなことが分らんのかッ!!」と怒鳴りつけられれば、「ああ、それは黙って従わなければいけない命令なんだな」と思います。そして、そういう人間に分らせることが出来る言葉が、難しい内容を語れる筈がないのです。御大層なお題目はいつだって、大衆に分りやすく語られる時は肝腎な部分を素っ飛ばして語られるのです。だから、御大層なお題目の、その御大層に語られなければならない危険さは決して語られることはないのです。だから大衆は、平気で飛んでもない方向へ突っ走って、最後に「どうしてこういうことになったのだろう？」と〝過ちは繰り返しません〟になるのです。御大層なお題目というのは、忠臣愛国も滅私奉公も高度成長も、みんなおんなじようなものなんです。

そして大衆というものは、みんな個人的な欲望しか持っていませんし知りません。それだからこそ、大衆というものは自分自身の欲望を〝下種《げす》な欲望〟だと思うのです。〝下種な欲望〟を認められないから、そのことを飾ってくれるお題目に引かれるのです。それが立派な言葉で語られれば、それで一々自分達のつまらない個人的な欲望を認めなくてすむからです。

だから大衆は、よく分らない立派な言葉が好きなんです。「くやしい！」だけで感動したら人格が疑われる、だから、それが〝義士＝立派な人〟と称えられる時、平気でそれに乗れたのです。

忠臣蔵は、それぐらい〝くやしさ〟で充満したドラマでした。

そもそもが浅野内匠頭です。一国の主である彼が、何故か知らないけれども〝高家《こうけ》筆頭〟という格式だけで生きているイヤミな爺さんにいじめられる。いじめられる理由は賄賂を贈らなかったからということらしいけれども、ひょっとしたら吉良上野介は、浅野内匠頭を〝気に入らない〟という理由だけでいじめたのかもしれません。頭に来ます。浅野内匠頭は、自分が私情に走れば家臣が路頭に迷う——そのことを考えて我慢したけれども、しかしそれでも我慢することが出来なかった。その結果が〝お家断絶〟です。

ここから引き出される教訓は一つ。「何がなんでも、やはり我慢というものはしなければならない」。

しかし同時に、その〝教訓〟を支える〝本音〟というものもあります。「我慢なんかしなくてもいいんだ!」というのがそれです。

「くやしい」と思ったら「くやしい」と言ってしまってもよいのだ、何故ならば、世の中にはちゃんと、その後で仇を討とうとする人間はいるから——というところで、この〝本音〟は後へ続きます。と同時に、〝くやしい〟という私的感情を後へバトン・タッチさせるのなら、それ相応の仕儀は必要である、ということは重要です。即ち、浅野内匠頭は「くやしい」と思ってしまった——そうしたバカバカしさに殉じて死ぬのですから。

だから、その死が見苦しいものであってはならないから、月夜で、桜の花が散っていて「風誘ふ　花よりもなほ　我はまた　春の名残りを　如何にとやせん」という辞世の歌をちゃんと残さなければならないのです。

殿様は「くやしい！」ということを表沙汰にして破綻してしまったけれども、しかしあくまでも殿様は立派であった――こういう形で自己完結してしまわなければ、到底その仇を討つという行為が立派なものとして提唱されない。だから、立派でありさえすればなんとかなるという生活訓がここから導き出されるのです。知職人の谷崎潤一郎が〝「愚」といふ貴い徳〟が失われてしまったと嘆いていた一方で、〝「愚」といふ貴い（かどうかよく分らない）徳〟だけで生きていた大衆という人達も同時に存在していた――今も存在しているのが日本という国なんですね。今や〝立派な人〟というのは死語になってしまいましたが、江戸が終って明治というよく分らない新時代が始まった時――そして同時に〝国民〟という立派な大人になることが日本人全員の上に平等に課せられた時、とりあえずの納得出来る目標というのは〝立派な人〟という大雑把《おおざっぱ》な言い方で表わされるようなものしかなかったのです。分らなかったのです。

という訳で、目標は〝立派な人〟です。〝立派な人〟というのは当然〝格調高い〟というベールで包まれている。そういう背景でそういう風に振舞っている。という訳で、〝格調の高さ〟というのは、立派に娯楽であり通俗であり、そして立派に役に立ったのです。

格調の高い（通俗娯楽ではない）時代劇も、通俗娯楽でしかないチャンバラ映画も、結局は主人公がどこかで格調高くなるというのはその為ですね。〝立派であること〟は、すべての男に関しての、最低の条件だったのです。

そしてそれは日本人の教養への道でもありました。格調高い世界は色んなことを教えてくれて、そして、それは同時に、知らない歴史的事実を明らかにして教えてくれるという役割も果したんです。

新聞というものが出来て、ニュースというものが正確に流れることが可能になって初めて、忠臣蔵の浅野内匠頭という人が〝浅野内匠頭〟という名前を持っているのだということを一般の人が知ることが出来るようになった——それが、明治から始まる忠臣蔵の歴史というものなんです。

5　忠臣蔵の決定版はいつ出来たか

結論を先に言ってしまいます。

忠臣蔵の決定版はいつ出来たか？　それは、東京オリンピックのあった昭和三十九年、ＮＨＫが一年間に亘《わた》って放送した一時間の大河ドラマ『赤穂浪士』によって、です。

一年間五十二週として計五十二時間、それだけの時間をかけなければ上演もしくは上映しきれないような膨大なもの、それが忠臣蔵であるから、忠臣蔵の決定版は大河ドラマの『赤穂浪士』になるのです。簡単な話です。そして勿論、これが放映されたのが、戦後日本が一人前になったというお披露目をした東京オリンピックの年であったということも、非常に重要な意味があります。この年、日本の近代が終って、日本の現代――ある意味で日本の荒廃が始まったのです。その複雑な話は、順序を追って話さなければなりません。

忠臣蔵の決定版というのは普通、江戸時代の人形浄瑠璃《じょうるり》（後に歌舞伎化）『仮名手《かなで》本忠臣蔵《ほんちゅうしんぐら》』ということになっています。勿論〝忠臣蔵〟という名称はここから出たものですが、〝忠臣蔵〟が『仮名手本忠臣蔵』の略称という訳でもありません。『仮名手本忠臣蔵』という一つの固有名詞の略称である〝忠臣蔵〟という言葉が一人歩きして、赤穂浪士・赤穂義士の物語の総称となってしまった――その結果、本家本元である『仮名手本忠臣蔵』までもがその〝忠臣蔵〟というジャンルの中の一作品に組みこまれて、「忠臣蔵の決定版は『仮名手本忠臣蔵』」などという逆転現象が起こっただけです。

勿論、『仮名手本忠臣蔵』には浅野内匠頭も吉良上野介も大石内蔵助も赤穂浪士も出て来ません。出て来るのは、塩冶《えんや》判官《はんがん》、高師直《こうのもろなお》・大星由良之助《おおぼしゆらのすけ》という、そういう人物達です。

塩冶判官、高師直というのは『太平記』に出て来る南北朝時代の人物ですから、勿論、元禄の人間ではありません。江戸時代は実際にあった事件を脚色して舞台に乗せるのは御法度でしたから、仮に『太平記』の時代背景を借りて、こうなったのです。

ここまでは「ああ、なるほど、虚構と現実だな」ということで分ります。分りますがしかし、『仮名手本忠臣蔵』は別に〝『太平記』の時代設定を借りた赤穂浪士の物語〟ではないのです。正確に言えばこれは、『太平記』の時代背景だけを借りて、赤穂浪士の物語を題材にした、『仮名手本忠臣蔵』というよく出来たドラマというだけです。

『仮名手本忠臣蔵』は全十一段から構成されていて、三段目が松の間（松ノ廊下のいじめ）、四段目が判官切腹～城明け渡しで、ここはモロ忠臣蔵です（私がただ忠臣蔵とだけ書いたらそれは〝赤穂浪士の物語〟のことだと思って下さい）。

しかしここが実際と違うのは、浅野内匠頭は江戸の田村《たむら》右京大夫《きょうたゆう》の屋敷で切腹して、その時、国家老の大石内蔵助は江戸から百七十五里離れた播州赤穂にいるということです。

江戸から今にいたる迄繰り返し上演されて有名になった『仮名手本忠臣蔵』の判官切腹の場——切腹の場で塩冶判官が「由良之助はまだか……」と尋ねて、小姓の大星力弥（実際は〝大石主税《ちから》〟）が「いまだ、参上つかまつりませぬ」と言って観客を焦《じ》らす、あの有名なシーンが、実際には起こりえないシーンだったりはします。江戸から萱野《かやの》三平《さんぺい》と早水《はやみ》藤左衛門《とうざえもん》が早駕籠を打って、息も絶え絶え赤穂に駆けつけるシーン。田村右京大夫の屋敷で、切腹の席に向かう浅野内匠頭がそっと家来の片岡《かたおか》源五右衛門《げんごえもん》に引き合わせてもらえるとか、有名な辞世を詠《よ》む、そのシーンも人形浄瑠璃、歌舞伎には出て来ません。それどころか、吉良上野介のいじわるで、「畳替えをしなくてもいい」と騙《だま》されたのを、堀部安兵衛《ほりべやすべえ》の働きで江戸中の畳屋をかき集め、一晩で勅使接待用の畳替えをすませる話とか、刃傷の直接のきっかけとなった、烏帽子《えぼし》大紋《だいもん》の正装を「長裃でいい」と騙されて、片岡源五右衛門の機転で危くその難を逃れるなんていう話も（ひょっとしたら今となっては、こんな話全部、知らない人の方が多いかもしれませんが）『仮名手本忠臣蔵』には出て来ません。「これで忠臣蔵になるのか？」と思うほど、『仮名手本忠臣蔵』には、忠臣蔵の〝有名なエピソード〟というのが出て来ないのです。

大体『仮名手本忠臣蔵』には、義士のエピソードそのものがまず、ないのです。『仮名手本忠臣蔵』で最も有名なのは〝色にふけったばっかりに……〟のお軽・勘平の話ですが、しかし実際の忠臣蔵にはこの二人がそもまず、いないのです。『仮名手本忠臣蔵』の五段目、六段目は早野勘平《はやのかんぺい》（実際は〝萱野三平〟）とその女房お軽の話ですが、この二人がなんで駆け落ちして京都の外れに住んでいるのかというと、殿様塩冶判官が殿中松の廊下で刃傷《にんじょう》に及んでいる間、この二人は「ちょっとぐらいは大丈夫」でつかの間の情事を楽しんでいたからなんですね。殿様のお傍にいなけりゃならない身分の者がさぼって色事をしていた、その間に殿様は大騒ぎ――「こりゃ面目ない」と言って切腹しようとするのをお軽に止められて駆け落ちをするんですが、しかしこのモデルになった萱野三平、途中で切腹して討入りに参加出来なかったところだけがおんなじで、実際には独身なんです。駆け落ちどころか、この人は江戸表の急を知らせる第一の使者として赤穂に向かったんだから、飛んだ濡れ衣です。

実際の萱野三平が切腹したのが何故かというと、これが〝親子の断絶〟なんですね。萱野三平の父七郎左衛門は、浅野家の家臣ではない。そして萱野三平は七郎左衛門の長男ではない。当時は長子相続ですから、長男でないものは、どこかに落ち着き先を見つけなければならない。萱野本家の系統から別口の就職先を見つけたそれが、三平の浅野家。

大石内蔵助以下浅野の家臣が、城を枕に討死を決めて、それが一転して、城明け渡し――但し〝討入り〟の密約だけは定めて。他の四十七士同様、萱野三平も表向きは〝ただの浪人〟で、実家へ帰っています。

実家へ戻っておとなしくしているけれども、しかし〝討入り〟というのは晴れて成功して初めて〝義挙《ぎきょ》〟と称えられるようなものであって、それ以前は非合法な反社会的行為です。なにしろ、不逞《ふてい》の浪人が立派な大名家へ殴りこみをかけるのですから、人に知られてはならない。親子揃って浅野の遺臣で、討入りの徒党に加わっているならともかく、萱野三平の家は違う。「ひょっとしたらそういうこともあるのか……」と、討入りの可能性を察知した父親の七郎左衛門は、「お前がそんなことをしたら、浅野家とは関係ない私達家族にどんな迷惑が及ぶと思うんだ」と止めにかかる。もうこの辺は、三百年前から父親は現代人だったし、息子も現代っ子だったとしか言いようがない。

「(だって、そんなこと言ったって、僕、みんなと約束したんだもん……。でも、こんなこと絶対言えない……) お父さんお願い、理由は言えないけど、江戸に行くお金貸して、それがダメなら勘当してッ!」――そう言って、父親に「だめだ!」と言われて切腹しちゃったのが、実際の萱野三平。

忠臣蔵は〝くやしさのドラマ〟だと言って、浅野内匠頭の話をしましたが、それをきっかけとして起こった四十七士の物語というのは、それぞれの青年のくやしさのドラマもあったのですね。というよりは、明治以降、忠臣蔵が改めて〝日本人のドラマ〟になった――それ故にこそ〝其の主旨に仇討ち、復讐のあるもの〟〝封建的忠義を連想させるもの〟は「いけない！」と言って、太平洋戦争後の進駐軍はその通達の中で忠臣蔵を真ッ先に槍玉に上げるのですが（というより、進駐軍の十三項目の通達は「これだから日本人の忠臣蔵はいけない」と言っているようなものなのですが）――それは、忠臣蔵が〝青年のくやしさのドラマ〟として明治以降に復活定着したせいだと言ってもよいと思います。

死地に赴《おもむ》く特攻隊の青年は、そのまま〝討入り覚悟〟の忠臣蔵です。そして、同じ戦時下で非合法活動に入らなければならなかった共産党員だって、〝アカ〟という素姓を隠して盟約に生きる赤穂浪士だったんですね（奇しくも一字おんなじです）。

青年とは、親にも兄弟にも他の誰にも言えない〝大志〟を抱いているものである――それ故にこそ青年は苦しいのだ。このことを最も鮮明に、最も早く提出したのが明治以後の忠臣蔵なんです。

赤穂浪士（〝浪士〟とは〝浪人〟です）がなんにもしないでフラフラしている青年であったのは大きいと思いますよ。ともかく、自分の中には〝大義〟がある――それは決行して後、初めて明らかになることであって、今は決して口に出来ない、そう思って過激な方面に突っ走って行った青年は一杯いると思います。突っ走って行く方向は、世間、家族に迷惑をかける方向であって、右でも左でもそれはどっちでも同じという、その一点で、忠臣蔵の青年ドラマはイデオロギーを超えたんですね。「いつか分ってもらえる」と思っていたから、青年は平気でどっかおかしかったんですね。昭和三十九年、NHKの大河ドラマの『赤穂浪士』を高校生として見ることが出来た世代というのは、実はその後の昭和四十年代、大学で大学闘争を闘う世代と等しいという、実に注目すべき（隠された）事実というのもあるのですが、それはまァ置きましょう。

四十七士が四十七人いるなら、ドラマだって四十七ある。これは単純計算ですが、その上に当時の時代背景だのなんだのが新しく史実として付け加えられて来たら、とてもじゃないけどこの忠臣蔵の物語、二時間や三時間じゃカタはつきませんよ。なまじっか『仮名手本忠臣蔵』が有名だったばかりに史実が解禁された後というのは、ここに膨大なる枝葉というのがくっつきます。〝決定版なら五十二時間は必要〟というのはここなんですね。まァ、明治以降に明らかになって来る、たとえば萱野三平の史実《ドラマ》ならそれは〝親子の断絶〟ですが、江戸の『仮名手本忠臣蔵』というものはそう単純な物語ではありません。江戸の歌舞伎――というよりはその原典である人形浄瑠璃はみな一種の〝運命ドラマ〟ですから、もっと入り組んでいます。勘平と駆け落ちして実家で夫婦になっているお軽が、夫の討入りの費用を捻出する為に身を売って遊女になる。遊女になって、それが祇園で放蕩生活を演じている大星由良之助と出会うなどというのは、その〝運命ドラマ〟の最たるところですが、そこら辺をお知りになりたかったら原作を当って下さい。〝運命ドラマ〟という点で言えば、私は『仮名手本忠臣蔵』九段目の山科閑居《やましなかんきょ》の説明をしなければなりません。実に、江戸の『仮名手本忠臣蔵』で一番大きいのはここなんです。

6　江戸の忠臣蔵とその後の忠臣蔵

『仮名手本忠臣蔵』の九段目には〝加古川本蔵《かこがわほんぞう》〟という人物が登場します。その人が〝九段目山科閑居の場〟の主役――というよりは、一方の中心を大星由良之助とするなら加古川本蔵はもう一方の中心である、というような、『仮名手本忠臣蔵』の陰の主役です。加古川本蔵がどういう人物かといいますと、この人は実際の歴史の上では〝梶川与惣兵衛《かじかわよそべえ》〟という名前を持っています。

梶川与惣兵衛――聞いたことがありそうであまり聞かない名前です。聞かない人ですが、しかし、この人がいなければ忠臣蔵が始まらないというぐらい重要な役割を歴史の中で演じた人です。

この人は、浅野内匠頭が江戸城内松の廊下で吉良上野介に斬りかかったその日その時、ちょうど吉良上野介相手に立話をしていた人なんです。吉良とも浅野とも、誰とも関係ないこの人がたまたまそこに居たらば、血相変えた浅野内匠頭が駆けつけて来て吉良上野介に斬りかかった——だから、「これは一大事！」と思って、その浅野内匠頭の両腕を後ろからガシッと抱きとめた、そういう人が梶川与惣兵衛なんです。言ってみれば唯一直接の目撃者、それが梶川与惣兵衛でした。こういう人の存在に目をつけてしまうのですから江戸のドラマ作家というのは偉大です。〃もし、……だったら〃という仮定はドラマを作る上では重要な考え方ですが、江戸のドラマ作者は、この梶川与惣兵衛に娘がいて、これと大石内蔵助の息子が婚約しているという間柄だったらどうなるだろうという、大変な〃if《もしも》〃を作り出したのです。一方は主君の仇を討たなければならない身の上、その息子の許嫁の父親は、その主君の仇を取り逃した人間という、非常に皮肉な設定が生まれます。『仮名手本忠臣蔵』の九段目はそのドラマなんです。

加古川本蔵の娘小浪《こなみ》は、母親の戸無瀬《となせ》に連れられて雪の中、浪人した大星由良之助一家の住む京の山科にやって来ます。勿論それは、大星由良之助の息子力弥と祝言を挙げる為です。

出迎えるのが大星由良之助の妻のお石。大石内蔵助が大星由良之助になるのが、史実《ニュース》に触れることを禁じられていた江戸時代のもじりですが、江戸の作者はその妻に〝お石《いし》〟という名を持って来て〝おおいし〟を暗示します。何故ならば、上司に賄賂を贈るような家の娘であるから、と。

厳粛なる忠臣蔵はここで突然、下世話な嫁いびりの話に変ってしまうのですが、そのことによってもう一人の〝意外な人物〟の姿が浮かび上って来ます。それは誰かと言いますと、浅野内匠頭と一緒に勅使接待役を仰せつかり、一方が賄賂をけちっていびられるそのきっかけを作った、浅野内匠頭の無事な同僚・伊達左京亮《だてさきょうのすけ》です。

御承知のように、忠臣蔵の物語は、江戸に下って来る朝廷からの使者＝勅使《ちょくし》を江戸城で饗応接待する役目を、浅野内匠頭と伊達左京亮の二人が仰せつかったことに始まります。その役目を指導する立場にいる高家《こうけ》の吉良上野介（〝高家〟というのは江戸幕府の役職の一つで、そういう位置にいた人物だから、劇中では吉良上野介の役名が高師直《こうのもろなお》になったという巧みです）に一方はキチンと賄賂を贈り、一方はそれをけちって明暗を分けた。浅野内匠頭を主役にするのは勿論ですが、それと同時に、「もう一方のヤツはどうしたんだろう?」と考えるのが江戸の作者です。

そこからもう一つの〝if《もしも》――浅野内匠頭を抱き止めた梶川与惣兵衛が、実は伊達左京亮の家老だったら……〟という設定が出て来ます。

人名がゴチャゴチャしていて分りにくいかもしれませんので、その対照表というのを次に挙げます。

『仮名手本忠臣蔵』	〈史実〉
塩冶判官	浅野内匠頭
高師直	吉良上野介 （高家筆頭職）
大星由良之助 （塩冶判官の家老）	大石内蔵助 （浅野内匠頭の国家老）
大星力弥《りきや》 （その息子）	大石主税《ちから》 （その息子）
お石 （由良之助の妻）	りく （内蔵助の妻）
桃井若狭助《もものいわかさのすけ》	伊達左京亮

(塩冶判官の〝同僚〟)　(浅野内匠頭の〝同僚〟)
加古川本蔵　梶川与惣兵衛
(桃井若狭助の家老)　(たまたま松の廊下に居合わせただけの人)
戸無瀬　？
(本蔵の妻)
小浪　？
(本蔵の娘)

江戸の『仮名手本忠臣蔵』というのは、実はこういう話なんです。

高師直は、美人の聞こえ高い塩冶判官の奥さん顔世《かおよ》御《ご》前《ぜん》に惚れています。これは『太平記』にある設定です。

高師直は顔世御前に付け文をして、その現場を桃井若狭助に見られてしまい、桃井若狭助は困っている顔世御前を逃します。バツが悪くて頭に来たのが高師直――「若憎め、この貧乏大名が」と、散々に罵ります。いじめられるのが桃井若狭助で、これは実際のシチュエーションとは逆なんですね。桃井若狭助にされてしまった実際の伊達左京亮は、別になんの揉《も》め事も起こさなかった訳ですからね。

頭に来た桃井若狭助は屋敷へ帰り、「私は明日、高師直を斬ってしまおうと思う」と、家老の加古川本蔵に打ち明けます。ホントならびっくり仰天で殿をおいさめする役の加古川本蔵はしたたかな人で、「なるほど、ごもっとも」とだけ言って、こっそりと裏で手を回すのです。高師直に付け届けをして、自分の主君に頭を下げてもらえば、それで事態は回避出来る筈というところが、加古川本蔵という老人の智恵です。

話はここから実説に近づいて来るんですね──高師直がいじめるのは桃井若狭助ではなく、塩冶判官である、という方へ。

次の日勢いこんでお城へ上って桃井若狭助は、自分の目の前で手を突いて謝《あやま》っている高師直を見て、拍子抜けがしてしまいます。いくら罵《ののし》っても、高師直は「ごもっとも、ごもっとも」ばかりで、一向に喧嘩にはならないんです。「バカな侍だ！」と言って、桃井若狭助は引っ込んでしまいます。

そこにやって来るのが塩冶判官です。この人は『仮名手本忠臣蔵』では、何も知らない温厚な若い大名として描かれています。

塩冶判官は、奥方からことづかった、高師直宛のラブレターの返事を持っています。勿論奥さんの書いたその返事は、「私にはその気はありません」です。

高師直は、これを見てカッとなります。「ひょっとしたら、この夫婦は共謀で俺のことをなぶってるんじゃないか」と、目の前の塩冶判官を見て思いもします。気の短い若僧、桃井若狭助に（賄賂を貰ったとはいえ）無理して頭を下げたすぐその後です。ここでこの老人が八ツ当りを起こさなかったら、その方が不思議でしょう。

という訳で、高師直は〝城中松の間〟で塩冶判官をいびり始めます。

それまで高師直に、どちらかといえば丁重に扱われていた塩冶判官には訳が分りません。勿論、高師直が塩冶判官を丁重に扱っていたのは、旦那と親しくしておいて奥方に接近する機会を把《つか》まえようという下心あってのことですが――

態度豹変の高師直に罵られて、塩冶判官はカッとなります。カッとなって刀の柄に手をかけて「殿中だ！」と言われてハッとなって、そして更に罵られて堪忍出来ず、塩冶判官は刀を抜きます。そして、一太刀斬りつけたその時に飛び出して来るのが例の、加古川本蔵です。

高師直に賄賂を贈って桃井若狭助との緊張状態を回避してくれと頼んだ桃井家の家老が加古川本蔵なのですから、「ホントに大丈夫かな……」と思ってここで様子を伺《うかが》っていても不思議はありません。という訳で、塩冶判官は抱きとめられ、高師直は一命をとりとめるのです。

ここまでのところでお分りのように、江戸の『仮名手本忠臣蔵』では、忠臣蔵を構成するきっかけは全部、加古川本蔵のしたことなのです。史実ではたまたまそこに居合わせただけの人間が、ドラマの中では賄賂問題、吉良上野介の浅野内匠頭いじめの問題、主君が仇を討ち損じたので家臣が改めてその仇を討つという仇討ちの問題まで、全部ひっかぶっているのです。

おまけにこの人の一家と大星由良之助の一家の間には〝婚約〟という糸もあります。その話が全部持ち越されて演ぜられるのが〝九段目山科閑居の場〟なんです。

雪の中をやって来た小浪と戸無瀬は、お石からケンもホロロの扱いを受けて、死のうと決心します。そこに現われるのが虚無僧姿の加古川本蔵。門口に立って尺八を吹きます。

その音を聞きつけて現われるのがお石。息子の力弥と小浪を結婚させてもいいが条件がある。その条件とは加古川本蔵の首を引出物として差し出すことである、とお石は言います。なにしろ、殿様・塩冶判官の屈辱と死とその後の家臣の苦衷《くちゅう》の元凶は加古川本蔵ですから、そんな家の娘と自分の息子を結婚させることなんか出来ないというところで、これは筋が通ったといえば通った話。

そこに「その首、進上申す」と言って入って来るのが加古川本蔵。そして、一体これが史実の忠臣蔵とどういう関係があるのかというと、全く関係のない話。

お石と本蔵は立回りを演じて、お石は本蔵に組み伏せられる。本蔵は、仇討ちの気もなくて祇園辺りで遊び歩いてる大星由良之助なんていうのはロクな玉じゃないと罵る。すると今度は息子の力弥が飛び出して来て、槍で本蔵を突き刺す。

結局これはなんなのかというと、塩冶判官（浅野内匠頭）が短気を起こしたばっかりに数奇な運命に巻きこまれてしまった二つの家族の話である、ということになります。

加古川本蔵は、娘の幸福の為に、自分の命を捨てようと思ってやって来た。自分は深い考えがあって、高師直に賄賂も贈ったし、塩冶判官を抱きとめもしたけれども、それは全部水の泡であるというのが本蔵の述懐。

そして、「多分あなたはそう思って私の家へ来たのだろうと思って、私は自分の息子にあなたを刺すよう命じました」と言うのがもう一方の中心である大星由良之助。自分は敵の目をくらます為に祇園で遊び呆けていた、というのが由良之助の述懐。

由良之助は、主君の仇を討つのと同時に、自分の死も覚悟している。そして、父親の死という代償を払って力弥と結ばれる小浪も、同時に自分の夫を失うことになる。仇討ちという行為の中で、みんな死んで行く。覚悟の上で死んで行くものはみんな立派な侍である。一体どうしてそんなことになったのかといえば、それは勿論、浅野内匠頭である塩冶判官が我慢というものをしなかったからであるというところまで、この『仮名手本忠臣蔵』の九段目は言います。

仇討ちがくだらないとは言わないが、死を覚悟するんだったらせめて、武士らしく戦場で死にたいというのが、九段目の大星由良之助ですが、篇中最大の山場である。ここで『仮名手本忠臣蔵』の作者は〝浅きたくみの塩冶殿〟という表現を持ち出して来ます。

勿論〝塩冶判官〟というのは〝浅野内匠頭〟という実名を使えない為に浄瑠璃作者が引っ張り出して来た名前ですが、観客はその〝塩冶判官〟なる名前が〝浅野の殿様〟を指すことは知っています。知っていて、実に、「浅野《あさの》内匠頭《たくみのかみ》は思慮（＝巧《たく》み）が浅かった。だから浅野内匠頭だ」とまで持って行ってしまうのが江戸なんですね。〝くやしいとしたら、それは主人がバカだったということだ〟と言いきってしまうのが江戸の忠臣蔵なんです。これはどう考えたって、私達の知っている忠臣蔵の〝くやしさ〟とはくやしさの質が違います。私達の知っている忠臣蔵で、浅野の家臣達が吉良上野介への復讐を誓うのは〝御公儀の片手落〟に対しての抗議手段なんですから。

吉良上野介にいじめられて切腹した御主人浅野内匠頭はくやしかったであろう――そのことは否定しない。しかしそのことと自分達が浪人してしまったことは一つにしてまた別である、というのが討入りを誓った赤穂浪士の心情ではある筈です。人間を動かすものは、立派なお題目ではなく、それによって導き出される個人的な心情＝本音と呼ばれるヤツですから。

喧嘩両成敗が物事の筋で、浅野内匠頭は切腹なのに、どうして吉良上野介はお咎めなしで喃々《のうのう》としていられるのか――これが赤穂浪士の怒りの根源で、そのことがまた現代人にも忠臣蔵がアピールする要因にはなっていますが（誰だって「世の中間違ってる！」とどっかでは思ってますから）、江戸の『仮名手本忠臣蔵』は違うんです。四十七士の討入りはカッコいいが、それはそれとして、やっぱり浅野内匠頭はどっか考えが足りなかったのは厳たる事実だ、というのが江戸です。

江戸の忠臣蔵は〝くやしさのドラマ〟ではなかったんですね。考えが足りない主君の下にいなければならなかった、二人の家老の宿命の物語なんですね。江戸のドラマが〝運命ドラマ〟だと前に言いましたが、それは以上のようなことです。

何故、江戸のドラマが運命ドラマになってしまうのかというと、これも前に言いましたが、それはドラマの主体が町人にはなくて、町人とは直接関係のない〝上の方〟にあったからで、自分達は関与しようがないから「しょうがない……」という運命ドラマになる訳ですが、しかしそれだったら何も、浅野家とはなんの関係もない〝梶川与惣兵衛〟なる第三者を〝影の主役〟に仕立て上げる必要もないんです。赤穂浪士は四十七人もいるんですから、態々《わざわざ》そんな第三者を抜擢《ばってき》しなくったって、運命ドラマを作れないこともないんです。一体、なんだって〝梶川与惣兵衛〟なる無名の人を大抜擢して、いるんだかいないんだか分らない女房、娘まで引っ張り出して、大石内蔵助の息子との恋愛なんかをデッチ上げなきゃいけないんだ？　という話もあるんです。それは勿論、江戸のドラマ作者が「松の廊下で浅野内匠頭を抱きとめたヤツって、何考えてたんだろう？」「浅野内匠頭はともかく、それと一緒になって働いてて、無事に賄賂を贈った伊達左京亮って、一体何考えてたんだろう？」と想像力を働かせたことも関係しています。

意外なようで簡単なこの〝答〟というのが、実は江戸時代人の美意識なんです。

意外なことに、現在のようにマスコミが発達していて情報が過剰な迄に氾濫している時代にさえ起こらないことが、江戸の昔には起こったのです。それは何かというと、「史実とか事実なんてものはみんな知ってることだから、そのまんま忠実に脚色するなんてダセエことやったってしようがない」という、江戸時代人の思い切りです。

まだ新聞なんかはなく、ニュースは流れず、流れるものは〝読売＝瓦版〟による不定期の〝噂〟である江戸時代に、現実に何が起こっているか起こったかを大衆が正確に知っている訳でもない江戸の昔に、そういう思い切りが起こるんです。

「事実はドラマではない」「事実をそのまんま舞台に乗っけるような能のないことを俺はしない」というのが、江戸のドラマ作者の美意識なんですね。

〝ない正確な知識〟の存在を「ある!」と前提にして、その上にドラマを作って行くのが江戸のドラマなんです。〝塩冶判官＝浅野内匠頭がいじめられるドラマ〟である筈なのに、そうではなく、桃井若狭助がまずいじめられることによって『仮名手本忠臣蔵』が始まるのはそういう訳です。それは承知の事実だから、ドラマの作者は意表を衝《つ》いて、引っくり返したんです。梶川与惣兵衛なんて人を影の主役に持って来たのも、ドラマにするという〝芸〟の為です。

　だから、江戸のドラマを何遍も見たって、ちっとも史実には詳しくなりません。『仮名手本忠臣蔵』を何遍見たって、『仮名手本忠臣蔵』に詳しくなるだけで、赤穂四十七士の話にはちっとも詳しくなることは出来ません。江戸が終って明治が来たら、みんなそういうことに気がついたんです。「本当の歴史は、よく考えたらなんにも知らない……」ということに。

　だから、新聞や新聞錦絵が〝娯楽〟になる時代というのは、〝事実〟〝史実〟が娯楽になる時代だったんです。

「塩冶判官ではなく浅野内匠頭という人は、現実の中であのようにくやしかったのだ。早野勘平ではなく、萱野三平は、現実の中であのようにくやしかったのだ。ああ、それは自分にも思い当ることだからよく分る」と、明治になって〝自分も当事者でありうる〟という前提に立って大衆が改めて別の忠臣蔵に接して、それを「面白い」「現

〈大衆芸能の変遷図〉

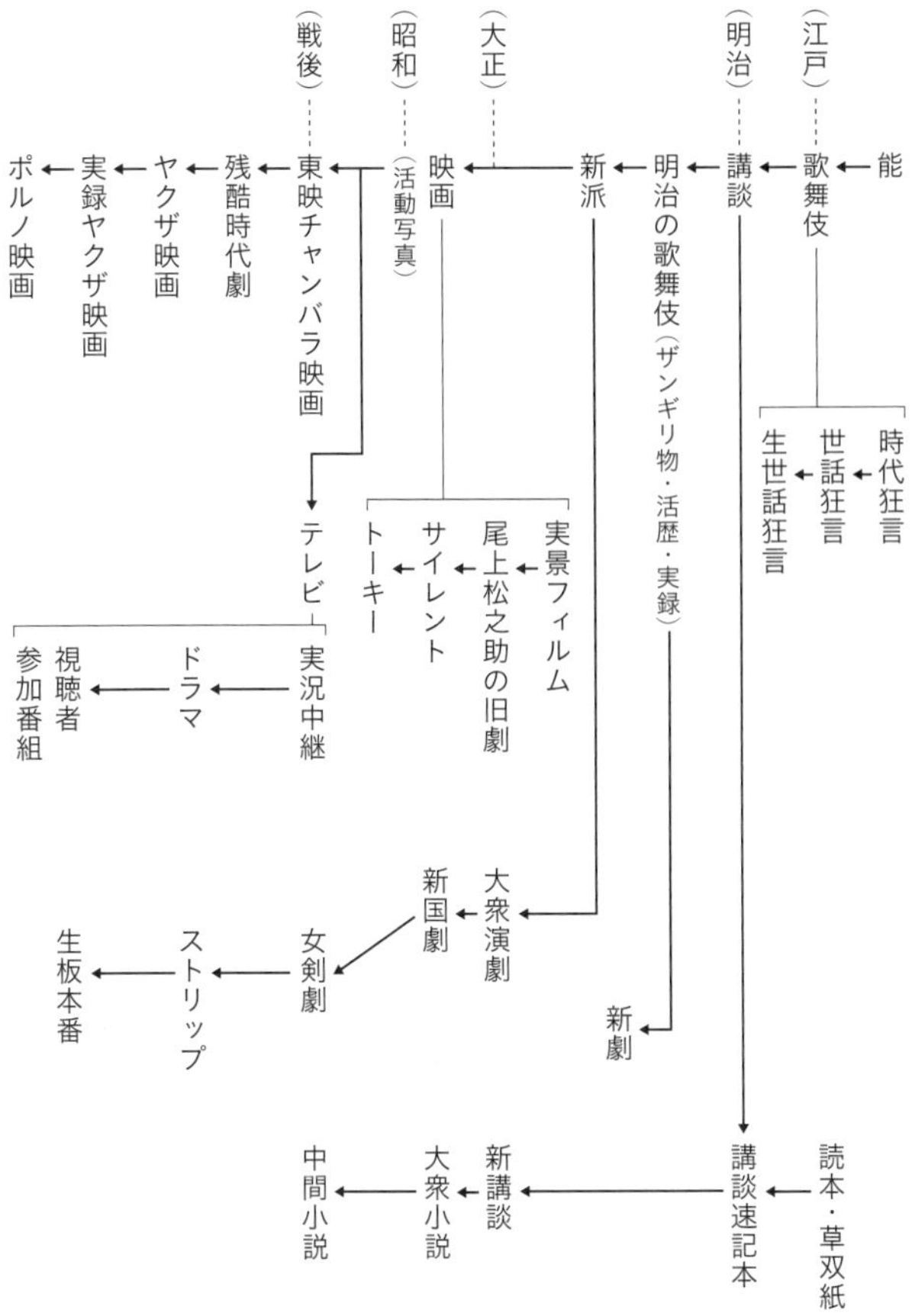
（江戸）
（明治）
（大正）
（昭和）
（戦後）
能
歌舞伎
講談
明治の歌舞伎（ザンギリ物・活歴・実録）
新派
映画
（活動写真）
東映チャンバラ映画
残酷時代劇
ヤクザ映画
実録ヤクザ映画
ポルノ映画
時代狂言
世話狂言
生世話狂言
実景フィルム
尾上松之助の旧劇
サイレント
トーキー
テレビ
実況中継
ドラマ
視聴者
参加番組
大衆演劇
新国劇
女剣劇
ストリップ
生板本番
新劇
読本・草双紙
講談速記本
新講談
大衆小説
中間小説

実の生き方に役に立つ、教訓になる」と思い始めた時、その対象は同時に、歴史に関する教養を高める教科書ともなったのですね。そこまで含めて、格調の高い時代劇は面白かったんです。

そして勿論、その〝歴史に関する教養〟というものは、大衆にとって「面白い！」と思えるようなものでなければならなかったのです。だからこそ、その教養は〝通俗教養〟ということにもなったのです。

この先は、その〝通俗教養〟の王者たる講談についてのお話になります。

7　講談の時代

講談は別名〝講釈〟とも言います。これは本を読んで、その意味内容を分りやすく説明することです。活字・文字文化の方が視覚・見世物文化よりも高級だという考えは昔からありますが、事実《ファクト》を無視してその上にドラマを作るのが芸であるという浄瑠璃・歌舞伎の虚構《フィクション》と、本を読む講談の記録《ノン・フィクション》は初めから別のところにありました。講釈師、講談師は客を前にして〝本を読む〟のです。本とは勿論歴史書ですから、こちらは浄瑠璃・歌舞伎に比べて、ズーッと本当でした。

前頁に掲げた〈大衆芸能の変遷図〉というものを御覧いただければお分りになると

思いますが、言ってみれば明治という〝日本の近代〟は講談と共に始まっているのです。

江戸の歌舞伎は史実・事実を無視して来ましたが、明治という時代はその嘘っぱちさを嫌いました。嫌って、史実・現実・事実に即した芝居を作らなければならなくなりました。以前にお話ししたように、歌舞伎を旧派・旧劇・国劇と呼んで、それに対する〝新〟を称する新派・新劇・新国劇が出て来るのもその一環ですが、新しい演技様式——つまり〝動作〟ですが——それを作る以前に、そうした動きが自由に動きうる〝骨格〟というものが必要でした。つまり、史実・現実・事実に即したストーリー、ということです。明治の歌舞伎を作って行く運動は〝演劇改良運動〟と呼ばれましたが、歌舞伎は、荒唐無稽なものからリアルなものへと変って行く為に、講談というノン・フィクションを必要としたのです。

明治の歌舞伎——大まかに分けて三つあります。ザンギリ物というのは〝ザンギリ頭の人物によって演じられる世話物——現代劇〟のことです。活歴というのは文字通り、活《い》きた歴史で、歴史上の人物の有名な業績をそのまま舞台化するもの。実録《じつろく》というのは、芝居で上演されて有名になった物語が〝実はこうだった〟という、一種のノン・フィクションで、『仮名手本忠臣蔵』に対する『実録忠臣蔵』、『伽羅先代萩《めいぼくせんだいはぎ》』に対する『実録先代萩』というようなものです。

さてこの〝実録〟という言葉、〝実の記録〟ということですが、こういうものを歌舞伎以前にやっていたものが何かというと、講談なのです。

講談が本を読む（本を読むのは講釈で、話をするのが講談だという細かい詮索もあるところにはありますが、この際無視します）のはなんの本かというと、それは『太平記』でした。『太平記』は南北朝の物語で、これは今では日本古典文学全集に収められるようなものでしたが、しかしこれは、長い間、文学という虚構《フィクション》ではなく、南北朝時代の〝歴史書〟でした。昔は、歴史と物語は渾然一体となっていたから、そうなったのですが、昔の講釈師はその別名を〝太平記読み〟と言われていたぐらいですから、これを読みました。華やかな合戦シーン、南朝の忠臣達の苦心などというのは、十分にドラマとして聞くに値したので客が来るという、芸能としての講談はここに始まります。

そして、『太平記』だけのワンパターンではお客に飽きられるので、『源平盛衰記』や『曾我物語』『太閤記』といった軍記文学も読み〝軍談読み〟〝軍記読み〟と呼ばれるようになって、講談のもう一つの面――〝教養〟が開かれるようになるのです。

講談師はそういうものを読むのだから、当然そういうものに詳しい。詳しく、うまく話して聞かせる話術を持っている。〝そういうもの〟とは勿論、武士の間では〝軍学〟〝兵学〟と呼ばれるようなものです。勿論、武士というのは、平和だからサラリーマンみたいな顔をしているけれども、本当ならば戦闘要員であるような人達です。という訳で、軍学兵学に詳しいことは武士の当然の心得ですから、武士の為の軍学セミナーが武家屋敷で開かれます。講師は勿論、講談師ですね。ここら辺はほとんど、司馬遼太郎の小説をビジネスマンが読むのとおんなじです。堺屋太一先生が『峠の時代を生きる』なんて題で、ビジネスマンのセミナーやら商工会議所やらで講演なさるのとおんなじです。

現在のビジネス雑誌というのは〝特集・決断の条件——山本五十六とミッドウェー海戦〟とか、〝特集・楠木正成と忠臣の条件〟とか、相変らず江戸時代の武士《サラリーマン》と講談師の関係を演じている訳ですが、これは、江戸—明治—大正—昭和—現在と、日本の格調高い男の教養が連綿として講談的世界から一歩も出ないまんまでいるということの証明でしかありません。それくらい講談的教養は、日本の格調を必要とするような位置にある男性達には、心安らぐものではあるのですね。

さて、セミナーの講師として武家屋敷に出入り出来るようになれば、武家の記録などというものと接近することも出来る。大名旗本の家系、出世談、そしてお家騒動というのも講釈師のレパートリーに入って来て、〝御記録読《おきろくよみ》〟という言葉も出来て来る。実録を知って語れる講談師というものは、こうして出来て来ます。明治の〝史実〟が講談師によって作られるというのは、こうした歴史的背景によっているのですね。

勿論、歴史と歴史物語は違います。歴史物語というのは、歴史を物語にするのですから脚色が入ります。そして、講談師の語る〝史実〟というのは当然、歴史ではなく歴史物語の方です。

歴史と歴史物語が違うのは勿論ですが、しかしそんな違いを問題にするのは、明治以降の近代化によって生まれた学校の、歴史の先生——歴史学者だけです。「それは史実と違う」と言って〝脚色〟を排するのが歴史学者の仕事ですから。しかし、一般の人間にとっての歴史と歴史物語の差というのはそんなものではありません。一般の人間にとっての歴史とは、歴史物語からその面白いところを全部抜き去ってしまったものです。

歴史の骨格は歴史物語で学べて、しかもその上に、歴史上の人物が歴史を作る為に果した数々のエピソードを歴史物語で知ることが出来るのです。つまらなくなく、役に立つ分だけ、一般の人間にとっては歴史より歴史物語の方が上です。一般常識がそうであれば、歴史の方だって一般的見解に歩み寄らねばなりません。という訳で、戦前の〝歴史〟というものは、とっても物語的《ロマンチック》だったのです。

ロマンチックな歴史を作る核は当然、講談にありますがしかし、日本にはもう一つのロマンチックだってあったんです。それが何かといえば、勿論『平家物語』から来るロマンチックで、日本には『太平記』と『平家物語』という、二つの〝歴史〟の文学（？）があったんです。

『太平記』が〝太平記読み〟になって講談師を生んだ話はしましたが、『平家物語』は別のものを生みました。『太平記』は〝歴史〟を生みましたが、『平家物語』は〝音楽〟を生んだのです。

〝爰《ここ》に本朝人皇《ほんちょうにんのう》の始《はじめ》、神武《じんむ》天皇より九十五代の帝《みかど》、後醍醐《ごだいご》天皇の御宇《ぎょう》に当って、武臣《ぶしん》相模守平高時《さがみのかみたいらのたかとき》という者あり。此時、上《かみ》君の徳に乖《そむ》き、下《しも》臣の礼を失う〟で始まる『太平記』は、〝太平記読み〟の棒読みにふさわしい文体です。御存知のように、講談は張扇一本でリズムをとって行く、純然たる〝話芸〟です（ちなみに、講談師が〝太平記読み〟と呼ばれていた江戸の初期には、まだ張扇のリズムもなく、ただの棒読みでした）。

しかし一方『平家物語』は違います。〝祇園精舎《ぎおんしょうじゃ》の鐘の声、諸行無常の響あり。沙《しゃ》羅《ら》双樹《そうじゅ》の花の色、盛者必衰の理《ことわり》をあらわす〟で始まる『平家物語』は、盲目の琵琶《びわ》法師によって語られたのです。

琵琶という楽器がメロディーを奏で、それに乗って語られて行く、それが『平家物語』でした。言ってみれば『平家物語』は日本の音曲の祖のようなものなのです。

琵琶が三味線になり〝平家の滅亡〟という題材が〝牛若丸と浄瑠璃姫のラブロマンス〟に変ると、ここに生まれるのが浄瑠璃です。日本のメロディアスな芸能は『平家物語』から来ているのですね。

『太平記』は歴史と文学の中間にあるようなものです。ここでは、書かれている記述内容で人を動かします。しかし一方、『平家物語』は純然たる叙事詩です。書かれている内容と、その内容を語るメロディーの相乗効果で、聞くものの心は揺さぶられるのです。

言ってみれば『太平記』の感動は〝行動の論理〟、『平家物語』の感動は〝宿命的な感情〟というところでしょうか。〝男は論理的な生き物で、女は感情的な動物である〟というように言い古された格言紛《まが》いを持ち出して来るともっとはっきりするでしょうか。〝論理的〟と称する男は、なんだか分らないものに揺り動かされるのが不安なんです。偉い人が死んで〝国葬〟だなんてことになると必ず言い出されるのが〝音曲の停止〟です。音楽に代表される情動的《エモーショナル》な働きかけは不謹慎である——何故ならば、それは〝旋律〟というなんだか分らないものによる一方的な揺り動かされだからである、というのがそれです。

人形浄瑠璃・歌舞伎という、『平家物語』から由来する音曲的な芸能が史実を無視して平気で荒唐無稽になりえたというのは、その根本に音楽という非理性的なものがあったからです。そしてこの〝音楽〟というものが最も効果的にその威力を発揮するのが〝恋愛〟という、非論理、非理性の極みにあるようなものに於いてです。オフィス・ラブが会社という組織の中ではいい顔をされないということを例にとるまでもなく、恋愛というのは、個人的で反社会的でわがまま勝手でアナーキーで酔っ払いと同じものです。学校で教えてはくれないし、真面目な人には対処しにくいし、一歩間違えばメロメロになってしまうもので、軟弱の極み――恋愛は浮っついたものだが、しっかりした女房は男を安定させてくれるというのが、明治以来の、そして武家社会以来の、伝統的な真面目な男の人の（そして融通のきかない不器用な男の人の）考えです。

〝理外の理〟という言葉もありますが、情動、恋愛、音楽というのは、真面目な男の頭でいけば、正に〝理外〟なんです。人格形成を混乱させるだけのものなんですね。

一方、『太平記』→講談というものには〝音楽〟という、人の頭を混乱させる不純物はありません。従って講談に出て来る人間にも〝不純物〟はないのです。

〝不純物のない人間〟というのはどういう人間かというと、一言で言ってしまえば

〝立派な人間〟です。歴史上の人物＝歴史に残る人間＝歴史に残るような人間なのだから当然〝立派〟という、こういう公式だってあります。
はい、講談に出て来る人間は、立派な人間でなければならないのです。

講談に出て来る人間の特徴というのはまず第一に、異常なる頑張り屋ということです。〝メロディー〟に代表される訳の分らない情動的な要素を排しているのですから、講談の登場人物は余分なことに気を取られません。そして、余分なことに気を取られないというその一点で、講談の登場人物は歯を喰いしばって我慢する――〝じっと我慢の子であった〟というようなこととは無縁です。苦難に耐える、我慢するというのは、三味線という楽器のメロディーを伴う、義太夫、浪曲の世界の出来事であって、音曲のない講談の登場人物とは関係がないのです。

余分なことに気を取られない、即ち、苦難を苦難として感じない――それが講談の登場人物なんです。それが〝立派〟ということなんです。

言ってみれば講談とは、人間の心理を排したものです。立派な人間とは、心理的なモヤモヤを克服した人間であるからこそ偉いので、だから講談には真理だけがあって、心理がないのです。講談の登場人物は、苦難を目の前にすると「よーし！」と思ったそれだけで頑張れてしまう、もしくは「それならばこういう手がある」と解決方法を案出する智恵を持っている——それ故にこそ歴史に残った偉人であるというのが講談なんです。

講談の登場人物はだからみんな、心理を持たないスーパーマンです。どんな弱点苦難でも必ず克服できるのです。だから、江戸という子供時代を終えて、自分も一人前の大人にならなければならないという、四民平等の明治の大衆に受けたのです。

「ちゃんと道はある、エライ人はこうした」——そのことを教えるのが講談だから、講談は立派に、人生の教科書になったのです。そして、「この人はこのようにしてその苦難を乗り越えた」と教えるその教科書は、ある人物がある難題をスイスイと乗り越えて行ったという、その経緯を人に語って、痛快なる面白さを与えるのです。講談といえば豪傑の武勇伝と思われるところもありますが、そのスイスイと難題を乗り切って行く武勇伝で言えば、豪傑の武芸も一休さんの智恵もおんなじなんです。勿論〝一休和尚〟という人は、明治の講談で有名になった日本人の国民的ヒーローです。

講談はだから、苦労をしません。苦労を克服出来たのが偉人で、その苦労を感じさせない点をとらえて立派だというのですから、講談に苦労はないのです——たとえそこに超人的業績というのはあっても。

多分、近代に於ける日本人の悲劇というのはここでしょう。それを面白く語る為に講談の登場人物達は苦労を苦労とも思わない超人的な克己心を身につけさせられましたが、そういう講談に接してそれを面白がった人達は、立派な人というのはみんなそういうもんだといつの間にか思いこんでしまったのです。

講談は、立派な人の、その立派になってしまった最終時点から語り起こされるものです。そういう苦労の結果この人は立派になったという、その立派さから語り起こされるものだから、その人はうっかりと初めから立派であったというような語られ方、受けとられ方をしてしまうのです。

視野狭窄《きょうさく》というのはこうして起こります。立派な人でなければならない、立派な人にならなければならないという、明治以降の男性的な世界観は「弱さに対して鈍感になれ！」ということです。「偉い人ならそういうことは平気で出来るんだから、それに対し文句を言うヤツは偉い人になろうという気がないヤツだ」という押しつけが罷《まか》り通るということです。自分の実力を見極めてという、合理的な計算は、〝ロクでもない自分〟という低いレベルに自分を合わせることだから、いけないのです。という訳で、無謀こそ美徳という一般常識が出来上ります。

まァ、〝美徳〟なんていう高級なものは普通に生活している一般人には大体無縁なものですから、同じように平穏な生活とは相容れない〝無謀〟というものとは一体化しやすかったのでしょう。「なるほど、そんな無茶を平気でやれるんだからエライんだろうなァ」というのが一般的見解というものです。明治以来の近代化が無謀な戦争で頓挫《とんざ》するのは当り前というものです。

講談と似ていて対照的なものに浪曲、浪花節というものがあります。明治という時代は実に、浪花節の全盛期でもありました。「日本人の浪花節根性」「浪花節だよ人生は」に代表されるベタベタジトジトというのは近代的知性からは敬遠されるものです。勿論この〝近代的知性〟なるものには講談も入ります。今でも〝浪花節的〟というのは前近代的という忌避《きひ》の対象ですが、明治という時代にだって浪花節は差別の対象でした。

何故か？　それは、浪花節が歌うからです。冷静に語られるべきものが、三味線の弦という旋律に乗せて情熱的に語られてしまうのが浪花節だから、浪花節は卑しいとされたのです。三波春夫、村田英雄、二葉百合子、木村友衛という浪曲出身の歌手は一杯いますが、講談出身の歌手というのはきいたことがありません。しかし、講談出身の政治家というのはちゃんと一龍斎貞鳳という人がいました。語ると歌うは、そんなものではないでしょうか。

浪花節は、節《ふし》と詞《ことば》から出来ています。盛り上ったら歌っちゃう――そのことによって情に訴えるのが浪花節です。「こんなに、こんなに、ああ、苦労を、ああ、あ、あん、苦労をォ、したァ」というのが詮じつめれば浪花節ですから、「なるほど苦労というものはいたしましたが、そこはそれ偉人をもって鳴る〇〇のこと」でカタをつけてしまう講談の〝品〟とは相容れないのです。

講談は理に訴え、浪花節は情に訴える——たとえその理や情が今の目で見たら極端でどうしようもないものであったとしても——そして、講談の品格というものは、情を解しても情に溺れないという、その一点にありました。

昭和三十二年——それは日本で最初の大型映画『鳳城の花嫁』が東映で作られた年ですが、その年、もう一つの映画会社新東宝では『明治天皇と日露大戦争』という映画が作られました。こちらは新東宝スコープの第一回作品です。大型映画が見世物として始まったということを私は前に言いましたが、この『明治天皇と日露大戦争』は正にそうです。立派な時代、立派な人達が立派に戦った立派な戦争をスクリーンに再現するのですから、その点で正に〝全国民必見〟で、この映画は大当りしました。そして、この立派が〝全国民必見〟の分りのよさを備えているのなら、この映画のストーリーは勿論講談です。情を解して情に溺れず、弱い人間の心理というのは全く理解出来ず、立派な人間というのは心理ではなく情理を解すものであるという、講談的世界観がどういうものか、この映画を例にとってお話ししましょう。

御承知のように（かどうかは今や全く分りませんが）、乃木大将の旅順攻略は日露戦争の一つの山場でした。東郷元帥が鮮やかに勝った日本海大海戦が〝明〟とするなら、乃木将軍の旅順攻略は多数の戦死者を出して何ヶ月もモタモタしていたことに関して〝暗〟でした。

戦前の浪曲には〝乃木将軍モノ〟というのがありました。一例が『乃木将軍と納豆売り』です。これがどういう話かというと、毎朝乃木将軍の家の前を通る納豆売りの少年があった（余分な話ですが、昔は〝納豆売り〟と言ったら、新聞配達、牛乳配達と並ぶ、貧しい少年の感心なる朝のアルバイト御三家の一つでした）――乃木将軍は感心に思って、ある朝少年に「どうしてお前はそんなことをしているんだ？」と訊くと、その訊ねた相手が乃木将軍だとは知らない少年は「お父さんが、乃木っていうバカな将軍の為に旅順で戦死しちゃったからだ」と答えます。グッと来た乃木将軍は、申し訳なさと少年の感心さにうたれて、その納豆を三つも四つも買ってやったという、ほとんどどうしようもない話なんですが、このテの浪曲がいくつもありました。「乃木将軍ていうバカな将軍が」の〝バカな〟という部分が子供の口を借りて強調されるんです。「なるほど、〝軍神乃木希典《まれすけ》〟が同時に、兵を死なせたバカ将軍であったという常識は、昔ちゃんとあったんだな」と思う訳です。

乃木将軍は兵を死なせたバカ将軍だが、しかしそれと同時に、〝「バカな将軍」と罵られても怒らなかったエライ人、ちゃんと納豆を買ってやった立派な人〟ということになります。納豆を買われちゃったから、振り上げたコブシの持って行きようがないけれども、バカはバカだと一部では公然と囁《ささや》かれるという訳ですね。

浪花節は音楽を使って直接心情に訴えますから、こういう下世話なエピソードが出て来ますが、講談はもっと真っ向うから立派です。

映画『明治天皇と日露大戦争』でも、乃木はダメだから更迭《こうてつ》しようという意見が上層部から出ます。

そう言われている乃木将軍はその頃何をしているのかというと、旅順の宿舎で息子と会っています。息子も兵隊で、一兵卒と将軍である親子は一緒に昼食を摂りますが、ふと見ると、乃木将軍の昼食は、麦飯と漬け物だけの粗末なものです。息子が驚いて訊くと、乃木将軍は「自分は家の中で食事を取れる分だけ、兵よりは恵まれている」と答えます。

一方、皇居の方では、乃木将軍更迭をお願いに重臣達が陛下に面会を願うと、こちらも昼食中。「食事中でもかまわん」と明治天皇が言うものだから重臣一同は入って行って、「乃木はダメです」と言うと、主上は「絶対に乃木でなければダメだ！」と更迭をお許しにはならない。明治天皇が乃木将軍を支持する根拠は何かというと、全く提出されないが、しかし、一言の意見もなく重臣達が退出してしまうのは何故かというと、その日明治天皇が食べていたのが、一兵卒と同じ麦飯だったというその為。明治天皇は「兵と共にありたい」と言って一日おきに麦飯と漬け物だけの昼食を摂っている。その立派さに対しては一言もない。そして勿論、明治天皇が何故乃木将軍を支持するのかというと、乃木将軍もやはり麦飯を喰うパーソナリティーだからだということになる。戦略とか攻略法という智恵の問題が麦飯の話になる。黙って引き退《さが》った重臣達は、勿論麦飯なんか喰っていないから引き退らざるをえない。つまり、弱き者、貧しい者の心情を解する立派な人の前では、立派ではない人は黙らざるをえないという論理がここにある。勿論その後旅順の要塞は乃木将軍の手によって落ちる訳ですから、まァ、立派な人は正しかった訳で、一般の人というのは、その立派な人の心中あまりある境地を察するしかない訳ですね（勿論それだけじゃやりきれないから、納豆売りの少年をけしかけたりもしますが）。

〝立派である〟ということはこういうことだったんです。

8　立派さの転覆と通俗教養の時代

日本は太平洋戦争で負けました。そのことで多分、重大な変化というのが起こりました。昨日まで軍国主義の教育を受けていた小学生達が敗戦以後は、その教科書に墨を塗って勉強しなければならなかった——その時の不信感が今も残っているというようなことを言う人が今もいます。そのことを今迄の説明で解釈するとこうなります——。

即ち、麦飯を食べていた乃木将軍は結局旅順を落せなかった、と。親切なおじさんに納豆を買ってもらっていた感心な納豆売りの少年がある日、その親切なおじさんは自分の父親を殺したバカ将軍だと気づいてしまった、と。

講談の指し示す理想像は、究極のところで〝立派な父親〟です。

偉い人達は苦労を平気で乗り越えて、そして偉い人として存在する。そしてその偉い人は少しも傲《おご》り高ぶることなく、弱い者貧しい者のことをチャンと分っていた。心理という個人的で女々しいものには鈍感であるけれども、情理を解し力のある人——これが幼い男の子から見た理想の父親像です。

江戸が終って日本人が大人にならなければならなくなった時、その道筋が分らなかった稚《おさな》い日本人達は、その指針として〝父親〟を作ったんです。講談の主人公である〝立派な人達〟は人間離れのした能力は持っていたけれども、それは受け手の側である日本人がまだ大人ではない子供であったという風に考えれば容易に理解されるでしょう。「いずれ自分はお父さんのような立派な人間にはなれるだろうけれども、まだ自分は子供だからそんなことは出来ない」――講談の主人公達の超人性はこのように理解されます。

しかしその〝お父さん〟は敗戦というものを契機にして、実は無能だったということを暴露してしまったのです。ある意味で、この瞬間から日本には〝父親〟というものがいなくなってしまったのです。〝戦後〟というよく分らない四十年の歳月がなんだか知らない、とてつもなくヘンテコリンな〝現在〟というところに辿《たど》り着いてしまったのは、今から四十年前に〝父親〟というものが〝愚かなもの〟に落ちてしまった、そのことの重要性に気がつかなかったからではないかと、私は思います。

たとえば私がさっきからしきりに使っている〝立派〟〝立派な〟〝立派な人〟という言葉、これはよく考えると、具体的にどういう人を指すのかがよく分らないのです。戦前だったら〝立派な人〟と言えば、それだけでどんな人を指すのか、大体の共感というものは得られたでしょう（但し、乃木将軍のことを茶化していると言って、私は同時に袋叩きに合っているでしょうが）。しかし今〝立派な〟というのは、ほとんどどういうことか分らない抽象的な言葉です。

昔の〝格調高い〟は、そこに立派な人達がいて、立派にドラマを演じているからこそ、格調が高かったのです。しかし、ある時期からこの〝格調高い〟は無意味な言葉に変りました。〝格調高い〟という表面だけであって実質がないのです。

戦後、父親というものは愚かなものになった、それ故にこそ、市川右太衛門や片岡千恵蔵は五十を過ぎても早乙女主水之介や町人の金さんになって若くて独身だったという一面もあります。立派さは、通俗的なヒーローのある一瞬にしか存在しなかった――としてその〝正義〟を名乗る立派さ故に、立派なヒーロー達は通俗でしかなかったというお話は前にもしました。〝通俗〟というのはいつでも嘘臭く、その嘘臭さにあきたりない人は〝本格〟へ行くのです。

その〝本格〟の名前を〝教養〟と言います。昭和三十二年に登場したもう一つの〝教養〟――それは勿論、文化芸術に関する〝教養〟です。『大忠臣蔵』という映画を御紹介します。

忠臣蔵というのは、ホントにもう何回も何回も映画にされています。しかし、昭和三十二年の松竹版『大忠臣蔵』ほど、奇妙キテレツな忠臣蔵というのもありません。それは何故かというと、この『大忠臣蔵』が『仮名手本忠臣蔵』を映画化した作品であるからです。

既に御承知のように、江戸の『仮名手本忠臣蔵』は〝忠臣蔵〟という言葉をここから生み出したにもかかわらず、史実というものとは関係のない忠臣蔵です。その為に明治の人は改めて『実録忠臣蔵』というものを作らなければならなかったのですから。

『仮名手本忠臣蔵』には浅野内匠頭も大石内蔵助も吉良上野介も出て来ません。そのかわりに、塩冶判官、大星由良之助、高師直、加古川本蔵、桃井若狭助、由良之助女房お石、という人達が出て来るのです。勿論『仮名手本忠臣蔵』を映画化した『大忠臣蔵』です。加古川本蔵も戸無瀬もお軽勘平も桃井若狭助もここには出てきます。しかし、あきれたことに、この映画にはまた同時に、浅野内匠頭も大石内蔵助も吉良上野介も出て来るのです（！）。

大石内蔵助は浅野内匠頭の家来です。ここまでは結構です。しかし大石内蔵助の奥さんの名前は実際には〝りく〟であって〝お石〟ではありません。浅野内匠頭は殿中松の廊下で吉良上野介に切りつけますが、ここで彼を抱きとめるのは〝梶川与惣兵衛〟であって〝加古川本蔵〟ではありません。そして、播州赤穂の城主浅野内匠頭が吉良上野介に斬りつけたと聞いてあわててかけつけて来るのは、赤穂の隣り播州竜野の城主、脇坂淡路守《わきざかあわじのかみ》であって〝桃井若狭助〟などという、架空の人物ではないのです。

脇坂淡路守というのは、大川橋蔵が浅野内匠頭に扮するなら、こちらは中村錦之助が扮するような重要な役です。浅野内匠頭の親友で、赤穂城明け渡しの際は幕府側から上使となって出向き、情あるはからいを大石内蔵助に示すという、そんな人です。浅野内匠頭が松の廊下で刃傷ということになったら、真っ先に駆けつけるのはこの人であって、千代田城には〝桃井若狭助〟などという不思議な人は存在しないのです。『大忠臣蔵』が実在の脇坂淡路守を消して虚構の桃井若狭助をここに出して来る理由は唯一つ、加古川本蔵が桃井若狭助の家老だという、その理由だけです。これを出さなければ『仮名手本忠臣蔵』最大の山場である九段目が出せないからです。勿論、実在の脇坂淡路守と梶川与惣兵衛の間にはなんの関係もありません。

『大忠臣蔵』は、明治大正昭和とかけて、実際の忠臣蔵がどういうものだったかという、大体の骨組が出来上って後の戦後の作品です。時代は流れるというのはここで、昭和になったら、忠臣蔵とは『実録忠臣蔵』のことで、『仮名手本忠臣蔵』というのは難しい古典の忠臣蔵になってしまったのです。

何回も映画化され、講談や新作の芝居でも有名になってしまった実際の忠臣蔵しか知らない庶民にも分るように作られたのがこの『仮名手本忠臣蔵』を映画化した『大忠臣蔵』なんです。昭和の三十二年、『仮名手本忠臣蔵』は大体は知っていても詳しくは知らない、明治時代の日露戦争の史実とおんなじように、格調の高い古典になってしまっていたのです。言ってみればこの『大忠臣蔵』は、名作文学を読んでいないズボラな、そしてそのくせ〝名作を知っている〟という見栄の教養をほしがる、大衆の為の便利なダイジェスト版になってしまったんですね。

という訳で、『仮名手本忠臣蔵』の中で有名な、勘平切腹も一力茶屋も山科閑居も、

『大忠臣蔵』の中に出て来ます。出て来て、なんと珍妙なことに、この有名なシーンではバックにBGMとして、『仮名手本忠臣蔵』の義太夫が流れるんです。

御承知のように『仮名手本忠臣蔵』の原作は人形浄瑠璃で、物語は、三味線の糸に乗った義太夫語りの節回しによって進められます。歌舞伎特有のオーバーな演技も、三味線のリズム、太夫の語りによって不自然ではなく映えるのですが、これを映画の中でやるのです。

映画の演技はリアルなものです。女性を演じるのは、女方ではなくて、レッキとした女優です。バックに義太夫が流れたって、映画の演技と合う訳がないんです。だから、この原作に忠実であろうとした『大忠臣蔵』では、原作そのままである義太夫の音と言葉が、ただの重厚なるBGMとして流れるだけなんです。義太夫という重厚なるBGMが流れてどうなるか？　出演者達は普段の映画よりもより重々しい――悪く言えばクサイ芝居をして、観客の方は「ああ、なるほど荘重だ」と納得するばかりなのです。

ここには、忠臣蔵の〝くやしさ〟もありませんし、『仮名手本忠臣蔵』の〝運命悲劇〟もありません。ただ、知っておいた方がいい教養を分りやすく見せてくれる菊人形の見世物がある、というだけです。

勿論、菊人形は菊人形で面白いのですが、しかし誰も菊人形を〝教養を豊かにして感動を与えてくれるドラマ〟だとは思わないでしょう。思わないでしょうがしかし、それは現在の視点で、昭和三十二年の時点では、忠臣蔵も日露戦争も、どちらも立派に菊人形の題材で、それを見た大衆は「勉強になった」と思ったのです。昭和三十二年というのは、そういう年だったのです。

9 NHK大河ドラマ版『赤穂浪士』と日本近代の終焉

昭和三十二年がそういう年で、御存知、東京オリンピックの昭和三十九年がやって来ます。前にも言いましたように、この年は忠臣蔵の決定版である『赤穂浪士』がNHKの大河ドラマで放映された年でもあります。太平洋戦争が終って十九年、東京オリンピックという形で「私達もやっと一人前です」ということを海外に表明することも出来て、やっと日本人は本懐を遂げたのです。という訳で、この年一年間、忠臣蔵という〝くやしさのドラマ〟がテレビから流されて、十二月の討入りの放映日には日本中がテレビにかじりついたのだと言ったら、それはこじつけでしょうか?

満更こじつけでもないというのは、『赤穂浪士』の次の年のNHK大河ドラマが『太閤記』であったということからも分ります。秋に東京オリンピックがあって、冬に討入りがあって、もはや本懐を遂げてしまったのなら、そこにあるものは、今迄の行きがかりから解放された虚脱状態があるだけですから。後は自由に伸びて行くだけ――という訳で、高度成長のモーレツ時代の門口は一直線の出世物語『太閤記』であった、という訳です。

『太閤記』は色々な意味で画期的でした。第一回の冒頭はいきなり、新幹線が突っ走る現代（新幹線が開通したのも東京オリンピックの年――ある意味では新幹線こそが〝新しい時代〟の象徴ではありました）。今迄時代劇といえば荘重にして重厚に始まるものと思っていた人は、そういう格調高さを売り物にする筈のＮＨＫ（公共放送）が、いきなり時代劇を現代のドキュメンタリー・タッチで始めることに驚いて、そしてその新鮮さを許したのです。

裏を返せば、時代劇を作る側はもう、時代劇特有のもったりとしたテンポに飽きていた。そして見る側もそれを許したのだから当然それには飽きていた。たかが新幹線が時代劇の冒頭に出て来たからなんだという話もありますがしかし、当時この『太閤記』の新幹線は賛否両論を呼んだのです。

賛否両論を呼んでその新鮮さが許された――『太閤記』もまた高視聴率を取りました――ということは、「よく考えたら、もう荘重なる時代劇は終りにしてもいいや」ということに大方の人がなった、ということです。その前年に正統なる時代劇があって、それが終って満足したから、もうそれはいいやということになったのです。

〝画期的〟ということは〝新しい時代を開いてしまった〟ということです。ということは、その〝画期的〟の前で一つの時代が終ったということです。『太閤記』が画期的であることによって、『赤穂浪士』は〝一つの時代が終った〟という、そのことの象徴とされたのです。

新幹線の走る『太閤記』では主役に緒形拳という〝新人〟が抜擢されました。今となっては大河ドラマの主役に新人が抜擢されたり若手が主役を張ったりするのは珍しくもありませんが、当時としては異例でした。なにしろそれ以前に大河ドラマ『花の生涯』『赤穂浪士』の主役は尾上松緑、長谷川一夫という〝大物〟だったのですから。

大物を拒否して新人を抜擢した『太閤記』はもう一つ時代劇に画期的なものを持ち込みました。それは〝年を取らない現代的な若さ〟です。

『太閤記』は御承知のように豊臣秀吉（木下藤吉郎）の一代記ですから、年を取ります。藤吉郎に扮した緒形拳は元々新国劇の辰巳柳太郎扮する『王将』の坂田三吉に感動して新国劇に入った人ですから、老け役を演じられるのが嬉しかった筈です。日本では〝老け役〟というのはどことなく特殊なジャンルのように思われていますから、この老けは貴重でした。

しかし、十分に年を取って死んで行く秀吉の周りに集う人はそうでもありませんでした。淀君は秀吉よりもズッと年下の美女だから除きましょう。しかし、秀吉の本妻、北の政所寧々《まんどころねね》は別です。秀吉が年を取ったのなら、苦楽を共にした寧々だってお婆ァさんです。お婆ァさんの筈ですがしかし、寧々に扮した藤村志保は、見事に年を取りませんでした。髪に白いものが何本か混っている、そういう鬘《かつら》をつけているだけの藤村志保は全然、年を取った顔をしていないのです――これは異常でした。

そしてもう一人、秀吉の死後の豊臣家を実質的に率いて行くことになる五奉行の一人石田三成に扮した石坂浩二。〝佐吉《さきち》〟と呼ばれて秀吉に可愛がられた少年時代から、今は成長して立派な政治家になっている筈の石田三成が、とてもそうは見えないのです。石田三成というよりはその前名の佐吉役で当りをとった二十代前半の石坂浩二は、豊臣家の五奉行ではなく、ただの慶応大学の学生にしか見えませんでした。

大体時代劇――しかも格調高い時代劇の主役をやるような人は、ある程度年が行っていないとダメなのです。ある年代から上の人間の持っている腰の据《すわ》った重味のようなものを出せなければ、時代劇の主役としては失格です。という訳で歌舞伎の若手が時代劇の主役を演じたり、五十すぎのおじさん達が独身のヒーローを演じていたりしたのですが、この『太閤記』は違いました。ある程度以上年の行った人達が少し照れながら若い時代を演じるというのが今まであるならば、『太閤記』はその逆で、若い人達が平然と〝これで年を取ったつもりです〟と老壮年期を演じていたのです。

年を取った人が多少の皺《しわ》なんかないことにして若さを演じられた時代というのは、

言ってみれば〝若さ〟というものがこの世に存在しない虚構に近いものであるという前提があってのことです。実際の若さはデクの坊で、魅力ある人間の若さは、ある程度以上の年齢でなければ演じられないという常識が『太閤記』ではひっくり返ってしまいました。老けているということは、よっぽど特殊なこと――たとえば〝猿〟と呼ばれて後に天下を取ることになる木下藤吉郎という特殊な例外――を除いては、意味がない、魅力がない、ということになったのです。

『太閤記』がＮＨＫで放映された翌年、昭和四十一年は、あの『おはなはん』が朝のテレビ小説として一年間高視聴率を稼ぎました。『おはなはん』も勿論女の一代記で、主役の樫山文枝は一年間で五十歳は年を取りました。しかし、明るく愛くるしい笑顔で人気を集めた樫山文枝の老け役ほど嘘臭いものはありませんでした。女子高校生の学芸会でだってもう少しましなお婆ァさんは出て来るだろうというようなもんでしたが、それが満天下に罷り通ったのですから大したものです（大したものというよりはあきれたものだと言った方がいいのかもしれませんが）。

その後、朝のテレビ小説が女の一代記ものをやるたんびにヒロインはみんな老けて、学芸会以下の、ただしょぼしょぼした顔をして横鬢《びん》辺りに白いものが入った鬘をつけたキューピーさんみたいなおばあさんが、年の初めから三月一杯毎朝のブラウン管を占領するようになりましたが（朝のテレビ小説は四月に始まって三月に終るので）、そのきっかけは全部『太閤記』にあるのです。

年が行って時代劇に慣れた人がやるのが時代劇であるという、そういう常識は昭和三十九年の『赤穂浪士』で終ったのです。

戦争に負けて、乃木将軍は旅順を落せず〝お父《てて》さん〟は無能であるということを知らされてしまった戦後の日本人という、複雑な父なし子は、菊人形の見世物を教養だと思い、遂に二十年経って、子供のままで老人になっても大丈夫だろうという〝永遠の若さ〟をつかまえてしまったのです。プラスチック、ポリエチレンに代表される石油化合物が永遠に朽ち果てず新しいままである（但し薄汚れだけは増して行く）――そしてそれが公害というものを生み出す元凶であるということになるのはもう少し経ってからですが、若い老人と薄汚れたポリバケツは、ほとんど同時期に出現したのです。

私はさっきから『太閤記』の新鮮さを視聴者が許したという書き方をしきりにしていますが、映画の時代が終ってテレビの時代になった時、ある微妙にして重大なる変化というものが起こっていました。それは、映画なら観客が態々《わざわざ》金を払って劇場へ赴かなければならないけれども、テレビならただで（もしくは僅かな受信料で）自分の家にいたまま見られるという、その変化です。

金を払わずに何かを貰うということは、どこかで人間を卑屈にします。そして、その落ち着きの悪い卑屈さは、どこかで人間を傲慢にします。そのたんびに金を払うという直接取引きの明解さは、間接取引きになった途端曇りを見せ、自分の家に直接入り込むものに関して人は神経質にならざるをえなくなるということです。テレビ局は視聴者の顔色を伺い、視聴者は自分達の受け入れやすいものだけを受け入れる。〝許す、許さない〟はそういうことなのです。

　老いの醜悪さを認めたくなければ〝可愛い老人〟を支持しますし、時代劇の面倒臭さ堅苦しさをうっとうしく思えば〝現代的な平明さ〟を取ります。既に時代劇の決定版を見せられて分ってしまった大衆は、その後、本当の意味では時代劇を必要としなくなるのです。

　明治維新以降、新しい時代が始まって、それがあんまり面白い時代だと思えなかった大衆は、〝時代劇〟というものを作って、そこに〝理想の現代であるような江戸時代〟を存在させていました――〝時代劇〟とはそういうものです。そして、そういう〝時代劇〟を必要とした窮屈な〝近代〟という時間は終ったのです。

　町人には政治参加が許されない江戸時代、立派ではありながらもかなり独善的で弱い者の心理などというものがよく分らない、こわい顔をした〝お父さん〟のいた近代、農民は侍から年貢を取り立てられ、それが大地主の下で汗を流すだけの小作人になる近代、そういうものは終って、男は兵隊に行かなければならないという義務もなくなりました。兵隊に行くことはカッコいいことかもしれないと思っていた結果が、無残な屍《しかばね》をさらす敗戦という形で知らされて――。

既にこわいものはなく、自分は既に自他共に認める一人前で、後は稼げば稼ぐほど金が入って来る時代。年貢を取り立てられる心配はなく、その代り娯楽というものが向うから頭を下げて届けられる――それが昭和四十年代でした。

〝現代〟はもう、つまらなくはないのです。だとしたら、安楽椅子としての〝時代劇〟はもういらないのです。

時代劇がいらなくなったから、時代劇らしからぬ時代劇は許されたのです。時代劇らしからぬ時代劇とは勿論、〝新幹線の走る『太閤記』〟です。

時代劇らしからぬ時代劇は、現代人にもよく分る、現代風なタッチの歴史劇として位置づけられました。大河ドラマがマンネリになる理由は簡単です。『太閤記』から後、大河ドラマは、ただの〝歴史ドラマ〟に変るからです。

私には〝歴史ドラマ〟というのがどういうものかはよく分りません。というのは、明治の昔から、歴史ドラマというのは〝退屈〟の代名詞になっていたからです。

明治の歴史ドラマは〝活歴《かつれき》〟と呼ばれましたが、そこには活《い》きた歴史はあるのかもしれないけれど活《い》きた人間はいないというのが、詮じつめれば〝活歴〟が受けなかった理由です。

歴史は歴史で、そこに納得出来る人間のドラマがなければ見てて面白くもなんともないというのが、江戸以来の観客のあり方でした。〝時代劇〟はただの現実逃避の安楽椅子ではなく、そこに出て来る人間のあり様を学べる教科書でもあったのはそういう伝統があったからです。

江戸の忠臣蔵は、みんな死んで行ってしまう運命悲劇ではあったけれども、その運命悲劇を作った張本人に対して運命に殉じる側は「浅きたくみの塩冶殿……」という〝くやしさ〟を吐いた――そういう人間社会に関する重大な学習をしでかしてしまえるものが、江戸以来の伝統的な〝ドラマ〟だったんです。

しかし、最早〝時代劇らしからぬ時代劇〟にそれを求めることは出来ません。口だけ達者な若い人がそれらしいことをもっともらしい口調で喋ったって、それは〝人生の実質〟とは関係ありません。

士農工商という身分制度のあった江戸時代を舞台にするのが時代劇です。限定された〝身分〟というものがある以上、人はその身分から発生する〝らしさ〟というものを前提にして生きなければなりません。時代劇とは、言ってみれば、この〝らしさ〟を再確認するところから始まります。

この〝らしさ〟の再確認とは、言ってみればその人間があらかじめ与えられている限界の再確認です。そこから時代劇のドラマは始められます。

一方、四民平等の近代は、そうした江戸以来の〝らしさ〟を生活、社会の全般に引きずりながらも、その〝らしさ〟を生み出す根本の〝身分〟なる限界はありません。〝あるけれどもない〟という、不思議で不安定な時代に生きる人間は、その不安定さを埋める為に〝もっともらしさ〟というヘンテコリンな〝らしさ〟を選びました。〝らしさ〟を生み出す根本は、よく考えたら、なくなっているのですから、そこに〝らしさ〟を据えるのは無理があります。ですから、〝もっともらしさ〟というものには力説、強調というものを必要とするのです。明治から戦前までは〝雄弁〟と称される演説の時代でもありましたが、これも〝もっともらしさ〟を演じなければいけない人間の不安感の表われではありましたでしょう。

時代劇らしからぬ時代劇が登場しうるということは、もう時代劇が根本では必要ではないという矛盾の上に乗っかっているということです。根本では必要ではない――にもかかわらずなんとなく時代劇はよく分らないけど必要とされる。〝時代劇〟という衣裳を纏《まと》ってさえいれば時代劇と見なされるのなら、時代劇に時代劇らしさは必要とされない。という訳で、よく分らない〝もっともらしさ〟だけで、ドラマは作られるのです。

時代劇ではない歴史ドラマがつまらないというのはここでしょう。立派な人間と結びつかない教養は無意味なものですから。それが日本で日本人です。その後の〝本物志向〟とか〝教養・カルチャー志向〟の時代というのは（多分）、こういう前提で始められたのです。

10　忠臣蔵の決定版

時は改めて、昭和三十九年です。明治から始まった時代劇のお浚《さら》い、忠臣蔵に関する卒業試験のような大河ドラマ『赤穂浪士』です。

〝忠臣蔵の決定版〟というものは、こういうプロセスで出来上って来ます――（ちょっと長いですよ、このプロセスは）。

播州赤穂の城主浅野内匠頭長矩《ながのり》が江戸城中松の廊下で吉良上野介義央《よしなか》に斬りつけたのが元禄十四年（一七〇一年）三月十四日。

そして大石内蔵助以下赤穂四十七士が本所松坂町にある吉良邸に討入ったのが、その翌年の十二月十四日（十四日とは勿論故殿様の命日）。

その事件を竹田出雲《たけだいずも》、三好松洛《みよししょうらく》、並木千柳《なみきせんりゅう》（宗輔）の三人が脚色して江戸期の決定版と言われる『仮名手本忠臣蔵』が初演されたのは寛延《かんえん》元年（一七四八年）――討入りの四十六年後。

もっともこの四十六年間には色々あって、討入りの二ヶ月後には既にこれが曾我兄弟の話にして歌舞伎化されて三日で上演中止になっていたりします。

忠臣蔵が『太平記』を時代背景にするという設定を最初に作ったのは元禄の巨匠近松門左衛門で、これが討入りの四年後。『碁盤太平記《ごばんたいへいき》』ということの作品の中には既に〝大星由良之助〟という人物が出て来ますから、大石内蔵助を大星由良之助に変えたのは近松門左衛門だということになります。勿論、この時代に〝著作権〟などという考え方はありません。他人様のものでも、よけりゃァドンドンいただく。問題はその出来上りで、パクリが成功すれば名作になるというだけです。


　大石内蔵助が史実と離れて大星由良之助のままで百何十年かが経過して明治になります。〝実録〟と称される史実の時代が来る訳で、こちらの忠臣蔵は、『仮名手本忠臣蔵』に対して『実録忠臣蔵』と呼ばれます。


　そのものズバリ『実録忠臣蔵』が東京歌舞伎座で初演されたのは明治二十三年（一八九〇年）で、『仮名手本忠臣蔵』から百四十二年、赤穂四十七士の討入りからは百八十八年の後ということになります。

『実録忠臣蔵』というのはその後の忠臣蔵の骨格になるようなものですからその段取

りを挙げておきましょう。上段が『実録忠臣蔵』下段が『仮名手本忠臣蔵』の比較です。

『実録忠臣蔵』

1　浅野家上屋敷
2　松の廊下刃傷
3　田村右京太夫邸切腹
4　赤穂大評定
5　山科大石宅
6　瑶泉院《ようせいいん》閑居
7　討入

『仮名手本忠臣蔵』

序　鶴ケ岡兜《かぶと》改め
二　桃井若狭助館
三　進物場、刃傷、裏門
四　判官切腹
四　城渡し
五　山崎街道
六　勘平切腹
七　一力茶屋
八　道行　旅路《たびじ》の嫁入《よめいり》
九　山科閑居
十　天河屋

土屋主税邸　十一　討入り

まず『実録忠臣蔵』でなくなっているのは『仮名手本忠臣蔵』五、六、七段目のお軽勘平の悲劇です。『仮名手本忠臣蔵』のお軽勘平は、大石内蔵助以外唯一の義士＝討入りメンバーのエピソードですが、それがありません。ということは、『実録忠臣蔵』は、殿様切腹から討入りまで二年間近く続いた、赤穂浪士の苦心というものを全く省いて出来上っているということです。

お軽勘平が消えます。そして、祇園の一力茶屋で、敵の目をあざむく為に遊蕩《ゆうとう》にふけっている大石内蔵助というのも『実録忠臣蔵』にはありません。代りに出て来るのが6の〝瑶泉院《ようせいいん》閑居〟です。

浅野内匠頭の奥さん阿久里《あくり》は旦那さんの死後髪を切って瑶泉院と名乗り、江戸は南部坂に住んでいる。ここに仇討ちを目前にした内蔵助がひそかに暇乞いにやって来る。当然仇討ちの暇乞いに来たんだろうと思っている瑶泉院に、「そうではなくて、私は西国のさる大名家に再就職が決りましたから」と内蔵助が言うのは何故かというと、家中に明らかに吉良側のスパイと思われる女がいたからだというのが桃中軒雲右衛門の浪曲で有名になった『南部坂雪の別れ』ですが、それがここ――〝瑶泉院閑居〟。

ここでの内蔵助、瑶泉院とそのお付きの女中である戸田局《とだのつぼね》に、罵られるだけ罵られるのを我慢する、ウェットな役です。『実録忠臣蔵』は、浅野内匠頭が死んでから討入りまで、これほとんど大石内蔵助だけのドラマではありますが、この大石内蔵助は茶屋遊びの〝陽〟の部分がない、ウェットで真面目な大石内蔵助なんです。

明治になった途端人間が真面目になっちゃったんですね、というのは、歌舞伎の『仮名手本忠臣蔵』で一番難しいとされているのが、七段目の茶屋遊びをする大星由良之助だからです。他のところは無骨なまでの真面目人間でいけるけれども、この部分ではゆったりした遊び人という、真面目さとは正反対の部分を出さなければならないからです。

それでは何故『実録忠臣蔵』で茶屋遊びをする大石内蔵助が出て来ないのか？ 答は簡単、気が散るからです。〝不純物〟の排除です。

『実録忠臣蔵』というのは、よく考えたら自分達は忠臣蔵＝四十七士の討入りについて正確なことはなんにも知らないんだという、明治の産物です。だから観客も作る方も、その四十七士の代表である大石内蔵助が見事敵の首をとるまで、どれだけ具体的な苦労をしたのかが知りたかったし見せたかった――という訳で大石内蔵助は真面目で立派でひたすら耐える人物という一側面が強調されたのです。江戸の〝嘘〟が排除されて、色恋とか遊びという個人的なものも一緒に排除されたんですね。

『実録忠臣蔵』というのは、言ってみれば大石内蔵助を代表とする忠臣蔵の公式記録です。だから、立派な人の私生活＝遊びは出てきません。そして、公式記録だからこそ、四十七士一人一人の具体的なエピソードというものもないのです。

史実の一々は無視してしまったけれどもしかし『仮名手本忠臣蔵』は忠臣蔵のエッセンス、忠臣蔵のアウトラインだけは非常にうまくつかまえました。『実録忠臣蔵』が結局は『仮名手本忠臣蔵』を下敷にしなければならない——エッセンスだけは『仮名手本忠臣蔵』で分るけれども、史実の実際は『仮名手本忠臣蔵』では分らない、というところで出て来るのが明治の『実録忠臣蔵』です。これがどんなことかを少し考えてみましょう。

〝史実の実際は『仮名手本忠臣蔵』では分らない〟と、私は今うっかり書いてしまいましたが、それは嘘ですね。何故かといいますと、もっと前に私は〝『仮名手本忠臣蔵』の作者達は、情報の流れない江戸時代に、赤穂浪士討入りの史実をみんな知っている、という前提に立って作ってしまった〟と書いたからです。

〝事実だけでは芸がない、事実なんて知ってて当然〟——そういう前提に立ってドラマを作るのが江戸のドラマ作者達で、そのドラマを成立させる史実、事実を知らない人間は教養のない人間という、非常にもって回った（又は非常に洗練された）前提を持っているのが江戸の文化です。人間は、必要にして十分な量の情報さえあれば、それだけで本質を見抜いてしまう直感力を持っている——だからこそ、その本質を際立たせるように作られているドラマでは、余分な事実、史実は排除されるし脚色《アレンジ》される。江戸の文化はこうです。

初めに見抜かれた本質があるから、それを見るだけで、人は本質を理解出来る。だから分るし、分った気にもなれる。

〝分る〟と〝分った気になれる〟の二つに分れるのは、その本質を生み出す〝事実・史実〟に関する教養の有無ですね。教養のある人は本質ぐるみ分ることが出来る、教養のない人でもなんとなく分った気になれる——これが、江戸のドラマが町人の娯楽としても十分に役に立てた理由です。

ところで、教養のある人とない人の数を比べれば、圧倒的に教養のない人が多い——教養というのはある種特権階級のシンボルでもありますから。

だから、明治になって気がついてみたら、圧倒的に教養のない人間の方が日本人には多かった——なにしろ、自分達の同時代史というものを知ることが禁じられていたのが今迄だった、と分るのが明治の文明開化ですから。と同時にこれは、敗戦後の日本でもありますね。

という訳で、改めて〝知識〟というものが流されることになる。そしてその〝知識〟は——ここが厄介なんですが——あらかじめみんなが知っている、脚色される（歪《ゆが》められる）ことによって成立している〝本質〟にぴったりとはまらなければならない、ということになります。

面倒くさいことを言っていますが、『実録忠臣蔵』を作るんだったら、知って馴れ親んでいる『仮名手本忠臣蔵』のパターンにピタッとあてはまっていなければ面白いとは思えない、ということです。

子供の直感力のように、本質はあらかじめ分っているから、事実、史実というものは、その本質を豊かに膨《ふく》らませて「なるほど！」と納得出来るものでなければ事実・史実・知識に価しないという、面倒かつ高級な〝判断力〟を日本の大衆と称される大多数の人々が潜在的に持っているということなんです。

だから、（今のではなく）昔の日本人の持っていた「面白い！」「つまらない！」「退屈！」という言葉は、自分達の知っている本質に合致しているかしていないかという、実に高級かつ深遠な判断力の表われだったんです。この本質をこそ〝物語《ドラマ》〟と言います。

だから、江戸から受け継がれる史実に基いたドラマ・物語というのは作り直し《リメイク》が必要だし、そのリメイクは、フィクションに史実を付け足して、それをもう一遍〝決定版〟と称されるようなフィクションにし直すという、面倒臭いといえば面倒臭い、弁証法的な展開を必要とするのです。

日本の場合、〝記録〟とか〝真相〟なんてものがいくら出てもダメです。江戸三百年を通して、〝人間〟という、すべての物事の本質にあるようなものを見ることに長《た》けてしまった日本人は、人間性、人間らしさ、人間臭さというものを排除したドキュメント、ノンフィクションがダメなんです。

たとえば吉川英治の『宮本武蔵』、たとえば山岡荘八の『徳川家康』、たとえば司馬遼太郎の『龍馬がゆく』――宮本武蔵、徳川家康、坂本龍馬、こういう歴史上の人物は必ずフィクション（ここでは小説）にならなければ「なるほど！」と日本人を納得させないのです。日本の男の時代小説好きは、戦前の日本の男の講談好きをそのまんま継承しているところもありますが、じゃあ日本の男が何故講談が好きだったかといえば、講談が、史実を含んだ、本当らしく見える、自分にとって分りのいい嘘《フィクション》だったからです。

という訳で四十七士各人の物語、講談の『義士銘々伝』の話です――。

忠臣蔵のエッセンス（本質）は『仮名手本忠臣蔵』で分ります。でも、そこで実際に活躍した筈の四十七士の話になると『仮名手本忠臣蔵』ではさっぱり分りません。『仮名手本忠臣蔵』に出て来る〝義士〟は二人。一人は討入り前に切腹した、実際には〝萱野三平〟という名を持つ早野勘平。もう一人は、その勘平の女房お軽の兄という設定で出て来る寺岡平右衛門。

この寺岡平右衛門は、身分の低い足軽（武士の下男）でありながら四十七士の中に加えられた〝寺坂吉右衛門〟をモデルにしていることは明白ですが、しかし実際の寺坂吉右衛門は、吉良邸討入りの時迄はいたけれども、一行が本懐を遂げて浅野家の菩提寺である芝高輪《たかなわ》の泉岳寺に引き上げて来た時には姿が見えなかった――どうやら討入り直前に逃亡したらしいと言われる人物。

『仮名手本忠臣蔵』の作者が無知だったというよりは、意図的に討入りに参加しなかった二人にだけスポットを当てたと思った方がいいですね。ここら辺のひねくれ方が江戸人の〝本質直感能力〟なんでしょうが、しかしそうなると、実際討入りに参加した四十七士の具体的行動は全く『仮名手本忠臣蔵』では分らないということになる。

そこで、具体的な義士達のエピソードを知りたいという大衆の要望に応えて出て来るのが講談の『義士銘々伝』という訳なのです。こちらは明治以前の幕末から既に登場していました。大石内蔵助という大物ならともかく、義士一人一人のエピソードなら大目に見れるという、だからこちらは〝公式記録〟に対する〝私的逸話集《エピソード》〟です。

四十七士の一人神崎与五郎《かんざきよごろう》は討入りの準備で東海道を江戸に下って来る途中、箱根の山の中で馬士《まご》にインネンをつけられる。神崎与五郎はカッとなったが、ここで騒動を起こして自分の身分がバレたら大変だと思って、馬士の言いなりになってその股をくぐった――これが有名な『神崎東《あずま》下り』。

同じく四十七士の一人赤垣源蔵《あかがきげんぞう》は普段から酒呑みで身持ちも定まらずブラブラとして一族の鼻つまみものだった。それがある雪の降る日ブラッと一升徳利を下げて兄の家にやって来た。兄は外出中で、兄嫁は源蔵が嫌いなものだから仮病を使って寝ていた。源蔵はしかたがないから、別室に兄の着物をかけて、その前で一人で酒を呑んでいたが、そのままいなくなってしまった。「昨日のはなんだったんだろう?」と兄夫婦が思っていたところへ飛び込んで来るのが、赤穂四十七士が吉良邸に討入ったという噂。「さては昨日のは、弟が陰ながら別れを告げに来たのであったか」と気がつくのが、有名な『赤垣源蔵徳利の別れ』。

四十七士の一人、大高源吾《おおたかげんご》は町人となって、師走の町を大掃除用の煤払《すすはら》いの竹を売って歩いていた。両国橋に来かかると、向うからやって来るのが芭蕉の門弟で有名な俳諧師の宝井其《たからいき》角《かく》。大高源吾は〝子葉《しよう》〟という名前を持つ俳諧仲間。大高源吾は、瑶泉院の前の内蔵助とおんなじように「西国の方に再就職が決りましたのでもうお別れです」てなことを言う。〝西国〟というのは勿論、〝西方浄土は弥陀の国〟という意味で、〝死ぬ〟ということです。「じゃァお別れに付合《つけあい》を」などと其角は言って、両国橋

の下を流れる隅田川を見つめて「年の瀬や　水の流れと　人の身は」と上の句を口にすると、少し考えた大高源吾、「あ
した待たるる　その宝船」と下の句をつける。勿論これは討入り前日の話で、「あした待たるる　その宝船……。むむッ……」となる。これが有名な大高源吾の話。

言ってみれば、神崎与五郎の〝我慢〟、赤垣源蔵の〝情〟、大高源吾の〝才知〟という、この三要素のバリエーションが『義士銘々伝』であるということです。赤穂義士というのは、決して目的を他人にさとられてはならないというその一点で、肝腎なことに口を閉《とざ》さなければならない――本音を吐けない。言い訳が出来ない。だからただ〝我慢〟をするしかないし、そうせざるをえない自分の心情をそれとなく人に伝えたいと思うし、それを伝えるとなると特殊な工夫・才覚がいる。私が前に忠臣蔵は〝くやしさのドラマ〟だといった、その中心は実にここです。忠臣蔵は青年ドラマなんですね。

そして、青年といえば〝異性問題〟。忠臣蔵の決定版を作るということは『仮名手本忠臣蔵』を解体して、そしてもう一度再構成するという作業ですが、そこで出て来るのが〝お軽勘平〟の問題なんです。

私は前に〝『実録忠臣蔵』にないのはお軽勘平だ〟と言いましたが、お軽勘平の話以前に、明治の忠臣蔵には女が出て来ないんです。今のところ、明治以降の忠臣蔵に

出て来た女性は浅野内匠頭の未亡人とその侍女だけです。『仮名手本忠臣蔵』には顔世御前、お軽、お石、戸無瀬、小浪と女性が重要な役で登場したのに、えらい変りようです。

何故明治の忠臣蔵には女が出て来ないか——というよりも、女性がからむ〝色恋沙汰〟は出て来ないのか、そして、何故明治の忠臣蔵は『義士銘々伝』と『実録忠臣蔵』の二つに分れて、一つにはならないのか——一つに結びつけるものが生みにくかったのか、という話が次です。

芝居でもなく講談でもなく、小説によって近代の忠臣蔵の骨格が作られて行ったのだという話です——。

11　昭和初年のお軽と勘平

明治の忠臣蔵に女が出て来ない理由は簡単です。女は男を迷わすからです。〝元禄の義挙〟と称される立派なことをした人は、女に心を引かれ色恋沙汰に心を迷わすということがなかったから立派だったのです。

講談は〝立派な人の話〟です。講談に色恋沙汰で心を迷わせる人の話は出て来ません。出て来るのは、それを振り切った人だけで、色恋に溺れるのは愚かな人で、そう他人に仕向けた人間は悪人であるというそれだけです。〝立派さ〟というものはそういうものでした。でも人間には男と女の二種類がある。そういうドラマだってあるし、そういうことだって見たい知りたいという訳で〝お軽勘平〟のエピソードだっているんです。

昭和二年から三年にかけて『東京日日新聞』（前にもいいました、日本最初の日刊新聞です）『大阪毎日新聞』に連載された大佛次郎の小説『赤穂浪士』には二組の〝お軽勘平〟が出て来ます。

一組は赤穂浪士の一人――史実では同志から金を盗んでとんずらした〝不義士中の不義士〟ということになっている、小山田《おやまだ》庄左衛門《しょうざえもん》と貧乏浪人の娘幸《さち》。そしてもう一組は御存知、ニヒルな〝浪人《せいねん》〟堀田隼人と上杉家の女隠密お仙――勿論、小山田庄左衛門以外は大佛次郎の創作になる架空の人物です。

小山田庄左衛門と幸の組は、言ってみれば赤穂浪士の〝内側〟を深める役割、堀田隼人とお仙の組は、赤穂浪士の〝外側〟を深め広げる役割を持っていて、昭和初年代の忠臣蔵には内と外の二組の〝お軽勘平〟がいるということになります。

お家断絶の後、江戸で町人に身をやつしていた小山田庄左衛門は隣家の娘幸が金に困っていることを知って救ってやります。この幸という娘は、時の権力者柳沢出羽守の屋敷に奉公に上っていたのが、出羽守のいやらしい誘いを嫌って逃げて来たという設定です。

頼る身のない娘とその病身の父と、小山田庄左衛門は同居生活を始めます。当然娘は、青年を頼る、慕う。青年だとてもとより娘は好きだけれどもしかし、自分には人に明かせない大望がある。そして、「大望がある」ということさえも明かせない。娘は慕い、男は黙ってそれを遠ざけ、そして娘は自殺します。勿論ここで、娘が時の権力者の毒牙を逃れて来たということは重要です。

忠臣蔵の基本テーマである〈討入り＝忠義〉というものがどこかでもう遠いものになってしまっている。それだからこそ、青年の正義感に働きかける別のモチーフが必要だった、というのが〝娘に迫る権力者の毒牙〟だからです。

元禄という太平の世に馴れた、その結果華美に走ってしまった社会の中で、武士道というものはだんだん意味のないものに変って行ってしまうのかもしれない。そのことに警鐘を鳴らしたのが四十七士の討入りであり、大石内蔵助の根本動機であったというのが、当時（＝昭和初年代）に出来つつあった常識であり、『赤穂浪士』を書いた大佛次郎の史観でもあります。

分るようでもあり、分ったからどうだって言うんだというような〝史観〟でもありますが、しかし分ることは唯一つ最早忠臣蔵というものが〝くやしさ〟を覆《くつが》えす単純なカッコよさではないのだということが明らかになって来たということです。単純なカッコよさですむ人もいたが、単純なカッコよさではすまないという人も出て来た。忠臣蔵というものが、この昭和初年の時点で何か別のもの——新しい別の何かを象徴するようなものに変って来たということは言えるのです。

それは正義としてあるけれども、しかし、それは青年の正義感を刺激して単純にそこへのめりこませてくれるようなものでは最早ない。だからこそ、小山田庄左衛門の〝討入り〟という大望の横に、純真な娘を平気で毒牙にかける時の権力者という、分りやすい社会悪が登場して、討入りを通じて社会悪を撃つという、青年の単純にして抽象的な正義感に揺さぶりをかけるのです。

という訳で、小山田庄左衛門の心境は複雑です。〝敵〟がどこにいるのかが分らなくなったからです。昭和三年でそうでした（既にして）。

自分の撃つべき敵が、主君浅野内匠頭に屈辱を与えて死に追いやった吉良上野介なのか、娘にいやらしい手を伸ばした柳沢出羽守なのか、それとも、娘を拒んで死に追いやった自分という男なのか、それが小山田庄左衛門には分りません。

吉良上野介を守った権力構造が敵だとしても、そこを支える武士道という大義にのっとった自分は、結局娘を平気で死に追いやったという、そういうことになるのです。

小山田庄左衛門のメンドクサイ心境を『赤穂浪士』から引くと、こうなります――〝女一人の涙が、死が、おれにとって何だ……と思うことである。もっと武士らしくすることであった。現在の苦痛をのがれるのにはこの二つの道よりほかはないと知っていて、そのいずれにも徹し得ずに日を暮している。武士道は庄左衛門の弱いこころを咎める。また、こころは喘《あえ》ぎながら、庄左衛門に武士という殻を脱いで、裸の人間になってくれと悲しく訴える。その板ばさみの悩みを庄左衛門は酒にうずめた。色に溺れて忘れようとした。ただ肉の塊りとのみ感じられる女の身体はつかの間の酔いを呼ぶ役をするだけで、酒と何の選ぶところはなかったのだ〟

昭和初年の〝早野勘平〟――小山田庄左衛門は公私の板挟みで苦しんでいますが、しかし〝江戸の早野勘平〟はちょっと違います。前にも言いましたが『仮名手本忠臣蔵』の早野勘平は、腰元のお軽と一時の情事を楽しんでいる間に殿様が騒ぎを起こして、それで「面目ない」と駆け落ちするのです。後に勘平が切腹する時「色にふけったばっかりに……」と述懐するのはそこら辺を指します――〝色〟とは勿論、〝色恋沙汰〟の〝ＳＥＸ〟ですが。言ってみれば勘平の場合、まず〝私〟があって〝公〟があるという、ちょっと違った板挟みなのです。

腰元のお軽と駆け落ちして京都の郊外で猟師になっている勘平は間違って、お軽の父親を夜の闇の中で殺してしまう。お軽の父親与市兵衛《よいちべえ》は、勘平を討入りの仲間に加わらせたくて、その仕度金作りの為娘のお軽と相談して勘平には内緒で娘を京に身売りに行く。その代金を持っての帰り道、山崎街道で今は山賊に堕ちているかつての浅野（塩冶）の家臣斧定九郎《おのさだくろう》に殺される。斧定九郎というのは、大石内蔵助と共に浅野の家老職にありながら退職金の計算しか頭になかった欲の皮の突っ張った大野九郎兵衛《おおのくろべえ》をモデルにした斧九太夫《おのくだゆう》の息子で、悪人の息子は不良青年にしかならないというような人物。

勘平が鉄砲で撃ったのは、実は父親の与市兵衛ではなくて、与市兵衛を殺した定九郎の方なのだが、そのことはまだ誰も気がつかない。お軽が売られて行き、与市兵衛の死体が発見され、そして勘平を迎えに同志が現われ、そして勘平は、殺された与市兵衛が持っていた筈の財布を持っている。お軽の母が「犯人は勘平だ！」と騒ぎ出し、勘平はそのことを認めて、同志の前で申し訳に腹を切る。

勘平が切腹した理由は、だから、〝色にふけったばっかりに〟とんずらをしなければならなくなって、その不名誉を回復しようと思った結果、妻の父を殺してしまった（実は、彼が殺したのは与市兵衛ではなく、与市兵衛を殺した定九郎なのだけれども）――言ってみれば、勘平の場合、〝私〟があって〝公〟があって更に〝私〟が来る。

山の中の一軒家で、婆さんと二人だけで取り残され、本来だったらとても人間業では耐えられないような苦難に平気で耐える筈の〝義士の家族〟の一員である老婆が、義士である青年に向かって「人殺し！　人殺し！　親爺どのを生かして返せ‼」と罵っている光景は、とても〝立派な〟明治の忠臣蔵では見られない光景です。

〝大義の為に死ぬ〟ということが立派であるという常識はいつの間にか日本人の（男の）間に定着してしまいましたが、しかしこの勘平は〝国家〟だの〝忠義〟だのというような〝大義の為に死ぬ〟のではない。自分が間違って妻の父、舅《しゅうと》を殺してしまった（と思いこんで）その申し開きの為に、個人的な羞恥心が切腹への途を選ばせる。『仮名手本忠臣蔵』の勘平の死は〝大義の為の死〟ではなくて、〝個人的な死〟です。言ってみれば、この『仮名手本忠臣蔵』の五段目、六段目のお軽勘平のシークエンスは、〝忠義〟という厄介なものをきわどいところでかわしてしまった——それ故に悲劇的な死である、というところです。

ところで『赤穂浪士』の小山田庄左衛門です。彼は死にません。逃げるだけです。死ぬのは、彼が愛情を感じた娘の方です。

〝色にふけったばっかりに〟と言う早野勘平は、そうした個人的な事情から、大事に参加するということからあぶれてしまった。あぶれて、再びそこに参加しようとした途端、再び個人的な事件に足を引っ張られて切腹しなければならなくなる。ところが『赤穂浪士』の小山田庄左衛門は、別にそういう面倒な経緯抜きで〝大義〟の一員となる。なった途端、女に慕われ、自分もいいなと思って、そこで初めて心的なジレンマに陥る。

初めに〝公〟があって、次に〝私〟が来る。そして、その私的な感情を公的な事情は断てという。そうして私的な感情に目をつぶった途端、娘は自殺し、青年は更に深いジレンマに陥る。〝女一人の涙が、死が、おれにとって何だ……〟というところです。〝色にふけったばっかりに〟という個人的な事情で悲劇のスタートを切ったのが『仮名手本忠臣蔵』の早野勘平だとすると、『赤穂浪士』の小山田庄左衛門は最終的に〝色にふけってばっかり〟になるという悲劇的状況に至る。

ごたくさ面倒なこと言わずに、さっさと女とやっちゃえばよかったのにというのは、多分極めて現代的な考え方ということになるのでしょう。この時代（＝昭和初年）には、純情な青年を女に向かわせない何かが既に育っていました。

江戸のお軽勘平は〝色にふけったばっかりに〟、男が腹を切らなければなりませんでしたが、しかし同時に、江戸のお軽勘平は、〝色にふけったばっかりに〟でスターになれたというところもありました。

〝お軽勘平〟というと、菜の花畑をバックにした若い男女の道行――『道行旅路《みちゆきたびじ》の花《はな》聟《むこ》』の舞踊劇を連想する人は連想するでしょうが、しかしそれは実は原作の『仮名手本忠臣蔵』にはありません。初演から八十五年経った、鼠小僧が捕まって処刑された次の年、天保四年に出来て、『仮名手本忠臣蔵』に挿入されたものです。ある意味で、忠臣蔵に足りないものがあるのだとしたらそれは公然たる色恋沙汰だけですから、八十五年もすれば来るべきものが来るのは当然でしょう。

そしてちなみに、さっきから私がやたら引用濫用している〝色にふけったばっかりに〟というフレーズも原作にはありません。ないけれども、この一行を挿入することによってお軽勘平の悲劇が明確になるという、その一点でこのフレーズは『仮名手本忠臣蔵』を代表するフレーズの一つにもなってしまいました。それくらい、色恋沙汰というのは、人間にとって重要なモメントで、公然と存在しているものではあったのです——江戸の昔は。

という訳で、江戸のお軽勘平は公然と色にふけりました。しかし、昭和初年のお軽勘平は、公然と色にふけることは出来ませんでした。男の潔癖さは、女を死に追いやり、男を純文学的苦悩の中に放りこみました。だから、男はウダウダと愚痴をこぼし、一方で色にふけってばっかりになるのです。

それでは、日本の青年はどうしてそんなにも弱くなってしまったのか。言ってみれば、小山田庄左衛門が登場して来る時代背景というものはどんなものだったのか、という説明をしましょう。

『赤穂浪士』の連載が始まった昭和二年は、中国の内乱――国民革命軍の北伐《ほくばつ》です――に乗じて日本が軍隊を中国に派遣した〝山東出兵〟の始まった年。言ってみれば、日本が後に太平洋戦争へと拡大する中国侵略の第一歩を開始した年です。翌三年には〝満州某重大事件〟と呼ばれた張作霖《ちょうさくりん》の爆殺事件が起こり、日本軍部の謀略が積極的に進められて行きます。

芥川龍之介が自殺して、世間が言い知れない衝撃を受けたのが昭和二年。第一回の普通選挙が開始されたのが昭和三年。二十五歳以上の男性に選挙権、三十歳以上のやはり男性に被選挙権が与えられて、普通の日本男子ならすべてひとしなみに政治参加への道が開かれたこの年は同時に、非合法政党として大正十一年に結成されて解散を命じられた日本共産党の大検挙〝三・一五事件〟が起こる年です。普通選挙と共産党の大検挙が一種の交換取引《バーター》のようにして「日本国民に一般的な政治参加は許されたのだから、それ以上の発言は無用である」と、まるで国家が言っているようなそんな年です。

そんな年に〝武士道の精華〟と呼ばれるような忠臣蔵の決定版小説が書かれる――

赤穂四十七士の具体的なエピソードまで織りこんで書かれた忠臣蔵の小説はこれが最初であると考えてよいでしょう――〝武士道〟というのは進駐軍の指摘を待つまでもなく、軍国主義という風潮を押し進める元ともなった理念でしょう。その点で行けば、小山田庄左衛門は右傾化する〝大義〟から逃れようとしてもがき苦しむ青年の象徴ともなります。しかし同時に、時の権力に対して一矢報《いっし》いる為一味徒党の密約を結ぶ行動は、非合法政党として潜伏しなければならない左翼青年のものでもあります。と同時に、真に国のあり方を思って黙々と目的の為に突き進むものであると四十七士を捉えれば、軍国主義を推進しようとする、右翼青年の為のバイブルともなります。前にも言いましたが、大佛次郎の『赤穂浪士』とはだから、そんな時代、右傾化から逃げようとする青年、右傾化を推進しようとする青年、左翼運動を推進しようとする青年、左翼運動についていけない人間と、面倒なことを考える青年にならも誰からも読まれるという、左右を超えた不思議な小説として存在していました。忠臣蔵は、既にはっきりそういう物語にもなっていたのです。昭和の初めに。

右の〝大義〟であろうと左の〝イデオロギー〟であろうと、まだそんな極端に走らない昔のままの〝武士道〟であろうと、結局、個人的感情を排除してしまうような〝大目的〟は、青年を息づまらせるものである。もっとはっきり言ってしまえば、立派な〝大目的〟は、なにも知らずに参入して来た青年をどこかで裏切るような何物かに変って来た――そんな時代が『赤穂浪士』の昭和初年であったということです。
小山田庄左衛門は、うっかりと立派な行動に参加して行き、そしてどこかでうっかりとその立派なものに裏切られて行く自分を見てしまうという、忠臣蔵の内側の違和感を代表しますが、同じ時代の〝忠臣蔵をどう位置づけたらいいのか分らない〟という外からこの違和感を代表するのがもう一組の〝お軽勘平〟――堀田隼人と女隠密のお仙なのです。

堀田隼人は〝齢《とし》は二十《はたち》を出たくらい〟、浅野家とは全く関係のない、旗本の息子です。堀田隼人の父甚右衛門は〝そもそもの初めは護持院建立《ごじいんこんりゅう》の時に普請奉行《ふしんぶぎょう》を勤めた人だったが、知足院本坊《ちそくいんほんぼう》の普請に用いた木が他の諸堂に比べて、用材がやや粗末だったのを、御奉行向念入《むきねんい》れざる仕方不埒《ふらち》というので、甚右衛門は三宅島《みやけじま》へ遠島になり、配所《はいしょ》に病死したのである〟という人物です。

父をなくした堀田隼人は母と共に叔父の許で居候になっている。隼人は当然、仕官の口のない浪人です。この人はある時期〝ニヒル〟の代名詞にもなってしまったような人ですが、何が彼を暗くしているのかというと、世の中と、そして彼の母親と、です。

大佛次郎はそこら辺の隼人の心境をこんな風に説明します――〝母が可哀相だとは

思う。しかし自分の方が余計可哀相な気がした。母はまだわが子の出世に期待を持っているが、自分にはそんな希望は皆目感じられない。ただ、灰色の厚い壁が目の前に立ちふさがっているのが感じられる。たたこうが、押そうが、びくともしない岩畳《がんじょう》な壁である〟。

堀田隼人の心境は、ほとんど小山田庄左衛門の心境です。小山田庄左衛門を慕い頼る娘は、堀田隼人の場合はやさしい母。小山田庄左衛門の〝弱いこころを咎める〟武士道は、堀田隼人の場合、世の中という〝灰色の厚い壁〟です。外に向かって広がって行くということはこういうことですね。既に、堀田隼人と小山田庄左衛門はおんなじで、時代というものはスッポリと、重苦しい忠臣蔵の格調の高さの中に押しこめられてしまいます。

堀田隼人の父は護持院という寺の普請奉行（建築責任者）であった。そして護持院という寺は、五代将軍綱吉の生母である桂昌院《けいしょういん》の支持厚い護持院隆光《りゅうこう》という坊主の寺。そして、この護持院隆光という坊主こそが、将軍綱吉に進言して生類憐みの令を出させた、言ってみれば元禄の退廃の張本人の一人でもあるような人物。父親は、その生類憐みの令を推進する為の寺を建てる、その材木をけちった為に流罪となって病死する——堀田隼人はそうした家の青年でありまして、大佛次郎の『赤穂浪士』はなんと、この堀田隼人がフラフラとなってある夜この護持院に放火するところから始まる。小山田庄左衛門が薄倖の乙女に接近する為の正当性は、柳沢出羽守の（言ってみれば）スケベ心です。そして、堀田隼人が世の中から離脱して行く正当性を与えるものが〝お犬様〟〝犬公方〟に代表される、生類憐みの令が罷り通る、衣食足りて礼節を知ってしまった結果の無意味な華美ということになります。青年の疎外感の上には〝社会悪〟がかぶさっているという観点から大佛次郎の『赤穂浪士』を展開することも出来ますが、しかしここで私が言いたいのは別に、そういうことでもありません。ここで展開されているのは、あくまでも〝忠臣蔵の決定版が出来上る過程〟ですから。大佛次郎の『赤穂浪士』という小説は、社会悪と忠臣蔵の討入りとの間に青年の挫折感を持ちこんだ——忠臣蔵なる、江戸時代から持ちこされたドラマを（昭和初年の）現代社会に位置づける為に、その接着剤として青年の挫折感を使った小説であるというのが、今までのところです。

堀田隼人はふとしたことから護持院に火をつけ、町方の追跡を受ける身となる。そしてそんな彼は、ふとしたことから怪盗蜘蛛《くも》の陣十郎《じんじゅうろう》と名乗る男と知り合い、更に上杉家の家老千坂兵部《ちさかひょうぶ》と知り合い、赤穂浪士の動静を探る隠密の役を引き受けることになる。勿論、世をすねたインテリ青年であるような堀田隼人に、スパイというような高度なテクニックを必要とする忍びのノウハウはない。という訳で、彼の為に一肌脱ぐのが、そうした方面には長《た》けている蜘蛛の陣十郎。堀田隼人が、赤穂浪士に対してどこか心情的な共感を持ったり持たなかったりする不安定な〝現代青年〟なら、又は忠臣蔵にどのような関心を持ったらいいのか分らない〝現代青年〟なら、蜘蛛の陣十郎は興味本位に的を絞った〝高級弥次馬〟であるような、不思議な趣味人。もっと言ってしまえば、赤穂浪士に対して、つかず離れずの距離を保っている蜘蛛の陣十郎は、「忠臣蔵をもっとよく知りたい」「忠臣蔵は面白い」と思っている大衆のシンボルであり、江戸以来続く単純な少年のような気質を持った老人ということになります。

そして、堀田隼人と蜘蛛の陣十郎の〝好奇心コンビ〟に絡むのが、もう一人千坂兵部から派遣されたプロの女隠密お仙。

お仙は職業人——昔のキャリアウーマンですから、隼人とお仙は〝職業人コンビ〟です。勿論お仙の感情はそれだけではありませんけれども、ここで注目されるのは、青年堀田隼人に職業意識を要求する立場にいるのが、男の陣十郎ではなく、女のお仙ということですね。勿論、堀田隼人の父は死んでいて、盗賊との親交・隠密という〝闇の世界〟へ入る以前の彼に対して職業意識——〝出世に期待を持っている〟のは母親という女性でしたけれども。

堀田隼人の父親は生類憐みの令の総本山でもあるような護持院の、その建設の際に材木をけちって叱責を受けた人です。その父に関して、堀田隼人はこんなことを言います――〝父上のように一徹な武士気質《かたぎ》の方が如何《どう》して今の時世に向きましょう。父上に犬の番が出来ましょうや、また今の世間では極く当然のこととされている賄賂を、何で、あの清いお心持に我慢なされましょうや。――中略――真の武士は世の中に無用のものとなりました〟

そしてこれは、大佛次郎の小説『赤穂浪士』の中で、吉良上野介への復讐を誓う大石内蔵助の心境を説明する文章と全く同じ意味合いを持った言葉です。

〝内蔵助は今は充分の自信を以てこの計画の進行に当ろうとしている。時流との闘いである。いわば、ものの総てを押し流そうとする川の中へ、一つの殿堂を築こうとする努力にひとしい。――中略――この勇敢な棟梁は、自分達の仕事として、それをやって見たいと思うのである。自分達の墓碑《ぼひ》として。また亡びようとしている素朴な精神の「武士道」の記念碑として〟

大石内蔵助が実際にはどう思って仇討ちを決意したのかは分りません。ただ大佛次郎はこのように説明しているというだけです。そしてこの当時、大石内蔵助の率いる四十七士の討入りを説明するのに、これは最も穏当な表現でした。〝穏当な表現〟というのもヘンな言い方ですが、それはこの時代の一般的な大石内蔵助像というものを考えてみれば分ります。

たとえば、これは大佛次郎の『赤穂浪士』に先立つこと十五年ばかりの大正期の小説ですが、塚原渋柿園《つかはらじゅうしえん》という人の書いた『小説大石良雄』（大石内蔵助のフルネームは大石内蔵助良雄《おおいしくらのすけよしたか》です）の宣伝文句《コピー》はこんなものです――〝渋柿《じゅうし》先生畢生《ひっせい》の心血を注いで忠烈千古《ちゅうれつせんこ》に芳《かん》ばしき斯《か》の義人の為に此の著を成す〟。

〝忠烈千古に芳ばしき斯の義人〟というのが大石内蔵助のことですが、こんな大仰な言い方をされれば、堀田隼人ならずともドッ白《ちら》けになります。なりますがしかし、この狂熱的《ファナチック》な扱いが、当時の一般でした。大佛次郎は、この異常な昂《たか》ぶりを一般的なレベルにまで落したのですね。〝穏当な表現〟というのはそういうことです。

穏当な表現が大石内蔵助を魅力的にしたかどうかは別として、少なくとも、この大石内蔵助は堀田隼人にシンパシイ（心的共感）を抱かせるような人物として存在出来たということだけは確かです。

堀田隼人は、大石内蔵助に共感を持ちうる――ということは、（その当時の）現代青年だとて、昔ながらの忠臣蔵に何か魅かれるものを持つということです。持つけれどもしかし、その一方で大石内蔵助を〝忠烈千古に芳ばしき斯の義人〟と言わなければ気がすまない狂熱的《ファナチック》な観方もある。この狂熱的な観方とは、勿論、小山田庄左衛門の〝弱い心を咎める〟武士道的なものを断固熱烈に支持するようなものであります。

それがあるからこそ、堀田隼人は忠臣蔵に距離を置かなければならないし、小山田庄左衛門は忠臣蔵から逃げなければならなかった――この『赤穂浪士』が出来た昭和初年に、忠臣蔵はそういうものになっていました。

でもしかし、今迄縷々《るる》述べて来たところから言えば、それまでの忠臣蔵というのはそういうものじゃなかったんですね。「それはさぞかしくやしかっただろうなァ……」という思いを観客にストレートに伝えるようなものだったんですね――少なくとも江戸の『仮名手本忠臣蔵』は。

江戸の『仮名手本忠臣蔵』は別に〝国民ドラマ〟というような大仰なもんではありませんでした。江戸時代にはまず〝国民〟なんていう考え方はありませんでしたから。『仮名手本忠臣蔵』は、江戸時代にいくつかあった〝人気狂言〟の一つで、まァ言ってみれば準国民ドラマというようなものでした。それが明治になって、「自分達は立派になりたい」――「自分達は立派でありたい」という、国家的国民的願望が生まれ、忠臣蔵というドラマの中にある〝主君の仇を討った立派な人達〟という側面が強調されるようになったのです。忠臣蔵が〝国民ドラマ〟への道を歩み出すのはここからですが、しかしこの忠臣蔵は遂に〝国民ドラマ〟としての形を持ちませんでした――昭和三十九年まで。

「忠臣蔵は国民ドラマだ！」という声だけはありました。そういう合意のようなものがなければ〝忠烈千古に芳ばしき斯の義人〟などというファナチックなコピーは罷り通りませんから。

「忠臣蔵は国民ドラマだ！」という声だけはあってしかし実際、忠臣蔵を国民ドラマたらしめるような忠臣蔵の台本、原作というものはなかったのです。忠臣蔵を題材にしてどれほどの小説が書かれ、どれほどの芝居が上演され、どれほどの映画が制作されたかは知りませんが、しかし「これが決定版！」というものは見当らないのです。吉川英治が宮本武蔵という人物を主人公にして『宮本武蔵』という小説を書き、その結果宮本武蔵が国民的ヒーローになったのと、忠臣蔵は違うのです。

　忠臣蔵は国民ドラマとしての決定稿を持っていないにもかかわらず、国民ドラマになってしまった――こういうヘンテコな例は日本では忠臣蔵だけなのですが――それがどうしてなのかというと、実に簡単なことで、日本人は、なんらかの形で忠臣蔵のエッセンス、本質というものを既に知っていたからです。

『仮名手本忠臣蔵』という、エッセンスだけで出来た嘘《ドラマ》がありました。その中心があったればこそ、『義士銘々伝』という、個々人のエピソードが容易に知られて行きました。そして、それとは別に、マニアという人物達もいました。

江戸時代というのは平和な時代でしたから、暇をもて余した人は学問をしました。武士も町人も、です。みんな調べ物が好きで、江戸という時代には、そういう人達の備忘録ともいうべき随筆がメッタヤタラとありました。公刊されたのもあれば、ひっそりしまわれたままのものもあれば、筆写本になって流通したものもありました。気が向いたら書く、面白い話を聞いたら書く、自分の卓見みたいなものを思いついたら書くで、江戸時代というのはホントに雑然たるインテリマニアの屑籠《くずかご》のような時代でもありました。という訳で、忠臣蔵に関する調べ事だの聞き書きだってある訳で、忠臣蔵は虚実入り混って雑然と、あまりにも知られすぎていたのです（ただしマニアの欠点は決して体系づけられないというところですから、明治から後になって、苦労する訳ですけどね）。

忠臣蔵は知られすぎているから、明治になって『実録忠臣蔵』という、別箇にして新しい忠臣蔵が出て来ても、観客は別にまごつきません。「そういうものか」と思って平気で見ています。そして、知られすぎている忠臣蔵には、その本となるパターンがあって知られすぎている訳ですから、『実録忠臣蔵』は『仮名手本忠臣蔵』の構成をどこかで踏襲しなければならなかった。そして、別の忠臣蔵を知っていたから、新しい『実録忠臣蔵』にお軽勘平の色恋沙汰や大石内蔵助の遊蕩シーンがなくても納得は出来た——それで「面白い」と思ったかどうかは別として。

『実録忠臣蔵』の出来た明治を過ぎて大正昭和と来て、やっぱり日本人はますます忠臣蔵をよく知っていたから、それを〝国民ドラマ〟とすることに異存というものはなかったけれども、しかし忠臣蔵が〝国民ドラマの決定稿〟を持っていないことに変りはない。そして、変りないそのもう一方で、「忠臣蔵は国民ドラマだ！」とする声だけは増々強くなる。だからこそ、昭和初年には小山田庄左衛門や堀田隼人のように、忠臣蔵を拒んだり距離を置かざるをえない人物が出て来る。そして、こういう人物が出て来るということは、「忠臣蔵は国民ドラマだ！」というファナチックなのめりこみに水をさすのと同時に、こういう人物達を使って、忠臣蔵全体像を俯瞰《ふかん》する視点をやっと確保することが出来るようになった、ということでもあるのです。私は最早明瞭に、忠臣蔵というものを〝近代日本に於ける日本人にとっての日本人像〟の代表として語っている訳ですが、そんなことはさておいて、さて——。

12　存在しない千坂兵部

忠臣蔵をリアルなものとしてつかまえようとする、大佛次郎の『赤穂浪士』の構造です——。

『赤穂浪士』はまず、元禄十四年の江戸の町を堀田隼人がぶらつくところから始められます。浅野内匠頭の刃傷が元禄十四年三月十四日であったという、その歴史的事実の外郭ですね。

その堀田隼人が護持院という〝お犬様の総本山〟に火をつける——その元禄という時代がどういう時代だったかという、時代説明ですね。

町方に追われ蜘蛛の陣十郎と知り合った堀田隼人が更に、上杉家の家老、千坂兵部と知り合い、赤穂探索の任を負う——現代青年と忠臣蔵の出会いですが、ここで重要なのは千坂兵部なる人物です。

千坂兵部は上杉家の家老ですが、ここでなんだって上杉家が出て来るのかというと、上杉家——出羽米沢の藩主、上杉綱憲《うえすぎつなのり》が吉良上野介の長男だからです。赤穂浪士の討入りというのは、大名家同士の私闘でもある訳ですからこういうことも出て来ますね。

上杉綱憲は親孝行で、赤穂の浪人達に付け狙われる危険のある父親の身を案じて米沢へ引き取ろうかと考える。しかしこれに反対するのが千坂兵部。何故かといえば、そんなことをしてもし浅野の浪人達が攻め寄せてくれれば、事態は上杉と浅野の喧嘩ということになり、そうすれば、浅野家を襲った〝お家断絶〟という運命が今度は上杉家に振りかかって来ることになる。「クワバラ、クワバラ」というところです。

そんな事態にならないようにしたい。と同時に、親孝行の主君の意向というものを、家老として全く無視することは出来ない。深謀遠慮という言葉がありますが、それを一番必要とする人間が誰あろう千坂兵部で、大石内蔵助の腹の内を誰よりも知らなければならない立場にいるのがこの人。

千坂兵部というのは勿論実在の人物ですが、大石内蔵助のライバルで、大石内蔵助と同じように家老としてお家の行く末を案じなければならない深謀遠慮の大人物といったら、そんな人を他に思い出しませんか？　そうです、『赤穂浪士』の千坂兵部は『仮名手本忠臣蔵』の〝影の主役〟、加古川本蔵の役処《やくどころ》を勤める実在の人物なのです。

大石内蔵助は仇討ちという重大事を決意した以上、ただ黙っています。そんな計画を洩らしたら大変なことになる訳で、大石内蔵助は討入りまでの一年十ヶ月、ただただ黙っていたという大変な人物なのですが、黙っているだけではなく、敵の目をくらます為に茶屋遊びをやっていたという大変で、そしてヘンテコリンな人物で、それこそが大石内蔵助の魅力の根源ではありましょう。ありましょうがしかし、ドラマの作者からすると、それは困った人物なんです。一年九ヶ月の間主役はただ黙っている訳ですから、ドラマの盛り上げようがありません。ただの内向的な心理ドラマならいいですが、忠臣蔵というのは、喧嘩の決着は喧嘩でつけるという、よく考えたらレッキとした活劇な訳ですから、この魅力的な主役は、実に、どうしようもない主役ということにもなります。そういう訳で『仮名手本忠臣蔵』の作者は、主人とお家の安全の為に賄賂を送り、松の廊下では刃傷の手を後ろから抱きとめ、更には子供同士が許嫁《いいなずけ》の間柄にあるもう一人の家老〝加古川本蔵〟というものを創出して、忠臣蔵のドラマを盛り上げたのです。言ってみれば、大石内蔵助（大星由良之助）という単旋律のドラマではつまらないから加古川本蔵という複旋律をつけたというところですが、勿論『実録忠臣蔵』にはこういう複旋律は出て来ません。魅力ある、そしてあまりその実態を知られていない大石内蔵助という人物を前面に押し出したこの『実録忠臣蔵』は、そうした意味では非常に単純な構成しか持っていないということになります。単純であればあるほど人はそこにのめりこみやすくなるということもあって〝忠烈千古に芳ばしき斯の義人〟というファナチックもそこから出て来る訳です。

ドラマの幅を出す、そして、黙っているだけの人物に動きを与えるのなら、それと対立して動きを持って喋る人物を作らなければならないというのが、物語＝ドラマの要諦《ようてい》のようなものです。加古川本蔵がいたればこそ『仮名手本忠臣蔵』が面白くなったのだから、リアルな忠臣蔵を作るのならば、どうしても加古川本蔵に対応する人物が要る――そこで出て来るのが千坂兵部です。
大石内蔵助の〝静〟に対して千坂兵部の〝動〟。そして、討入りという行動を指揮する大石内蔵助の〝動〟に対して、ただそれを坐して探るのみという千坂兵部の〝静〟――この二つの対立があってこそ、忠臣蔵は初めてビビッドな動きのあるドラマになる訳ですね。まことに大佛次郎はうまいところに目をつけたものです。まァしかし、別に千坂兵部という実際の人物を連れて来たのは大佛次郎が最初という訳でもありませんが――。

ところで、堀田隼人と蜘蛛の陣十郎を忠臣蔵に結びつける上杉家の家老千坂兵部――確かにこの人は実在しました、上杉家の家老として――でもしかし、この人は元禄十三年に死んでるんです。浅野内匠頭が殿中松の廊下で吉良上野介に斬りつけたのは元禄十四年。どうしてその前の年に死んでいる人が、その後の浅野家の浪人達の動静を探れ、なんていうことが出来るんでしょうか？　だから嘘なんです。
小説の世界では、実在の人物が虚構の人物と関わりを持つなんてことはザラです。小説というのはそういうものなんですから、これを「嘘」というのは野暮です。しかし、嘘をうまい嘘に変えるという努力がなければ、小説家が読者に野暮なことを言われてもしょうがないというところはあります。もし大佛次郎が、元禄十三年に千坂兵部が死んでいたことを知らなかったら、これは彼のミスですし、知っていたのなら嘘です。

それでは、大佛次郎のしたことはミスなのでしょうか？　嘘なのでしょうか？　答はそのどちらでもなく〝先例を踏襲した〟という、ただそれだけです。私が〝千坂兵部を忠臣蔵に連れて来たのは別に大佛次郎が最初だという訳じゃない〟と言ったのはそういうことです。

大佛次郎以前に、既に千坂兵部は〝実際の忠臣蔵〟の登場人物として定着していた。それは加古川本蔵が『仮名手本忠臣蔵』に欠くことの出来ない人物である、というのと同じことです。だから大佛次郎は千坂兵部を使ったのです。千坂兵部が元禄十三年に死んだとしても、元禄十四年の上杉家に家老がいなかったという訳じゃない。誰かいた筈だから、その人の名前を使えばいいじゃないかというのがそうならない――それが忠臣蔵が特別だという所以《ゆえん》です。

繰り返しですが、明治以降の忠臣蔵は『仮名手本忠臣蔵』という物語の史実化という、普通の歴史ドラマとは逆の道を辿って来ました。『仮名手本忠臣蔵』は、大星由良之助が主役としていて、その一方加古川本蔵という人物もいる――「それこそが忠臣蔵の構造である！」と皆が思っていたからこそ、千坂兵部という人物が〝実際の忠臣蔵〟の中に定着してしまったのですね。だからこの〝千坂兵部〟は、歴史上の実在の人物であると同時に虚構の人物であるという、ヘンな存在なんです。戦前の〝史実〟というのは、神武天皇という虚構の人物が実在の人物であったりしてかなりヘンてこりんでしたけれども、〝千坂兵部〟もそういう、虚実入り混った実在の人物だったんです。

千坂兵部が元禄十四年に存在しなければ小説『赤穂浪士』は崩壊します。『赤穂浪士』は〝嘘〟ですね。でも、忠臣蔵のエピソードの多くがこうなんです。その真偽は言明出来ない、けれどもそのエピソードはあまりにも知られすぎてしまった――だからその有名なエピソードを基本とする限り、忠臣蔵は常に〝真偽は言明出来ない〟のです。

そうです。忠臣蔵は〝夢〟なんです。〝歴史を材料にしたファンタスチックな物語〟ではなく、〝史実を基にしたファンタスチックな材料で出来上っている歴史を舞台にした物語〟が忠臣蔵なんです。明治になって事実とか史実が日本人の前に解禁されるようになったけれども、でも日本人は相変らずロマンチックな物語の段取りから離れることが出来ない。当人は史実に接近したつもりだけれども、しかしそれは講談、歌舞伎、浄瑠璃の〝嘘〟から基本的なところでは一歩も出ていない。史実という〝教養〟の色彩をまとうともっともらしくて本当に見えるという、そういう成り上りの為の衣裳が〝格調の高さ〟の持つもっともらしさだったんですね。

13　大高源吾は橋の上——

次は大高源吾の出番です。明治になって日本人は色々のものを文化の表舞台から排除して行った。その一つには〝リズム〟という人間の生理に基くノリの快感だってあるという、そうした方面からの〝格調の高さ〟の研究です。

四十七士の一人大高源吾は討入りの前の日、大掃除用の煤竹《すすたけ》売りに変装して江戸の町を歩いていました。前にお話しした『義士銘々伝』のエピソードですが、その大高源吾が、俳諧師の其角と両国橋の上で会って「年の瀬や　水の流れと　人の身は」「あした待たるる　その宝船」という付合いをする。其角は源吾の付けた句の意味がよく分らなくて、その夜、吉良邸の隣りにある旗本土屋主税の邸に行って「実は今日大高源吾に会ったのだけれども、あいつは金に困ってるらしい」という話をする。「あした待たるる　その宝船」の句を「ああ、金がどっかから来ないかなァ……」と其角は解釈したんですね。その話を聞いて「おい、ちょっと待てよ」と身を乗り出して来る折も折、隣りの屋敷から聞こえて来るのは討入りの喚声——というのが、実はもうお忘れかもしれませんが、前にお話しした明治の歌舞伎『実録忠臣蔵』の〝7

土屋主税邸の場〟になるんです。

『義士銘々伝』を省いて、大石内蔵助を主役に据えることで忠臣蔵の〝実録〟を謳《うた》った『実録忠臣蔵』に唯一登場している〝義士〟のエピソードが、この大高源吾でした。

大高源吾の話は非常に有名な話でしたが、じゃァ一体これはなんでウケたのかといいますと、勿論「あした待たるる　その宝船」です。

最前からの繰り返しでいささか食傷気味かもしれませんが、明治から後の忠臣蔵は同巧異曲が無数にあります。一口に〝講談の大高源吾〟と言ったって、講談というのはシンガーソングライターとおんなじで自作自演の世界です。講談師が〝太平記読み〟と言われたその初めの段階だったなら『太平記』という一つの原典をそれぞれの講談師が読む――その読み方を競うという種類の多さでしたが既に明治というのはそんな時代じゃありません。その大昔、天武《てんむ》天皇が太安万侶《おおのやすまろ》に命じて『古事記』の選進をさせた時、その伝承を諳《そら》んじていた稗田阿礼《ひえだのあれ》ただ一人を起用させればすんでいたのとは違って、今や忠臣蔵という〝神話〟には講談師という無数の〝稗田阿礼〟がいたようなものです。英雄神話の同巧異曲が無数に作り出される〝神話の時代〟が、実は文明開化の日本近代ではあった訳ですが、その同巧異曲は、別に講談の世界だけに限ったことではありません。

歌舞伎の世界で有名になった話を講談師が「実は、ホントはこうなんだ」といってする。講談の世界で有名になった話を歌舞伎の方で、「実は、ホントはこうなんだ」といってする。更に、歌舞伎で有名になったのを講談が「実は――」とやって出来上った成果を再び歌舞伎が知らん顔して「実は――」とやる。その逆もある。

この交錯にもう一つ、浪曲というものも加わります。浪曲だって講談と同じ自作自演のシンガーソングライターですから、ここでまた同巧異曲が加わる。更に〝実は――〟の本家である〝考証家〟というマニアの調べた史実、そして小説家というインテリが正しい目で見た〝正確なフィクション〟というヘンテコリンなものだって加わる。

大高源吾と両国橋の上で出会ったのは其角だけれども、その時其角には連れがいて、そいつが大高源吾のことを「仇討ちする気のない腰抜け！」と罵る話もあれば、その夜其角が行った屋敷も、中村雁治郎がやればそこは土屋主税の家だし、中村吉右衛門の舞台にかかれば松浦鎮信《しずのぶ》――『松浦の太鼓』になる。其角自身「あした待たるるその宝船」と聞いて、納得したり、同情したり、怒ったりとその橋の上での反応はいろいろで、一体この人の俳人としての観察力はどうなってるんだ？　ぐらいの挙げ足とりは出来ます。

現実の大高源吾は俳人の其角と実際に交友関係があった。あったけれども、この彼が討入りの前日に両国橋の上で其角とあった訳でもない。悠長に煤竹を売っていた訳でもない。実際の大高源吾は、町人に変装して、吉良上野介と親交のあった茶の宗匠山田宗徧《やまだそうへん》に弟子入りして、討入り当日吉良家で茶会がある（だから上野介は必ず屋敷にいる）ということをつきとめて来たジェームズ・ボンドなんですが、そっちの方はあんまり知られないで、本筋とはあまり関係ない〝両国橋〟の一件だけ知られている。こりゃ何故だといえば、それは勿論「あした待たるる　その宝船」のせいです。

大高源吾の話に関して重要なのは、その後の其角の反応ではなく、年の瀬の雪の町という季節感を背景にして、秘かに義士が討入りの覚悟を人に明かすという、その芝居がかったテンポ、段取りなんです。

大高源吾の話を更に有名にしたのは、大正時代に大ヒットした『奈良丸《ならまる》くずし』という歌です。〝奈良丸〟というのは当時人気のあった浪曲師・二代目吉田奈良丸のこと――（この人のことを『風流奈良丸くずし』という題で三波春夫先生が歌ってらっしゃいます）――〝くずし〟というのは〝崩す〟〝アレンジする〟という意味で、『奈良丸くずし』というのは「吉田奈良丸をちょっといただいた」というところでしょうか。その歌詞というのはこうです――。

笹《ささ》や笹々　笹や笹

笹はいらぬか煤竹を
大高源吾は橋の上
あした待たるる宝船

但しこれは、一般に流行《はや》った時の形で、元の詞――添田唖蟬坊《そえだあぜんぼう》という明治大正期の有名な演歌師の作です――はこうだそうです――。

笹や笹々　笹や笹
大高源吾は橋の上
水の流れと人の身は
あした待たるる宝船

原型の方が情景的というか説明的、一般流布型の方がよりシンプルに大高源吾であるというようなものですが、眼目は最後の一行「あした待たるる宝船」のところを、吉田奈良丸の浪曲のフシで歌うというところで、ここが『奈良丸くずし』の由来です。

吉田奈良丸という人は明治大正期に、浪花節の生みの親とでも言うような桃中軒雲右衛門《とうちゅうけんくもえもん》と人気を二分した人で、『義士伝』を売り物にしていました。この人の特徴は品のいい言葉で語られる情景の洗練（ソフィスティケーション）で、浪曲特有の力みかえったところがないサラッとした持ち味が、こうした歌となって流行して行く元となったのでしょう。そして、こういう歌が出来上ることによって、昔の日本人は大高源吾のエピソードを、たった四行のエッセンスにして把握してしまったのです。

大高源吾は大掃除用の煤竹（天然の箒《ほうき》）を売っていた。そして橋の上で其角と会った。「水の流れと人の身は」と言われたら、「あした待たるる宝船」と付けた。これがエピソードの骨子で、これが流布版になると更に本質《エッセンス》が簡略化されて、「大高源吾は橋の上」で、もうこれだけですべては了承されてしまうようなものです（流布版の初めの二行は、煤竹売りの呼び声です）。

同巧異曲の〝神話〟が氾濫《はんらん》する時代、どうして人はそういうものの中で混乱というものをしなかったのかという、そのことの答がここにありそうです。『大高源吾』の話でいけば、日本人大衆は「大高源吾は橋の上　あした待たるる宝船」という、エッセンスだけをしっかり把握していた、又は、それだけがエッセンスであるということを、直感的に承知していた――本質をしっかとつかまえているのだから、その上に色んな話が付け加わって来ても、その時は「なるほど」と思って聞いたり見たりしているだけで、終ればその場で忘れてしまう、だから、その上にいくら色んなものがやって来ても大丈夫である、と。まことに日本人というのは、エッセンスの把握に関しては天才であるというようなものです。〝日本的なもの〟というのは、往々にしてこういう訳の分らないエッセンスに凝縮されているから、門外漢にしてみればなんのことだかさっぱり分らないし、また、本質把握に関しての天才である日本人大衆というのは、本質だけしか把握出来ない——言い換えれば、発展性がない、応用力がないという悲劇的側面を備えているということにもなります。本質をいきなり把握してしまった人間というのは、それ故にこそ、他人に説明しようなんていう気はなくなって、結局のところ、分っているくせに失語症になるというようなもんなんです。日本人の口下手とか照れ性というのは、そんなもんなんでしょうね。バカじゃないくせに、自分がバカじゃないことをキチンと説明出来ないという、その一点でバカにしか見えない——これが日本の大衆というものの特徴でしょう。

「大高源吾は橋の上　あした待たるる宝船」なら、ある年代以上の人のほとんどは知っている文句でしょう。そしてこの文句が忠臣蔵のある一エピソードを示すものだということは、この文句を知っている人になら自動的に分ります——〝有名〟というのはそういうことです——でも、それが分る人に「じゃァ、その歌が出来上って来る来歴っていうのを教えて下さい」と言ったところで、満足な答が返って来るとは到底思えません。忠臣蔵の諸々に関することを〝なんとなく知っている〟という前提条件のようなものがあって、そこで初めて「大高源吾は橋の上——」というキイがピカッと輝くのですから。なんとなく知らないものは、なんとなく口から出て来ない、ようなものなんですね。

さて、そういう日本人論はさておき、かなりに微妙な〝格調の高さ〟の問題です。『奈良丸くずし』の眼目である最後の一行で「あした待たるる宝船」となっているところ——ここが吉田奈良丸の節で歌われるところですが、しかし、吉田奈良丸の浪曲には、こういう歌詞が出て来ません。吉田奈良丸の浪曲『大高源吾』に出て来るのは、「あした待たるる　その宝船」で、『奈良丸くずし』の方は〝その〟の二文字を省略してるんですね。そこら辺が〝くずし〟である本義かもしれませんが。

それでは、その省略された〝その〟の二文字にどういう意味があるのか？　たった二文字のリズムに、実は大きな問題が隠されているのです。

大高源吾と両国橋の上で出会った（とされる）其角は俳諧師《はいかい》です。当時の俳諧師と、今の俳句の先生とは違います。当時の俳諧とは〝俳諧の連歌〟で、〝連句《れんく》〟のことです。

連句というのは、ある人間が〝五・七・五〟十七文字の発句《ほっく》を詠《よ》む、すると次の人が〝七・七〟十四文字の脇句をそれに付ける——この〝五・七・五〟と〝七・七〟の言葉が交互に続いて行く、何人かの人間で続けて行く遊び（と言ったら怒られるかもしれませんが）のようなものなのです。

ちなみに〝発句〟というのはこの俳諧の連歌＝連句の第一番目の句のことで、この〝発句〟を独立させて、それだけで鑑賞出来るようにしたものが、今いうところの〝俳句〟なんですね。

だからたとえば「古池や　蛙飛びこむ　水の音」という有名な芭蕉の句、これだって発句を独立させて〝俳句〟にしているから〝有名な芭蕉の句〟という言い方が出来る訳ですけれども、俳諧で行くのならば、これを発句＝第一句にして〝七・七〟〝五・七・五〟〝七・七〟……という続きがあるという訳なんです。いい加減を承知でちょっとやってみましょう。こうです――。

No１発句「古池や　蛙飛びこむ　水の音」

No２脇句「だからどうした　それがどうした」

No３　「いい加減　ふざけてばかり　山の猿」

No４　「それにつけても　金のほしさよ」

かなりひどい俳諧ですが、昔の言葉遊びというものがどういうものかぐらいはお分りいただけると思います。

一番初めの人間が「古池や　蛙飛びこむ　水の音」と、かなり格調の高い句を詠んだ。そしたら二番目の人間はそれをおちょくった。そうして三番目の人間は「そういう発言はあんまり感心しないなァ」という皮肉をこめて、「山猿が訳も分らなく騒いでいるようである」という風に№1～№2への流れを変えてしまった。それを受けて出て来る四番手は、今までの経緯というのを全部ふっ飛ばして、「人里離れた山の中で猿がキャーキャーと騒いでいるのを見ていたら、自分は一文なしなんだなァということを知らされてしまった（ああ、金がほしい）」という情景に変えてしまう。本当の俳諧というのはもうちょっと格調の高いもんで、色々決りだってあるんでしょうけど、そういうものは全部吹っ飛ばしてしまいました。俳諧というのは〝流れ〟なのだ、その流れ流れの瞬間瞬間に情景を転換させて行くことに妙味を持つ集団ゲームなのだということはお分りになったと思います。言ってみれば俳諧というのは（その基の形式である連歌《れんが》もそうですが）、テーマというものを持たない映画か音楽のような、時間芸術なんですね。移り変って行くその流れに身を置くことが心地よいのだから、この俳諧は〝全体で何を言おうとしているのか〟というようなテーマ性とは全く無縁なんです。

明治になって俳人の正岡子規が「連句非文学論」を唱えて、発句だけを作って、そこに作品としての独立性、「私にはこういうような言いたいことがある」というテーマ性を打ち出して来るというのは、俳諧がそもそもは高級な（そして閑をもてあました）人達の遊びだったからなんですね。

という訳で、大高源吾です。両国橋の上で「年の瀬や（五）水の流れと（七）人の身は（五）」と其角に持ちかけられた大高源吾は「あした待たるる（七）その宝船（七）」と付けます。いきなり打ちこまれて来た刀身を見事に受けて、「さァ、いかが」と打ちこんで行ったようなものです。両国橋の上で付け合いをしていたこの二人というのは、だから実際は、両国橋の上で〝言葉によるチャンバラ〟をしていたに等しいんです。勿論、チャンバラの試合をするのなら、それ相応の技倆というものがいります。言葉のチャンバラである俳諧だって同じです。教養がなければ「年の瀬や　水の流れと　人の身は」と打ちこまれて来ても、それを「あした待たるる　その宝船」と返すことは出来ません。俳諧が〝高級な言葉遊び〟であるというのはそこですね。この其角と大高源吾の付け合いがどの程度のものかということは今は問いません。肝腎なことは、この二人の言葉の試合が見るに値するものであるとして、観客に支持されたということだけです。

支持した観客というのは、勿論こうした知的な遊びが理解出来る〝大衆〟という人達ですが、この大衆というのは同時に、「大高源吾は橋の上　あした待たるる宝船」と歌ってしまう人達のことです。

という訳で、ここに出て来るのが最前問題になった〝その〟の省かれた二文字です。其角の発句に対して付けた源吾の脇句は、当然のことながら、俳諧だから「あした待たるる（七）その宝船（七）」で〝七・七〟です。そして、『奈良丸くずし』の歌詞は〝その〟の二文字が省かれるから〝七・五〟です。七五調と七七調とどっちが口調がいいかということになれば、それはもう日本人の体質からいって七五調が当然です。

ということになるとどうなるんでしょう？　自分の体質に合う、ゴロがいいという、自分勝手な都合で七七調を七五調に変えてしまったという、その一点で〝大衆はものを知らないバカだ〟という一行が引き出せます。

物の筋目も分らずして本格を平気で七五調に崩してしまった人間にとって、それ以前の七七調とは「なんだか知らないけれども本格らしい」と思わせる違和感を与えるものである。そして、その違和感こそが〝本格〟であるような〝格調の高さ〟だ、ということになるのです。

私はこの本の最初で〝格調の高さに憧れるのも通俗だ〟と言いましたが、その通俗受けする〝格調の高さ〟がここで言う〝本格〟なのです。

さて、それではその「あした待たるる　その宝船」の〝その〟の二文字はなんでしょう？　これは勿論〝強調〟の意味ですね。金に困っている――「明日宝くじでも当らねェかなァ」と思っているような意味での〝宝船〟だったら、「あした待たるる宝船かな」なんていう風にすればいいけれどもそうではなくて「その宝船」という〝その〟二文字に含みを持たせている――含みを持たせるように、言葉のリズムにうねりを持たせているのが〝その〟の二文字のありどころです。含みを持たされるのも当然、この〝宝船〟とは大望成就の討入りのことで、「言いたいけど言えない。言えないけどでも言っちゃいたい（だってお客さんはそれを待ってるもの）」というのが、舞台の上の、ドラマの中の大高源吾の心境ではありましょう。私が前に〝『大高源吾』の話が受けたのは、芝居がかったテンポと段取りだ〟と言ったのはここです。〝その〟の二文字が〝強調〟の意味であって、明らさまに含みが多いというその一点で、大高源吾のつけた句はクサイのです。芝居がかってるんです。芝居なり講談なりで、この大高源吾の脇句を口に出して言うのなら、必ずや「あした待たるる、その（間）――宝船」でなければならないでしょう。

　この〝間〟がクサイですね。

「大高源吾は橋の上　あした待たるる宝船♬」と歌う大衆は、既にこの両国橋の上のエピソードを知っています。知って分っているから、歌いやすいように〝その〟の二文字を取って七五調に変えたんですね。本質把握とはこんなものです。そして、既にそういうことを先刻承知している観客の前で、『義士銘々伝』というドラマの中の大高源吾は、勿体ぶって「あした待たるる、その（間）宝船」というのをやる。「一体そういうことをやってて、やってる本人は照れないのか？」という疑問が出て来るのは〝シラケ〟というものがマンエンしている現代の発想です。客が知っていようといまいと、「あした待たるる、その（間）宝船」というところの〝間〟を、如何にうまく演じきるかが芸で、人はその芸に触れることによって感動したのですから、それに「クサイ」という茶々を入れる方が間違ってるんです。昔の〝感動〟――それは〝格調の高さ〟と呼ばれましたが、その正体というものは、実は〝含みが多い〟という曖《あい》昧《まい》模糊《もこ》さを平気で抱えこんでいられる人間の存在をこそ指していたんですね。

　年の瀬の町を煤竹売りの貧しい町人になって歩いていた筈の貧乏浪人の大高源吾は、「年の瀬や、水の流れと、人の身は」と持ちかけられて「あした待たるる、その（間）宝船」と言った時、ただの町人ではない、町人に身をやつした赤穂四十七士の一員であるという、崇高なる正体を垣間見せることになるんです。垣間見せるということを効果的にやる為のノリのリズムが〝その〟の二文字なんです。これがあるから、格調の高さというのは〝通俗〟なんですね。

　俳諧という〝高級なる本格〟を使っていること、その本格に含みがあること、それが年の瀬の雪景色とマッチして、この大高源吾は歌にまで歌われたんですね（そこが〝通俗〟ですけど）。意外なようですけど、忠臣蔵という、あまりにも有名すぎる日本人のドラマは、これが存外歌謡曲で歌われていないんですね。『奈良丸くずし』の少し前に流行った『新どんどん節』という、やはりこれも浪曲師の三河家《みかわや》圓車《えんしゃ》のフシを流用した歌の初めに〝駕籠で行くのはお軽じゃないか〟と『仮名手本忠臣蔵』のお軽勘平が歌われているのと、この大高源吾ぐらいですね、歌になったのは。歌謡曲というのは、実に時代劇・チャンバラ映画から題材を拾って来た曲、映画の主題歌として作られた曲というのは多いのですが、忠臣蔵というのは、そういう意味では唯一主題歌を持たない格調の高い時代劇であったのかもしれません。まァ、含みの多さと鼻歌の軽さというのは、相容れないといえば相容れないものですが、それぐらい〝仇を討つという大望を秘して〟の一年十ヶ月のドラマである忠臣蔵は、含みの多い——沈黙を要求するようなものだったのです。という訳で、次では愈々《いよいよ》、含みの多さの本家本元・大石内蔵助が登場いたします。

一体、格調の高さというのはなんなのかというと、これなんです——。

14　結局、長谷川一夫の大石内蔵助は「おのおの方……」としか言わなかった

大高源吾と俳諧師宝井其角のエピソードは、昭和三年の大佛次郎の小説『赤穂浪士』にも出て来ます。こちらの大高源吾は煤竹売りではなく、史実通りの〝呉服屋新

兵衛〟で（大高源吾が吉良家の動静を探る為に町人に変装して茶の宗匠に弟子入りした話は前にしましたが、この時彼は〝呉服屋の脇屋《わきや》新兵衛〟と名乗っていました）、出会う場所も両国橋からちょっと離れた深川の掘割です。なんだって深川かといえば、其角の師匠であった芭蕉庵松尾桃青《とうせい》の庵が深川にあったという、その故事を踏んでいるからでしょう。掘割沿いの道を歩いている源吾に、屋形舟から声をかけるものがある。誰かと見れば其角で、二人は屋形舟の中で一杯やりながら、八年前に死んだ芭蕉についての話をする。大高源吾→其角→芭蕉→芭蕉庵→深川というのが、大佛次郎の文学的趣味と言ってよいような気もします。ここにあるのは、「あした待たるる　その宝船」という、含みの多い、俳諧の、そして芝居っ気たっぷりでリズムがある〝格調の高さ〟ではありません。明治の俳人正岡子規の「連句非文学論」を経過した、高尚なる近代人の〝格調の高さ〟です。大佛次郎の大高源吾は、橋の上で言葉のチャンバラをやるような人間ではなく、品のいい酒場で作家論をやる、文学青年なんですね。勿論、この其角だって「年の瀬や　水の流れと　人の身は」なんていう、通俗的な持ちかけ方はしませんが。

ところでこの小説を原作にした昭和三十九年NHK大河ドラマ版『赤穂浪士』では、大高源吾と宝井其角は何をしていたのか？　という話です。

大高源吾は橋の上、宝井其角も橋の上。久し振りに出会った二人。一方は、暮れて行く一年を思って感慨深げに「年の瀬や　水の流れと　人の身は……」と呟《つぶや》く。それを受けてもう一方は、暮れて行く水の面を見詰めながら「あした待たるる　その宝船……」と、意を決したように呟く。はっとして源吾を見つめる其角。年の瀬の行く水の上を、芥川也寸志作曲になるところの『赤穂浪士』のテーマがかぶさって、〝つづく〟でありました。

ほとんど「やったね！」と言って興奮する世界の出来事で、忠臣蔵というのはこういうもんでなけりゃいけないという、そのお手本のようなもんでありましょう。「脚本・村上元三、演出・井上博」のコンビですが、この村上元三という人は芝居というものを非常によく心得た人なのでこういうノリが出せたんですね。さすがです。

大高源吾と其角の両国橋での出会いは、非常に芝居がかってクサイ話だったんです。だから大佛次郎はそれを嫌って、この二人を深川の掘割に持って来たんです。でも、NHKの大河ドラマは、それを元の芝居がかりに戻しちゃったんですね。

大河ドラマの『赤穂浪士』は五十二時間の上映（放映）時間を持ちました。時間はたっぷりあるのと同時に、討入りまでの間をもたせるエピソードをふんだんに用意しなければなりませんでした。だから大河ドラマの『赤穂浪士』には一旦は否定され忘れられた『義士銘々伝』のエピソードが全部出て来ました。有名であるけれども、そのあまりにもクサイべたべたした日本人的な義理人情を大佛次郎に嫌われた赤埴《あかはに》（垣）源蔵の『徳利の別れ』もちゃんと、大河ドラマ版『赤穂浪士』には出て来ました。大石内蔵助の後半の最大の見せ場である『南部坂雪の別れ』もちゃんと出て来ました。

江戸は南部坂に住いする浅野内匠頭の未亡人である〝今年十九の瑶泉院〟は、浅野内匠頭が殿中松の廊下で刃傷という報を受けた時「してそのお相手は？　お相手はその場にお果てなされたか？」――要するに「相手は死んだか？」と訊いた人だというのですから、この人が仇討ちを願わない筈がない。そこに大石内蔵助が素っとぼけた顔をして、西国の方に仕官が決っただの「大坂で小間物屋を営む所存」だのと言って暇乞いをしに行ってただですむ筈がない。討入り前の最大のクライマックスである『南部坂雪の別れ』のない忠臣蔵などというものは大体考えられないのだけれども、これが実に大佛次郎の原作にはない。無沙汰続きの内蔵助から手紙だけが届けられ、城明け渡し以後の経過報告の末尾に〝このたび申し合せ候忠士の者ども、都合《つごう》五十人御座候。冷光院様（浅野内匠頭の戒名）御霊魂御照覧に相叶《あいかな》い候えかしと存じ奉り候までに御座候〟とあるのを見て〝瑶泉院は、急にその手紙で顔をうずめた〟〝「そうであったか……」とふるえ声でいわれた〟というだけ。南部坂の屋敷で大石内蔵助と瑶泉院が顔を合わせることさえもしないというのが大佛次郎の原作です。

本当に大佛次郎という人は、それ以前の大衆芸能的、大衆小説的なクサさを嫌った人です。大高源吾と其角は〝非文芸〟である俳諧をやらずに〝芭蕉論〟をやる、瑶泉院と内蔵助は大芝居を演じずに、かわりに瑶泉院宛ての内蔵助の手紙という〝史実〟が紹介される。クサイ話を全部斥けた原作を、忠実以上に忠実にTVドラマ化した大河ドラマ版の方には、クサイ話が全部出て来る。なにしろ私の記憶に間違いがなければ、このTV版の『赤穂浪士』には、五十二時間の場つなぎに森繁久彌扮する水戸黄門まで出て来ました。勿論、水戸黄門は元禄時代の人ですからこの人が忠臣蔵の中に出て来てもおかしくはないのですが、しかし普通一般には、水戸黄門と忠臣蔵は別世界の出来事と考えられているようなものですから、この「知ってるものは全部出す！」的なNHKのオールスター主義に、私は少し驚いたりはしたものです。

　クサイ話を全部排して、格調の高い忠臣蔵を作ろうとした上品な原作は、こうしてクサくも格調高い時代劇の在来ネタのオンパレードになってしまいましたが、それがどうしてかといえば、それは勿論、TV版の『赤穂浪士』の中心に長谷川一夫という大時代劇スターがいたからです。小説と芝居の違い、大佛次郎が作った大石内蔵助像と長谷川一夫の演じた大石内蔵助像の違いが、これらの違いを決定的にしてしまいました。

　前にもお話ししましたように、大佛次郎の原作中の大石内蔵助はなかなかに面倒な人物です。仇討ちを決意する時でも〝亡びようとしている素朴な精神の「武士道」の記念碑として〟とか、面倒なことを心の内に秘めてからではないと、決意というようなことはしません。

大石内蔵助がこの決意をするのは、殿様が切腹をしてお家断絶になり赤穂城を明け渡さなければならないという時ですが、大石内蔵助の面目がまず発揮されるのもこの時です。

城の中は湧《わ》き返っています。何故かといえば、刃傷の結果、殿様は切腹お家は断絶である一方、浅野内匠頭が斬りつけた相手の吉良上野介は〝お咎めなし〟だからです。ここにはある種の〝矛盾〟というものがあって、それでこそ忠臣蔵は、今でも（受けるものなら）受けるというような普遍性を兼ね備えているということになるのですが、実はここには二つの法規が絡んでいるのです。

一つには、殿中――即ち将軍様のいる場所――で刀を抜いたら〝お家は断絶その身は切腹〟という法規です。殿中松の廊下で、吉良上野介はこの一条を盾にとって、浅野内匠頭にいやがらせのとどめを刺して、却《かえ》って相手の堪忍袋の緒を切らせてしまう訳ですが、これは、言ってみれば管理社会の法です。〝秩序を乱すのは悪である〟というのがこの法の根本です。

しかるに一方、〝喧嘩両成敗〟という、そうした管理社会が出来上る以前から存在している、武士社会の根本法規というものも、ここには同時にあります。内匠頭が上野介に斬りつけたのが〝乱心＝狂気〟のせいではなく、〝私闘＝喧嘩〟の挙句であったのなら〝殿中で刀を抜いたら〟の一項とは別に、この〝喧嘩両成敗の法〟が作動して、吉良上野介になんらかの処罰があってしかるべきなのにそれがなかった――実に忠臣蔵の発端となるべきところはここです。

幕府は吉良上野介を罰しなかったばかりか、吉良上野介が抵抗しなかった（そして逃げ回った訳ですが）そのことをとらえて〝神妙なり〟と賞めている訳です。吉良上野介になんの処罰もなかったということは、幕府が松の廊下の一件を「喧嘩ではなかった」と判断したに等しい訳です。浅野内匠頭が吉良上野介に刀を抜いて斬りかかったことが〝喧嘩〟ではなかったら何になるのか？　「浅野内匠頭の気が狂った」か、さもなければ「浅野内匠頭は常識知らずのバカだった」という結論にしかなりません。「そんな、バカな！」と言って多くの人が怒るのは当り前というのは、それならば、刃傷以前に浅野内匠頭が吉良上野介から受けていて、そしてじっと我慢していたあの〝いじめ〟という名の仕打はなんだったのだ？　あれは、存在しないものだったのか？　浅野内匠頭だけが一方的に罰せられるのなら、吉良上野介の〝いびり〟というのは、全部浅野内匠頭の被害妄想ということになってしまう。城明け渡しを前にして赤穂城内が大騒ぎになるというのもこの為です。

城代《じょうだい》家老という、殿様亡き後の実質ナンバー1である大石内蔵助がまず立ち向かわなければいけないのは、この家中の騒乱ですが、しかしこの騒動の主が武士という身分の人間達であることから、更に別種の厄介《やっかい》が生まれます。はっきり言って、武士というものには、〝プライド〟という危険な刀を差している野蛮人という側面だってあります。理由はどうあれ、失業してしまうその憤りだけで騒ぎ立てる人間だっている訳です。お家断絶・城明け渡しというのは、そのお城に勤める武士《サラリーマン》は全員失業するということですから、頭に来ない方がおかしいといえばおかしいのですが、しかし、人間がそういう状態で冷静な判断を下せる訳はありません。従って大石内蔵助がまずすることは、この騒乱分子を排除するということになります。大石内蔵助が不思議な魅力を持った人間だということに関しては色々ありますが、その不思議さというのはこの騒動の捌《さば》き方に典型的に見られるような気がします。大石内蔵助のやることはまず、水をさすことなのですから。

家中の一党は気が逸《はや》っています。家中の論は平和開城論と籠城《ろうじょう》主戦論の二つです。そしてどちらの勢いが強いかといえば当然ながら後者です。「殿様だけが一方的に処罰されてくやしい」と「自分が失業するのはくやしい」の二種類の〝くやしさ〟が入り混るのと同時に、「どうせ事態はなるようにしかならないのだから、ここは一番くやしがっていた方がサマになる」という、よくある虚栄心の正義感というのだって出て来ます——というよりも、主戦論という正義感の実体というものはいつだってこちらが主流なのかもしれません。そして、頭に血が上った正義感でなくても、主戦論の存在理由というのは十分に分ります、というところが主戦論の最大の強味です。

殿様が切腹してお家断絶になる——ということはそのお城を徳川幕府に明け渡す、ということです。そして、その明け渡し先の徳川幕府というのは、言ってみれば法を曲げた張本人で、そしてその明け渡さなければならない城というものは平時はともかく、本来的には軍事要塞であるようなものです。そして、その城を受け取る為の上使脇坂淡路守は大軍を率いてやって来る。これは、事務引き継ぎには大人数を必要とするという建前と同時に、万一を慮《おもんぱか》ってのことでもあります。万一を慮るというよりも、「何かがあって当然」という前提で大軍はやって来る。冷静に考えても考えなくても、こういう状況は、声なき声が「侍ならば闘え！」と言っているに等しいものです。こういう時にはどうするのが一般的かといえば、主戦論を唱えておいてその内冷静になって城を明け渡すというやり方。こう明らさまに書いてしまえばイヤミになりますが、現実というものは往々にしていつの間にかそうなっているものなんですね。

人は、どうせ冷静になるんなら、その前にとりあえず正義にうなずいていた方がいいと思うから、赤穂の主戦論は強い訳です。強く、そしてそれ故にこそ無謀なのがこの主戦論ですから、その無謀さを押さえるのなら、「分った。それは分った、けれども――」という形で、頭に血の上った相手に諄々《じゅんじゅん》と現実を説いて行くのが一番いいのにもかかわらず、大石内蔵助はそういうことをしない。この人は、城内の大騒ぎをよそに、ズーッと一人で考えている。天守閣に籠《こも》って考えてもいるし、皆が議論している大広間でも黙って考えている。そして、この人の出して来る解決策が〝殉死《じゅんし》〟なんです。拍子抜けとはこのことでしょう。

殉死というのは、主君が死んで同時にそれに仕える家臣も後を追うという〝武士道の鑑《かがみ》〟のようなものですが、勿論こんなバカげたことは幕府によって既に禁止されています。先代の死に殉じて死んだ家臣を出したが為に左遷されてしまった二代目大名の例だってあります。この〝禁じられた忠義〟を大石内蔵助が出して来るというのは「くやしいからみんな揃って死んじゃおうぜ」という、デモンストレーション、抗議の意味ありと見ていいでしょう。実はこの大石内蔵助がかなりヘンな人だというのは、浅野内匠頭が切腹を命じられた、そして吉良上野介はお咎めなしで生きているということを知った段階で、幕府に対して「ウチの殿様が死んで、相手はのうのうと生きていて、それで〝城を明け渡せ〟じゃ家来達はおさまらない。私にはとってもそんなものを押さえる能力はないから、ともかく吉良上野介を処罰してくれ、そして浅野内匠頭の弟である浅野大学を新しい当主にしてお家を再興させてくれ。じゃなかったら、城受け取りの使いが来ても、どうなるか私は知らないよ」といった趣旨の手紙を出していることでも知れます。大石内蔵助の中には、初めっから「アッタマ来るぜ！」的くやしさがあった訳ですから、「くやしいからみんなで死にましょう」というのも、彼なりには筋の通ったところではあります。ただあまりにも奇想天外な一足飛びではありますが。

「くやしいからみんなで一緒に戦いましょう」が主戦論で、「くやしいからみんなで一緒に戦いましょうなんてことをしても意味がない」というのが開城論で、その二つが揉《も》めている時に出て来るのが〝殉死論〟。主戦論と開城論が何故揉めるのかといえば、その二つがどちらも〝くやしさ〟をもて余している――その〝くやしさ〟をどう表明すればいいのかという行動に関して、どちらも決定的な説得力を欠いて、「お前はくやしくないのか？」「いや、俺だってくやしい」で空回りしているからですね。そこへこの殉死論がいともあっけらかんと出て来るのは、「くやしいは分っている」「戦ったって勝ち目のないことも分っているし、幕府相手に戦えばお家再興のネックにもなるであろう」ということを容易に踏まえて「だから死んじゃいましょう」という行動に直結している、その単純明快さ故です。そして、あっけらかんと出て来る単純明快さが実にとんでもない奥行きを持っているのが大石内蔵助というところになります。

忠臣蔵というものの事件の発端は、管理社会の法が、その更に前提となって存在している本来の法を平気で無視したということにあります。非常にありふれた話で、非常に厄介な話です。忠臣蔵が〝くやしさの物語〟だと私が言っているのもこの一点で、二つの法が戦った時、本来の法というのは現状を掌《つかさど》るだけの管理社会の法に往々にして負けるのです。だから人間はくやしがるのです――本質は現状の前に無力である、と。これを覆すのは並大抵のことではない。周到な計画と異常な執念と、そして、これと全く相反するあっけらかんとした〝単純さ〟というものを必要とする――本質というのはいつだって単純なものですから。これを目指すということはいつだって単純を心がけねばならないというのは、当り前で、面倒なことです。という訳で、とんでもない単純さがまず用意されます。単純な頭で事を起こすのと、単純なる本来性を貫くのとは違うのだということを御記憶願いたいと思います。

大石内蔵助が一番最初にやったことは、本質論が通るのか通らないのかという、その検証です。幕府に手紙を書いて「吉良上野介を処罰してほしい」と言ったことがそれです。そして、この手紙のトーンがかなりイヤミなものであったというところが重要です。

大石内蔵助は、この手紙の中で〝くやしさ〟を表明している訳です。イヤミすれすれであるというのはそういうことですから。しかし一方、そんな手紙をまず書くということは、「くやしさはひとまずおいて、私は冷静になって、本質論が通るのか通らないのかをお訊ねしています」と言っていることでもあります。感情的であると同時に理性的であるという、とんでもない人がこの大石内蔵助なんですね。

もっとも、まともな人間ならそうならざるをえないし、そうなるのが当り前だというのは、事態の発端を考えてみればいいんです。浅野内匠頭は殿中で刀を抜いた――その一点をつかまえられて処罰されている。既にこの一点で〝喧嘩両成敗〟という本質は歪められているけれども、しかし「そこに喧嘩はなかった」という判定を下されてしまえば、それは歪んだ本質ではないということになります。現状がそういうものであると知ったら、うかつなことは出来ないというのが、まともな大人の冷静な判断です。うかつなことをすれば「うかつなことをした！」という理由で処罰されているのは目に見えているのです。大石内蔵助のやったことが面倒で簡単に説明しにくいという理由はここにあるのです。

本質というものがある――〝真実〟と言いましょうか――真実というものがあって、

この世の中はその真実を前提にして出来上っている。だがしかし、その出来上ってしまった世の中というのは、いつの間にかもう一つの真実を持ってしまう。世の中そのものの存在が支持されていて肯定されていれば、その世の中には、なにが真実かを決める〝力〟というものが自然に備わっている。そして世の中が真実を決定する時、今の世の中が本来の前提に立ち戻って決定を下してくれるかどうかはよく分からない――それが世の中というものなんです。

世の中――ここでは〝幕府〟ですが、それが真実を通すかどうかはよく分らない。にもかかわらず、真実を決定するものは、その真贋《しんがん》能力があるのかないのかよく分らない世の中であるという、苦しい前提があるのです。平たく言ってしまえば、ホントかどうかを判断する能力のないバカに判断権というものがある以上、そのバカをまず〝バカではない〟と認めることから始めなければいけないということです。歪んだ本質の上に本質を通すというのはこれぐらいメンドクサく腹の立つことです。それを大石内蔵助はやります。言ってみれば、一番手のこんだ順法闘争ですね。

大石内蔵助は家臣一同に殉死をもちかける。「やだね」と言って、それに反対する人間がいなくなった途端、やおら大石内蔵助は残った人達に仇討ちをもちかける。話がこれだけだったら大石内蔵助は「さすが含みの多い人物」ですみますけども、しかし実際はそうではなくて、もう少し微妙です。何が微妙かというと、そう持ちかけておいて、大石内蔵助はそれと全く矛盾する〝お家再興工作〟にその後は走るからです。浅野内匠頭の弟である浅野大学を藩主にして再び浅野家を、ということですが、もしこの嘆願が通っていたらどうなのだろうか、ということだってあります。あんまり誰も問題にしていないようですが、これも興味あることなのでちょっとやります。もし大石内蔵助の嘆願通り、浅野家の再興がなっていたら？

答はこうです――全くなんにも変りません。浅野内匠頭が死んで、吉良上野介が生きている、赤穂城明け渡し前の段階に逆もどりするだけです。

浅野大学が殿様になって吉良上野介が生きているその段階になって、大石内蔵助の一党は「殿様の御無念を晴らす為」と仇討ちに走ることが出来たか？

答はNOです。浅野大学の領する浅野家に災いがかかるのだから、お家再興を願った人間にそんなことが出来る訳はありません。大石内蔵助とその一党はお家再興が叶《かな》えられた段階で無念を呑んで死んで行くだけでしょう。まさか浅野内匠頭一人を死なせておいて、「俺達関係ないもんね」で、旧家臣がおめおめと生きていられる訳はない――という点で、殉死という元の線に戻ります。大石内蔵助達は死んで、殿様の無念は残り、〝喧嘩両成敗〟の本質論は闇に消えるということです。これだったら、一味血判して仇討ちをするなどという誓いは無意味です。そんな無意味なことを何故するのか？　お家再興を願うというのはそんなことです。仇討ちの主旨とは全く反する行動です。

それなら、ということでこういうことも考えられます。お家再興という平和的行動は一味徒党の仇討ちという反社会的行為をカムフラージュする為だ、と。だとするとこれもヘンだというのは〝お家〟というのは主君と同じように、武士にとっては重いものだからです。浅野内匠頭が切腹と同時にお家断絶の御沙汰を受けたというのは、主君＝家であったからで、私人・浅野内匠頭が切腹なら公人・浅野内匠頭は断絶であるというようなものです。カムフラージュとして使うのはいささか不謹慎なテーマであるとはいえましょう。そして、これがカムフラージュでもなさそうであるというのは、討入りまでの一年十ヶ月「まだか、まだか」という同志の声を「お家再興の嘆願の答が出てから」と、大石内蔵助が引き延ばしているからです。浅野内匠頭は桜の下で切腹し、大石内蔵助は仲秋の名月の下で廓《くるわ》遊びをし、四十七士は打ち降る雪の下を吉良邸に向かったというので、この忠臣蔵の話はうっかりすると、日本人好みの季節感に裏打ちされた一年間のドラマだと思われがちですが、しかし実際のところこれは刃傷から討入りまで、ちょうど一年と十ヶ月あるんです。一年と十ヶ月というのもよく考えたら気の抜けそうな話で、仇を討つのなら殿様の一周忌前にすませたらいいのにというのは、これは関係のない弥次馬の発想でしょうか？　大石内蔵助が廓遊びをして周囲の目をごまかしたというのもそれはそれでよく分りますが、しかし大石内蔵助の廓遊びというのは、よく考えたら、殿様の一周忌を過ぎた次の年の夏なんですね。今更敵の目をあざむくというのもどんなもんだろうかということも、考えられないこともありません。そして、もっと重要なのは、大石内蔵助の周囲が（敵を含めて味方も含めて）「ホントにあいつは仇を討つ気があるのだろうか？」と、しつこく気を揉んでいることです。私達は四十七士の討入りがあったということを前提にして忠臣蔵を考えていますから〝敵の目をごまかす為〟というのをうっかり信じてしまいますが、これはホントでしょうか？　ここから先は私の独断の領域でしょうが、一体はたして大石内蔵助に仇討ちの意志はあったのかという問題だってあるのではないかと思います。

大石内蔵助は城明け渡しの前に、殉死を言い出してはね上り分子を排除します。そして仇討ちを持ち出しますが、しかし彼にその意志があったのかどうかは、よく考えたら、よく分らないのです。大石内蔵助は、ひょっとしたら、「そういう風に言っておけばこの場は収まる」と思ってそう言い出しただけかもしれない。「筋を通すにしろ通さないにしろ、なにしろうかつなことは出来ない。そして、うかつなことをしたがっている人間は一杯いる。ならば、今一番重要なことは〝今うかつなことをしでかしてはならない〟ということを徹底させるべきである」――大石内蔵助がこう考えても不思議はありません。

「俺だってくやしい。こんなに筋の通らない話はない。しかし、そう思うことと今現在の混乱を処理することは別である」――そう思って、「とりあえずこの場は〝仇討ちをする〟ということにしとこう。その先はその先のことだ」と思って、大石内蔵助が仇討ちを持ちかけた、ということは十分考えられることです。

私はかなりひどいことを言っています。私の言っていることは、大石内蔵助は口から出まかせの日和見主義者だということですから。でも、そうかもしれません。

〝日和見〟と〝冷静なる現実認識〟と、どこが違うんでしょう？　〝冷静なる日和見〟のことを〝冷静なる現実認識〟と言うんじゃないでしょうか？　日和見が日和見のまんま終った時それを「日和見！」と言うのです。〝冷静なる現実認識〟と〝日和見〟はその結果によって分れるだけで、大石内蔵助が討入りという結果に至ったその故だけをもって、大石内蔵助がその途中で十分に日和見をしていた（かもしれない）という可能性を葬り去るのはどうかと思います。どうかと思うよりも、そう思った方が本当じゃないかと思うんです。

大石内蔵助がお家再興を願っていた、その柱となる浅野大学の処置が決った――お家再興がダメになったという線が出たのは、浅野内匠頭の一周忌が過ぎた元禄十五年の七月ですが、大石内蔵助の廓遊びがその頃始まったのだとしたら、その理由は大石内蔵助が「あー、俺もうなんだかよく分んなくなっちゃった」と思ったからではないか、というのはどうでしょう？　大石内蔵助はその場その場、その時その時で、最も正しい答が出るまでの間を平気で判断停止状態のまま過すことが出来た人物なのかもしれない、と。

くやしいことは分っている、そして現実がやたら面倒なことも分っている——歪んだ本質の上に本質論を通すなどという面倒なことをするのだったらうかつなことは出来ない。そして、分っていることはただ一つ〝まともなことをする為にはうかつなことは出来ない〟ということだけだったら、それは〝なんにも分らない〟ということに等しい筈です。だとしたら当座考えるべきことは「うかつなことをしでかさない為にも、この当座をどう乗り切るか？」ということだけでしかないということなのです。平気で嘘をつく、平気で矛盾を冒す、平気で判断停止に陥る——大石内蔵助が黙ってものを考えているということはこんなことではないでしょうか？　この〝ものを考えている〟というのは勿論、チャンバラ映画では〝悪人〟になるしかない、新劇俳優の持っている〝近代的知性〟というようなものとは全く違いますね。ものを考えることは苦悩することであるという、そういうハムレット的な考えと大石内蔵助の考えている態度は全く違うのですから。大人は苦悩というような見苦しいものを人に見せちゃいけない——それが大石内蔵助なんです。

だから、大石内蔵助というのは、実に変ったヒーローです。実のところ、この人はなんにもしないんです。ただ黙っているだけでなんにもしないんです。

この人はホントに変った人です。討入りというチャンバラシーンがあるのにもかかわらず、この人は立回りをしないんです。チャンバラ映画の主人公で、しかもそれが大クライマックスであるにもかかわらず、刀を抜かない、立回りをしない主人公というのはいるでしょうか？　討入りの時に大石内蔵助のすることは、山鹿流《やまがりゅう》の陣太鼓を打つだけです。実際の大石内蔵助はそれさえもしなかったといいますが、しかしこれだけはやってもらわないと観る方が納まらないぐらい、この討入りの大石内蔵助はキマっています。ということは、日本人は立って太鼓を叩いているだけの人物に感動し続けて来たんだということです。言ってみれば、日本人は、大石内蔵助がなんにもしないでいることを暗黙の裡《うち》に許して来たということです。

大石内蔵助は忠臣蔵の中で具体的に何をしたのか？　太鼓を叩いたのと京都の廓で遊んでいたのと、そして、城明け渡しの前に残った同志の面々に対して「おのおの方、ここに改めて内々御相談いたしたしたきは、先君の仇、吉良上野介殿の儀じゃ」と言って目を光らせた、極言すればそれだけです。それだけでヒーローになっちゃった人というのは、ちょっと前代未聞というようなものじゃないでしょうか。仇討ちという結果に至るまでこの人は、「うかつなことは出来ない」で、なんにもしなかった人なんです。実に！

この人のニックネームを思い出していただきたいと思います。大石内蔵助の仇名《あだな》は〝昼行灯《ひるあんどん》〟なんです。あってもなくてもいいもの、ぼんやりしているだけでなんの役にも立たない――それが〝昼行灯〟です。そういう人がヒーローで、そうだったからこそ、大石内蔵助はヒーローになったんです。忠臣蔵という最もドラマチックな事件の主人公というのは実に、最もドラマチックでないことによって最もドラマチックを演じた人なんです。日本人は、それをヒーローとしていたんです。

大石内蔵助は、余分なことを喋りません。余分なことを喋ったら、それは大石内蔵助じゃないんです。どこか茫洋《ぼうよう》としている、その大きさが討入りという大事件にまですべてを持ちこめた――大石内蔵助がヒーローになっているのはここに尽きます。大石内蔵助は、黙っていた方がいいんです。

私の記憶に間違いがなければ、大河ドラマ版『赤穂浪士』の大石内蔵助＝長谷川一夫は、二週間に亘って黙っていましたんです。ズーッと考えていたんです。そして、この大石内蔵助はただ考えていました。何を考えているのかはよく分らないけれども、ただただ黙って考えている。それらしい顔の表情演技だけで、二週間をもたせたんです。

そういう顔をし続けていられる――それこそが大石内蔵助を演じ切る為に必要な役者の演技なんです。それがあったればこそ、二週間の沈黙を経て発せられた長谷川一夫の「おのおの方」という言葉には力があった、説得力があったと。それだけです。それだけのことがなんと説得力を持って、人に感動というものを与えるのでしょう。

私に言わせれば、大石内蔵助は〝また亡《ほろ》びようとしている素朴な精神の「武士道」の記念碑として〟などという、メンドクサいことさえも考えなかった。ただ黙って何かを考えていた。そして、大石内蔵助が何を考えていたのかは、当人が黙っている以上他人には分らない（!）。ひょっとしたら、当人にも分らない（!）。分らないけれども確かに彼は何かを考えていた。分らないから考えていた。考えるということは分らないという前提があって初めて登場することだから、何かを考えている以上、その人間は何も分ってなんかはいないという〝考える〟ことの本質に乗っかって彼は何かを考えていた。だからこそ、その場その場、その時その時の彼の言葉にはどこかしら説得力があった――ただそれだけだろうと、私は思うのです。分りやすく言えば、大石内蔵助は自分に忠実で正直だったということですね。

そして、この今私が言っているのが何かと言えば、それは極めて日本的な〝腹芸《はらげい》〟という沈黙の様式である、と。

15　あまりにも日本的な腹芸について

私が色々と言って来たことは〝腹芸〟という日本的な沈黙に尽きます。〝腹芸〟というのは、言葉にしないで、黙ったまま〝間《ま》〟というものだけを使って意志の疎通をはかる、日本的なコミュニケーションです。どうしてこれが重要なのかというと、〝腹芸〟は、言葉に出来ない、説明不能なものであるからです。

小山田庄左衛門は、自分の心境を説明しました。堀田隼人も、自分の置かれている状況を説明しました。誰に説明したのかというと、自分自身にです。自分自身と、そしてその作中人物を自分と同一視出来る読者に対してです。小説の心境説明というものはそういうものです。そして、この自分自身に対する説明が他人に向かって声に出して語られる時、この説明は〝釈明〟というものに変ります。それが何故かと言いますと、自分自身に対して説明を必要とするものは、その分、分らない自分自身に対して不安感を抱いているからです。他人に話して、それに対して返事が返って来ない時、その構造は明らかになります。自分自身に対する説明は常に、自分をとりまく何かに対する釈明であるというような実相を持っているのです。

しかるに一方、腹芸という沈黙には〝釈明〟がありません。説明もないから釈明の必要がない。分っているもの同士で成り立つのが腹芸のコミュニケーションで、そして、他人が分らなくても「真実を抱えているものは一切に対してお構いなしである」という自己完結が腹芸の真骨頂でもあります。大石内蔵助が黙っていても、結局は討入りまでこぎつけられたというのはこれです。そして、大高源吾と宝井其角の間にあった「あした待たるる　その宝船」の〝その〟も、勿論腹芸のリズムです。

　大高源吾は、なんにも説明しないでただ其角が出して来た「年の瀬や　水の流れと人の身は」の五・七・五に対して七・七の十四文字をくっつけただけです。其角は別に何かを説明してくれと言った訳ではないし、大高源吾も別に何かを説明している訳ではありませんがしかし、大高源吾は七・七の十四文字で明らかに何かを語っているのです。「私は何かを語っていますよ」ということを示す為に〝その〟の二文字を強調に使うという、含みの多い表現をとっている訳です。

「分るもよし、分らぬもまたよし」――そういうことをも言っているのがこの〝含みの多い表現＝腹芸〟の最大の特徴ですから、宝井其角はその意味を分ったり分らなかったりして、土屋主税の屋敷へ行ったり松浦の殿様の屋敷へ行ったりする訳です。

　黙って何かをほのめかす――つまり「分るもよし、分らぬもよし」と、言う側が自己完結をしているのですから、これは〝説明〟なんかではない、ということなんです。

　ある一方が何かをほのめかす、そしてそれを受ける側がそのほのめかしを正確にキヤッチして理解する——腹芸がコミュニケーションとして成立して意志の疎通がはかれるというのはこんな時です。腹芸というのは発信者と受け手の側の両方に同等の理解力がなければ成立しません。だから、その腹芸を受ける側に、正確な把握能力がなければ一切が御破算なんです。近代というのがどういう時代なのかということをこの〝腹芸〟という言葉を使って説明しますと、だんだん腹芸という〝沈黙のコミュニケーション〟〝暗黙の了解〟というものがなくなって、それが全部〝説明〟という言葉によっての表沙汰に変って行くという、そういう時代だということになります。

江戸の忠臣蔵『仮名手本忠臣蔵』には〝浅きたくみの塩冶殿〟という浅野内匠頭批判も含めて〝全部〟があります。全部がありますけども、それは全部〝嘘〟です。史実《ニュース》が流れないんだからホントのことは舞台には出て来ないのが江戸時代ですから、明治から後はこれをもう一遍作り直すことになります。という訳で〝説明〟というものがバンバン増えます。大石内蔵助というのは実際こういう人だったという説明が『実録忠臣蔵』です。四十七士というのはこういう人達だったという説明が『義士銘々伝』です。説明が増えて、知識だけは増える一方、削り落される部分だって出て来ます。実際の大石内蔵助がこうだったとキチンと説明されると、平然と廓遊びをしているような〝訳の分らない部分〟は消えてしまうというようなものです。

「説明が必要だから」で説明が登場すると、今度は当人に対して「自分自身を説明しろ」という要求も出て来ます。大佛次郎の小説『赤穂浪士』で大石内蔵助が自分の心境を説明したり、〝昭和の勘平〟小山田庄左衛門が女性に惹《ひ》かれる心理をくどくどと述べるというのはみんなこれですね。時代背景を説明する為に千坂兵部という〝存在しない実在の人物〟を出して来るとかね。でも、人間ていうものは自分のことをそうそう正確に説明なんて出来ないもんなんですよね。大河ドラマの『赤穂浪士』で長谷川一夫の大石内蔵助はただ黙って表情演技だけでズッと通して行ったけれども、それだけじゃよく分らないからというんで、大河ドラマにはお決りの〝ナレーション〟という説明がその上にかぶさりました。〝説明をする〟という特殊な目的に沿って発達したNHKのアナウンサーという人達の客観的な言葉がその上に重ねられましたけども、しかし長谷川一夫は別に、説明なんかしなかったんですね――芝居はしていても。それを見る人がどう見ていたかは分りません。ナレーションなんか副次的なものだと思って芝居だけを見ていた人だっているかもしれないし、人間が見せる一々意味のある表情なんかスッ飛ばして、ただ〝分りやすい説明〟であるナレーションだけを頭に入れていた人だって沢山いた筈ですからね。〝暗黙の了解〟と〝理知的な説明〟というものの二つが拮抗《きっこう》していたというのが、実はこの日本の百年だったのですね。そして、〝理知的な説明〟に押し切られて〝暗黙の了解〟というものがだんだんと〝いい加減な馴れ合い〟に落ちて行ったというのが、その百年の行き着く先だったりはするんですね。別に、〝腹芸〟というのは馴れ合いのコミュニケーションなんかじゃないんだから、という話がここから始まります、という訳です。
まず〝腹芸〟と言えば『勧進帳《かんじんちょう》』。忠臣蔵にだって『勧進帳』は出て来るという、とんでもない話になります。

忠臣蔵の映画には色々ありますが、タイプ別で分ければ次の四パターンでしょう——つまり、（A）は戦前の大石内蔵助中心の『実録忠臣蔵』の系統を引くもの、（B）は大佛次郎の『赤穂浪士』を映画化したもの、（C）は『仮名手本忠臣蔵』を映画化したもの、（D）は以上の三つを適当にアレンジした映画オリジナルです。そして、このどの作品にも〝立花左近《たちばなさこん》〟という、なんだか訳の分らない人物が大きな顔をして出て来ます。この〝立花左近〟というのが何かというと、実にこの人、忠臣蔵に出て来る『勧進帳』——富樫左衛門《とがしのさえもん》なんですね。
（A）では戦前の日活、昭和十三年制作の『忠臣蔵』（山上伊太郎・滝川紅葉脚本／マキノ雅弘・池田富保監督）で、大石内蔵助には阪東妻三郎、浅野内匠頭と二役で立花左近には片岡千恵蔵。（B）の代表は昭和三十六年の東映作品『赤穂浪士』（小国英《おぐにひで》雄《お》脚本／松田定次監督）で、大石内蔵助に片岡千恵蔵、立花左近には大河内伝次郎。
（C）の代表は前に出て来ました昭和三十二年の松竹作品『大忠臣蔵』（井手雅人脚本

幸四郎、大石内蔵助に先代ここは右から：／大曾根辰夫監督）で、大石内蔵助に先代市川猿之助（猿翁《えんおう》）、立花左近に先代松本松本幸四郎（白鸚《はくおう》）。（D）の代表としては昭和三十七年東宝製作の『忠臣蔵』（八住利雄脚本／稲垣浩監督）を挙げましょうか、これには立花左近は出て来ませんが、それとおんなじようなことを先代松本幸四郎の大石内蔵助と森繁久彌の宿屋の亭主が演じます。

戦後の日本映画で大石内蔵助役者といったら、片岡千恵蔵、松本幸四郎、長谷川一夫の三人でした。この内の二人までが立花左近に扮している、そこにご注目下さい。立花左近というのは〝大きな役〟なんです。立花左近が出て来ない東宝版の『忠臣蔵』では、森繁久彌という、文芸・喜劇というジャンルで東宝を代表する看板役者がそれに見合ったことをやっています。立花左近というのはそんな役処なんです。

（A）と（B）とでは、立花左近はおんなじことをします。山科から江戸へ討入りの為に下った大石内蔵助は〝立花左近〟という変名を使って旅をします。京都の朝廷のナントカ大納言だか中納言だかに仕える侍というふれこみです。立花左近と名乗った大石内蔵助が東海道の旅館に泊っているとあら不思議、もう一人〝立花左近〟と名乗る人物が現われるではありませんか。こちらも「京都の朝廷の――」という、大石内蔵助の使ったふれこみとおんなじことを言います。

二人の立花左近は「私が立花左近だ」と言って譲《ゆず》らない。業《ごう》を煮やした本物の立花左近が「朝廷の使いだと言うのなら、それ相応の証拠があるだろう。朝廷から江戸へ差し出す手紙がある筈だからそれを見せろ」と言いますと、実は大石内蔵助である偽の立花左近が「いかにも」と言って、一通の手紙を出す。出された手紙を受け取った本物の立花左近がこれを開いてみれば「ウウム……」と驚くしかなかったのはこれが白紙だったから。

「一体この白紙はなんだ？　一体俺の名前を使って平気で白紙の〝身分証〟を出すこいつは何者なんだ？　一体、この周囲に漂う緊迫した空気はなんだ？　ウウム……。（ハッと何かがひらめいて）そういえば、京都から大石内蔵助がいよいよ江戸に下るとか下らないとか……。してみるとこの人は?!」なんてことを考えて、本物の立花左近は偽物の正体を知る――勿論この間はズーッと「ウウム……」の腹芸ですが。

斯《か》くして本物の立花左近は大石内蔵助に向かって「失礼した、あなたが本物の立花左近だった」と訳の分らないことを言って去って行き、大石内蔵助一行はめでたく無事に江戸へ着くというのが、この〝立花左近〟に関するエピソードのあらましですが、でもこれ、どっかで聞いたような話じゃありませんか？

この〝立花左近〟の正体が明らかになるのは（C）の、『仮名手本忠臣蔵』を映画化した歌舞伎的《チック》な映画『大忠臣蔵』の中でです。こちらでは、立花左近が、東海道は箱根の関所の関守りとして出て来ます。

大石内蔵助。（A）（B）の時と同じように「朝廷のお使いで――」という触れこみでやって来たと言うのが関守りの立花左近。「分ったけれども、それならそれで、身分を証するものがあるだろう」と言うのが関守りの立花左近。サッと色蒼《あお》ざめる同志達をよそに、悠々と一通の書状を差し出す大石内蔵助。開いてみればやっぱり真っ白なのにびっくりする立花左近ということになると、これはもう有名な安宅《あたか》の関の『勧進帳』です。

源平の争乱が終って、源頼朝に追われることになった源義経は家来の武蔵坊弁慶の発案で山伏姿に変装している。「源平の争乱で焼失した奈良の東大寺を再建する資金集めで私達は全国を回っている」というのがその触れこみ。言うことはもっともらしいがどっかクサイと思うのが安宅の関の関守りである富樫左衛門。「そういう目的なら勧進帳を持っているだろう、それを読め」と言う。〝勧進帳〟というのは「私達はこういう目的で寄金を募っております」という、趣意書付きの募金名簿ですが、言われた弁慶はそんなものなんか勿論持っていない。持っていないが武蔵坊弁慶はそもそもがお坊さんだから、そんなものをデッチ上げるのはたやすいと思って、白紙のなんにも書いてない巻物を朗々と読み上げる。結局は、弁慶の主人思いに打たれた富樫左衛門は義経一行を見逃すというのが、能から歌舞伎に入って出来た『勧進帳』のあらましですが、『大忠臣蔵』の立花左近と大石内蔵助はこれとおんなじことをやる。

『勧進帳』の弁慶は、白紙の巻物を絶対に見られないようにして読み上げるけれども、

〝立花左近〟の大石内蔵助は平気で白紙を見せてしまう、これだけが両者の差ですが「ウウム……」という腹芸で押し切ってしまうことには変りがない。腹芸であるところは同じだけれども、腹芸の質が微妙に違うというところが、江戸の『勧進帳』と明治の〝立花左近〟ということになりましょうか。そして勿論、この差が江戸の忠臣蔵と明治以降の忠臣蔵の差であるということにもなります。

既に御承知のように、大石内蔵助という人は、結果として討入りという大したことをやったけれども、その結果に至るまでの間は何も大したことをやらなかった――それ故にこそ〝大した人物〟と称されるような人物です。時代劇映画、チャンバラ映画の最高峰と称されるような忠臣蔵のその最大のクライマックスである討入りのチャンバラシーンの中で、刀を振り回さないで太鼓を叩いている人が大石内蔵助なんです。この人は、四十七士のリーダーとして内部の結束を固める為には何かをしただろうけれども、外部に対しては「私はなんにもしていない、なんにもしない」ということで一貫して来た人です。非常に内面的な行動者であって、主役としての派手な動きはしないという、困った主役なんです。

「それは分るけど、もうちょっとなんとかしてほしい」という民衆の願望によって生まれた派手なしどころがこの〝立花左近〟――『義士銘々伝』中の『大石東《あずま》下り』

のエピソードなんですね。ここで初めて、大石内蔵助は四十七士という内部にではなく、立花左近という〝外部〟に働きかける——対立のドラマを派手に演じるという訳です。要は、大石内蔵助が第三者に向かって主役らしく睨《にら》みをきかせられればいい。必要なのはそういう第三者であって、立花左近という人物ではないのです。

大体、〝立花左近〟という名前はなんでしょう? こんな嘘臭い名前というのはちょっとないですね。精々がとこ、二流のチャンバラ映画の脇役で出て来る若侍の名前にしかならないような、リアリティーのかけらもない名前です。〝立花左近〟で通る、〝立花左近〟を立派な人物の名前だと信じこめる程度の頭が作り出した名前です。この世には『赤穂義士事典』という便利な本もあって、ここには史実俗説とりまぜての忠臣蔵に関係した人名事典というのもついているのですが、ここに〝立花左近〟は出て来ないのです。〝加古川本蔵〟〝早野勘平〟から〝俵星玄蕃《たわらぼしげんば》〟〝忠僕直助《ちゅうぼくなおすけ》〟なんていうヘンなのまで出て来るのに、〝立花左近〟という主役級の役者がやる名前が出て来ないのです。それくらい〝立花左近〟は、不要で、古臭くて、忘れられた重要人物だったんですね。

映画の忠臣蔵は（A）（B）（C）（D）いずれも大石内蔵助が黙って立花左近に〝白紙〟を差し出すというところで共通しています。白紙を差し出すということは、

「私は殊更に沈黙しています」ということの表われです。これはクサくていやらしいですね。本物の大石内蔵助だったら、まず「朝廷の御用」だなんていう派手な名目を使う必要はないんです。本当に仇討ちをする気なんてないということを見せる――沈黙していることさえも隠すのだったら、「私は大石内蔵助ですけど、それが何か？」でシラばっくれて江戸へ行けばいいんです。吉良上野介のいる江戸に行かなけりゃともかく仇は討てないという重要なシチュエーションだったら、なおさらドラマチックになりそうな要素を排除するのが本当の大石内蔵助というものです。白紙を見せる――「私は明らかにいわくあり気な人物ですよ」といってみせるのなんかは愚の骨頂です。だから、そんなことを平気でしてしまえる大石内蔵助というのは「だって私はあの大石内蔵助だもの」という、傲慢・甘えというものがあるいやらしい大石内蔵助なんですね。〝日本的な腹芸〟と言われる時「それがナァナァでいやらしい折合いのつけ方をしている」という目で見られるようになったのはもうここら辺からなんです。

　大石内蔵助は立花左近に、言ってみれば〝白紙委任状〟を差し出しました。この白紙委任状が身分証明書として通った唯一最大の理由は、彼が大石内蔵助だったからです。白紙を差し出された立花左近が解いた謎というのも「彼は大石内蔵助である」というそのことです。大石内蔵助はだから、「私は大石内蔵助だから見逃して下さい」

という、実にさもしい申し出をしたんです。さもしいから黙って差し出したんです。こんな情ない腹芸というのがあるでしょうか？　大石内蔵助は「お慈悲でごぜェます」という水呑み百姓じゃないんです。

もしも立花左近がその白紙を見て見逃さなかったなら、大石一行は刀を取って立ち上らなければなりません。仇討ちという大望を控えてそんな軽はずみなことが出来る筈がないというのは、大石内蔵助が「うかつなことは出来ない」でうかつなことを何もしなかった人間であることを考えれば分ります。斬り合いを覚悟で「見逃して下さい」という情ない申し出をどうして大石内蔵助が平気で出来るのでしょうか？　大石内蔵助にそんな情ないことが出来た理由はたった一つ、「ああ、大石内蔵助だったらしようがない」という雰囲気が出来上っていたという、それだけです。

既にして〝大石内蔵助は立派な人物である〟という常識は出来上っていて、そのセンに沿ってのしどころを与える為に創り出されたのが立花左近なるキャラクターであれば、大石内蔵助は平気で見逃してもらえるんです。そして、見逃してもらえるというのは「なんという情ない真似をするのだ」ということも見逃してもらえるということですね。

「大石内蔵助というのは立派な人物である↓だから見逃すのが当然だ」「立派な人が見逃したから、それは立派な行為である↓従って〝見逃してもらえる〟というのは初めっから決っている→従って、〝黙って見逃せ〟ということを身の危険をもかえり見ずに押し出した大石内蔵助は立派な人物である」というヘンな理屈はこうして罷り通ることになって、そういうヘンテコリンな論理を罷り通らせる〝立派な人〟〝エライ人〟という権威主義的な知名度はナァナァを平気で見逃すということになるのです。

大体〝腹芸〟というのが誤解されているのは、〝エライ人がそれをやるから奥が深い〟などという迷信の為ですね。「黙って大目に見るのはエライ人」「清濁合わせ呑む」「エライ人はナァナァを、もったいぶってやる」「エライ人は、無理なことを黙って通させる」――大体こういうものが腹芸だと思われてますが、冗談じゃない、こんなものは悪人同士の馴れ合いです。本当の腹芸というのは、そんなもんじゃないんです。腹芸というのは、「他人というものは分らない」という前提があって、それでもなおかつその他人との関係を設定しなければならないという矛盾（あるいは〝勇気〟）の上に成立するものなんです。

腹芸というのは、一種の心理表現であります。言葉に出来ない心理を表現するから、腹芸は〝沈黙〟になるのですが、これは「自分の心理が説明出来ない」というボキャブラリーの貧困とは違うんです。「喋るとこっちの魂胆がバレて損するから黙ってよう」でもないんです。腹芸というのは〝これ以上言葉に出来ない〟というギリギリのところまでを言葉にした上で、「後は信じるか信じないかの信頼の問題である」というつきつけ方をするコミュニケーションなんです。〝信頼〟というものを前提におくからこそ、〝断絶〟という絶対の不通も登場するんです。

腹芸という言葉を支えるものとして〝腹が大きい〟〝腹がある〟という表現があります。この〝腹〟とは、〝信頼関係がある――ということを信じていられる〟ということです。

「仇討ちをする」と言った大石内蔵助が、一同の誓詞血判を取ったその後で、「あの人ホントに本気なのか？」とその一味の面々からも噂されるような茶屋遊びを平気でしていられた――それがあるからこそ「腹が大きい」と評されるのも、彼が「一遍信頼すると決ったものは信頼するものだ（もっともこれも信じるかどうかはそちらの勝手だが）」と、黙って言っているからなんです。腹芸というのが〝エライ人が黙って、格調高く何かを考えていること〟だというのは間違いで、腹芸というものは〝本質ギリギリのところで信頼というものを突きつけて来る人の沈黙とは、どんなものでも格調が高くなる〟というようなものなんです。だからこそ腹芸というものは、コミュニケーションのくせに、「分るもよし、分らぬもよし」「信じるもよし、信じぬもよし」と言って、他人を拒むんですね。一番大事なことは〝エライ人がそれをする〟のではなくて、〝それを出来る人がエライ〟ということなんです。

早い話、近代の忠臣蔵作者には、大石内蔵助の沈黙している、そのエラサが分らなかった。だから近代の忠臣蔵作者達は大石内蔵助をただの〝沈黙しているエライ人〟に変えてしまった。だから、大石内蔵助は態々《わざわざ》白紙を突き出して、「私は沈黙しています」という、沈黙する姿を演じて見せなければならなかったんですね。言って見れば、江戸の大石内蔵助は「黙って俺について来い！」なんてことは一言も言わなかったし素振りにも見せなかったけれど、明治になった大石内蔵助は「黙って俺について来い！」と言うことだけを雄弁に語り始めたというようなものでしょう。

16 『勧進帳』の矛盾

腹芸ということについてもう少し語りましょう。日本的腹芸の典型、または源流とされるような『勧進帳』についてキチンと説明しておいた方がいいような気がするのです。

『勧進帳』に関する最大の誤解は、主を思う武蔵坊弁慶の心に打たれた富樫左衛門と、安宅の関を通ろうとした武蔵坊弁慶の間に心の交流があったとする考え方です。だからこそ『勧進帳』というのは〝黙って通す〟という、日本的な馴れ合い＝腹芸の典型だと思われているのですが、そんなことは嘘です。富樫左衛門がどう思っているかは別として、少なくとも武蔵坊弁慶の側にはそんな気はかけらもありません。武蔵坊弁慶の考えていることは、一にも二にも、ただただ「この関所を無事に脱けること」ただそれだけです。

頼朝と義経の間が不和になって、義経は逃げる。頼朝はそれを逃さじとして各地に新しく関所を設ける——富樫左衛門が任された安宅の関もその一つです。富樫左衛門は「義経を捕まえろ！」というそれだけで関守りになった人物ですから、この人にまず「義経を逃そう」という気なんかある筈もありません。「義経主従の一行十二人、ただで通る訳もあるまい、絶対何かに変装しているぐらいのことはあるだろう」と思っているとはたして、十二人の山伏の一行がやって来る。これで「怪しい！」と思わなかったらただのバカです。富樫左衛門はバカじゃないので、ただちにその一行を「切ってしまえ」と命令します。

それに対して、武蔵坊弁慶はどうするか？　あくまでもシラを切ります。「それなら」と言って、「切られる前に、山伏として最後の勤めをします」と言って、お祈りにかかる。平気で切られようとするその一行の姿を見て、富樫左衛門は「ひょっとしたら、違うのかな……？」という気になります。そして、「本当の山伏なら」といって、前に言いました勧進帳を読む件《くだ》りになる訳です。勿論、この白紙の勧進帳を、弁慶がチラとでも富樫に見せる訳はありません。そんなことをしたら一巻の終りなんですから、見ようとする富樫、見せまいとする弁慶の、本当の〝言葉による一騎打ち〟です。ナァナァの入り込む余地というものは全く、ありません。

本当かどうかと思っていた富樫の前で、弁慶は音吐朗々と勧進帳を読み上げる。本当の山伏かどうかを確める為の〝問答〟というのをする。言葉によるチャンバラです。そして、富樫左衛門としては、こうなったら「本当の山伏だ」と信じるしかない。富樫は「通ってもいい」と言って、弁慶は「ははッ」と言って通ろうとする。弁慶は、情で通してもらったのではなく、富樫左衛門を智恵と勇気で騙したという、これはそういう物語なんですね。騙《だま》くらかそうとする相手に、どうして〝心の交流〟などというものを設定しなけりゃいけないのかというのがここです。

そして次――。

関守りの富樫を騙した弁慶の一行はめでたく関所を通ろうとする。その時関所の役人の目に留ったのが、その一行の一番最後にいる色白の年若い強力《ごうりき》（荷物持ちの従者）――これはどう見ても源義経以外の何者でもない。どうあったってこれを通す訳に関守りの富樫としては行く訳がない。

義経は捕えられる。そこへ駆け戻る弁慶。弁慶が何をするかと言えば、六角の金剛杖を取って、義経をメチャクチャにひっぱたく。「お前が義経に似てるからと言われて、関係ない俺達が迷惑する。ええい、憎い憎い憎い！　さっさと通れ‼」と言って、ひっぱたいたそのドサクサ紛れに義経を逃そうとする。それを見逃す富樫ではない――「如何ように陳ずる（申し述べる）とも、通す事、罷りならぬ」というのが富樫のセリフ。

じゃァどうするのかというと、弁慶はこんなことを言い出す――「まだこの上にも疑いの候《そうら》わば、この強力め、荷物の布施《ふせ》（進物）もろともに、お預け申す。如何ようとも糺明《きゅうめい》あれ。但しこれにて打ち殺し申さんや」

「こんな奴いらないから置いてく、勝手にしろ！　それとも面倒だからこの場でこいつを叩き殺そうか」というところに弁慶のイチかバチかの賭があって、「ここで瀕死の重傷を負わせれば、まさか〝それでもそいつを逮捕する〟とは言わないだろう」という計算の下に〝お預け申す――但し〟という発言が出る訳ですね。

はっきり言って、富樫はこれに騙されるのです。もっと正確に言えば、弁慶は富樫を騙されざるをえない状態に追いこんで、この場を切り抜けるんです。『勧進帳』というのはこういうドラマなんです。

そして、ここで問題になって来るのが、この時の富樫の心境なんです。

はっきり言って富樫は騙されたんですが、ここで富樫がただ騙されるような人間だったらドラマがつまらなくなるという、実に重要な問題が持ち上るんです。

簡単に騙されちゃったらつまらない、しかしここで富樫が騙されなかったら話にならない——そういう訳で、富樫は納得して騙されるという難しい心理状態を見せる訳ですね。『勧進帳』に腹芸が入り込む余地があるとしたら、それはこの時の富樫の心理状態を表現する時だけです。

弁慶の「打ち殺し申さんや」というセリフに対して富樫はどう答えるのかというと、「こは先達《せんだつ》の荒けなし」です。〝先達〟というのは、行列の先頭を行く山伏のことで、〝荒けなし〟というのは〝乱暴な〟ということです。富樫左衛門は、弁慶の荒っぽさにびっくりしてるんです。

びっくりして「荒けなし」と言うと、弁慶は、それに対して畳みかけるように「然らば、只今疑いありしは如何に」と攻めて来る。うろたえた富樫は「士卒（家来）の者が我への訴え」——「家来がそう言ったから私は怪しいと思ったのだ」と家来のせいにする。

ここまで来たら弁慶の勝ちです。改めて弁慶は「御疑念晴らし、打ち殺し見せ申さんや」と富樫に突っかかる。ここへ来て初めて、富樫は事態を呑みこめる——「事態を呑みこんでもいいんだ」と思えるような状態になることが出来る。「いや、早まり給うな。番卒どものよしなき僻目《ひがめ》により（ロクでもない偏見で）判官《ほうがん》どのにもなき人を、疑えばこそ、斯く折檻《せっかん》もし給うなれ」というのが富樫のセリフ。

この微妙なる一行が腹芸の腹芸たるゆえんですね。

正確に書き直せばこの富樫のセリフは「判官どのにもなき人を……。疑えばこそ……。斯く折檻もし給うなれ」になります（ついでですが、源義経は〝九郎判官《くろうほうがん》源義経〟で〝判官《はんがん》〟の文字を源義経に限っては〝ほうがん〟と読むのが日本の常識です）。「判官どのにもなき人を」には、非常に大きな含みがある――それ故にこそ、その後がチリヂリになる。「判官どのにもなき人を……。（私が）疑えばこそ、（あなたは）折檻もし給うなれ」と、後半で主語が違っているというのはその為です。「判官どのにも」と言いかけた時、富樫左衛門は「これは義経だ！」と完全に悟った。悟ったからこそ、「なき人を」と、その否定に力をこめた。だからこそ、ズーッと主語が〝私は〟で来た文章の後半が「（あなたは）斯く折檻もし給うなれ」と乱れるんですね。

富樫左衛門は弁慶のやり方に驚かされて、突っ返されて、それでうっかり、平静になって、「この人は本物の源義経だ」と悟った。悟ってそして、同時に「自分は今この瞬間にすごいものを見てしまったのだ」と思った。〝すごいもの〟というのは何かというと、そうまでして主人を助けようとする〝関係〟がこの世にはある、ということ。「家来というのは主人を助けるものではあるけれども、この家来はその主人を助ける為に主人を半殺しになるまで殴り続けようとする。殴れる筈がないものを平気で殴る家来、殴られることに耐えられる筈のないその主人がまた黙って殴られたままでいるという、この状態は一体なんなのだ？」――富樫左衛門がまともな人間なら、そういうことを考えて当然です。「これは主従関係というようななまやさしいものではない。人間同士ギリギリのところまで信頼関係の出来上っている関係だ」そして、「源義経という犯罪者を捕えるということと、こうした関係を持った人間を捕えることとは自ずから別なことではないか」と思うことも。

　富樫左衛門という人は、一貫して〝源頼朝の命を受けて関所を預る人間〟として登場しています。初めもそうなら途中もそうで、義経一行を通した後でもそうです。その人がこの「判官どのにもなき人を」と言う一瞬だけ、〝そうではありながらもそれとは別の、富樫左衛門一個人としての判断を有する人間である〟という矛盾を公然と許してしまうというのが、この『勧進帳』の腹芸なんです。

　相手が源義経だから彼は許した訳ではない。相手が誰であろうと、その相手がそういうことを現出させてしまった以上それを認めるしかないという、その相手の行為――その行為を支える奥深いものに反応してしまったからこそ、富樫左衛門は見逃したんです。その相手が大石内蔵助であることを悟って、それだからその相手を見逃した立花左近と、富樫左衛門は違うんです。

『東下り』の大石内蔵助は「見逃してくれ俺は大石内蔵助だ」と黙って頼み、あるいは命令し、立花左近はそれを受けて見逃したんですが、富樫と弁慶は違います。弁慶は富樫を騙し、富樫は弁慶に騙され、そして富樫は悟ったんです。

　本当の腹芸というのはこういうものです。その一瞬の、言葉に出来ない真実を持ったその人間の心境表現が腹芸なんですね。それでなければ嘘になります。『勧進帳』の中で、弁慶は一貫して富樫の目をくらますことしか考えていない。そして富樫も、「判官どのにもなき人を」の一瞬を除いて、弁慶には決して騙されまいとしか考えていない。弁慶は、力ずくでその脱出を勝ちとったのだし、富樫は、それに負けて許さざるを得なかった。すべてを承知して「ああ、義経は可哀相だ」と思って、これを許した訳では全然ないんです。「判官どのにもなき人を」のセリフを、うっかりと富樫役者が、思い入れたっぷりに――今にも泣きそうなクサイ芝居をしたりするから、ヘンな誤解が生まれるんです。そして、よくそこら辺を分らないで見る観客がいるから『勧進帳』というのは「日本的腹芸の極致だ」なんていう、とんでもない誤解を受けるんですね。緊張感というものが分らない人は、平気で馴れ合いに落ち込むんです。

　さてしかし、この微妙でデリケートな瞬間の心理を読みとれ、読みとって演じろというのはいささか無理難題なのかもしれないなと思わせるのは何かというと、日本的コミュニケーションには〝酒〟という馴れ合いを促進する小道具がつきものだからという話もあるんです。ついでだからという訳でもないんですが、『勧進帳』を誤解させる原因ともなった、『勧進帳』そのものの弱点にも触れなければなりません。「富樫左衛門は武士の情で源義経を通した――黙ってシラを切るのが日本的、勧進帳的腹芸だ」という、その誤解を生んだ元凶です。

歌舞伎の『勧進帳』には、能の『安宅《あたか》』という原作があります。『安宅』の地謡《じうたい》をそのまま長唄の伴奏音楽に置き換えて出来た舞踊劇が歌舞伎の『勧進帳』だと思ってさしつかえはないでしょう。だから、『安宅』と『勧進帳』の内容はほぼ同じです。但し、能は室町時代という日本の中世に出来て、その後江戸時代は徳川幕府の式楽《しきがく》（公式芸術というところでしょうか）になったもの、歌舞伎は近世の江戸の町人文化という違いがありますから、その〝ほぼ同じ〟にもかなりの違いはあります。『安宅』と『勧進帳』の最大の違いはなんといっても、『勧進帳』にある「こは先達の荒けなし」から、「判官どのにもなき人を」までの富樫と弁慶のやりとり（腹芸）が『安宅』の方には全くないということです。能の『安宅』の方は、弁慶が義経を引っぱたいて「通れ！」と言い、それに対して富樫が許さぬと言うと、山伏は力ずくでも通って見せると暴力行動にかかる――それを恐れて富樫が「近頃誤り申して候。とうとう（急いで）御通り候え」と負けてしまうことです。『安宅』の富樫には腹芸がないのです。

能というのは〝中世〟に出来た芸能ですが、〝中世〟というのがどういう時代かというと神とか宗教とかいうものが力を持っていた時代なんです。てっとり早く言いますと、歌舞伎の富樫左衛門は山伏をこわがらないけれども、能の富樫は、どこかで山伏をこわがっているということなんです。

山伏というのは勿論仏教関係者ですが、修験道などといって山野を徘徊《はいかい》する、どこか得体の知れないそして勿論強そうな、こわい存在なんです。『安宅』の中の地謡（ストーリーを語るコーラス）――〝かたがたは何故に、かたがたは何故に、か程いやしき強力《ごうりき》に、太刀かたなを抜き給うはめだれ顔のふるまい（みっともない振舞い）は、臆病の至りかと、十一人の山伏は、打刀《うちがたな》（大小二刀の内の大の方の刀）抜きかけて、勇みかかれる有様は、いかなる天魔鬼神も恐れつびょう（恐れるに決っている）ぞ見えたる〟というのはほとんどそのまま長唄の『勧進帳』にも流用されていますが、長唄の方の歌詞がほとんど弁慶一行に対する景気づけであるのに対して、こちらの方は文字通り「絶対に天魔や鬼神だってこわがるに決っているぐらいものすごく見えた」という意味なんです。だから、山伏一行十二人がやって来た時は「こりゃもう偽物に決っている」と思って、平気で「斬ってしまえ」と命令出来た富樫も、「ひょっとしたらこりゃ本物かもしれない……」と思い始めるとこわくなるんです。歌舞伎の『勧進帳』には絶対に出て来ない〝関の人々（富樫以下の関所の人間）胆《きも》を消し、恐れをなして通しけり、恐れをなして通しけり〟という、山伏に対する恐れの表現が能の『安宅』には出て来るんです。そのこわい山伏が血相を変えて襲いかかって来る――こりゃもうこわいに決ってるんで、そんなものに対して〝腹芸〟なんていうものの成り立ちようはないんです。襲いかかられた富樫は、たちどころに「近頃誤り申して候。とうとう御《おん》通り候え」と言うんです。

そして、弁慶達の一行を富樫が通してしまったその後で、もう一遍中世と近世の差が出て来ます。こちらの中世・近世は宗教・信仰に関する違いではなく、物騒さに対する違いです。能の完成期である室町時代というのは、南北朝の争乱から応仁の乱を経て戦国時代へと向う血なまぐさい時代で、歌舞伎の出来た天下太平の江戸時代とは違います。時代が物騒なら、人間は疑り深くなるという、その違いです。

弁慶一行を通した後で、富樫は再びその一行を追っかけます。理由は「先ほどの無礼をお詫びします」ということと、「でもひょっとしたら、やっぱりあの山伏は偽物かもしれない」ということの二つです。お詫びの意味でお酒を差し上げて、と同時にそれでもう一度様子を見ようということなんです。

弁慶は勧められて酒を呑み、勧められて一差し舞い、舞いながらも「油断するな」と言って義経の一行を先に逃し、〝虎の尾を踏み毒蛇の口をのがれたる心地して、陸奥の国へぞ下りける〟と自分もその後を追い、能の『安宅』は終ります。

勿論この段取りを歌舞伎の『勧進帳』も踏みますが、しかしそうなって来るとよく分らなくなるというのは、こちらの後を追って来て酒を勧める富樫と弁慶なんです。

能の『安宅』の方では、酒を勧められた弁慶は〝人の情《なさけ》の盃に、浮けて心を取らんとや。これにつけても人々に、心なくれそ〟と言います、「人の情を盃に浮かべて心を取ろうとしているらしい。関所の人間達に油断するなよ」と言っているのですね。能の富樫と弁慶は、終始一貫「油断するな！」の〝闘い〟なんですが、しかし歌舞伎の『勧進帳』は、如何に欺くかという駆け引きなんです。そういうことをする弁慶に、歌舞伎の富樫は打たれる（感動する）んです。弁慶をこわがるんじゃありません。平和な時代の人間関係と物騒な時代の緊張関係との差です。「この山伏達は実際には源義経の一行かもしれない。私は源義経とその一行を捕えろという命令を受けて待機していたけれども、しかしその源義経という人間がこのような深い信頼で結ばれた関係を持っている人間だとは知らなかった。一体この、武蔵坊弁慶という人間はどういう人間なのであろうか？　こんなすさまじくも見事な人間を私は逮捕することは出来ない。それは私の属する社会の法に叛《そむ》くことになるかもしれないが、私の知る〝人間〟というもっと奥深い法はこれを逮捕してはならないと言っている」と、メンドクサイことを言ってしまえば、富樫左衛門はこのようにして義経主従を逃すのです。だから、この人が一旦逃した一行を追って酒を勧めに行ったということになったら、どうあっても「やっぱり捕まえてやろう！」と思って後を追ったということにはならないのです。まさか富樫としてはそんなことは言えないだろうけれども、歌舞伎の『勧進帳』での〝酒を勧める富樫〟の心境というものは「いやァ、ホントにまいりました。あなた達というものには本当に感動させられましたよ。まァ、お詫びの印しに一杯」ということにしかならないのです。

この時の弁慶が何を考えているかは分りませんが、富樫としてはそうです。そして、そういう形で酒を勧められたら、勧められた方の心境も変って来るだろうというのが、能と歌舞伎の違いなんです。

能の方では〝人の情の盃に、浮けて心を取らんとや〟ですが、歌舞伎の方のここの文句は〝人の情の杯《さかずき》を、受けて心をとどむとかや〟に変ります。

能の方は〝人間らしい気持を盃に浮かべて（騙す）〟ですが、歌舞伎の方は〝人情あふれる杯を受けとって〟です。〝浮《う》けて〟と〝受けて〟で、訓《よ》み方は同じですが全く意味は違います。能の〝浮けて〟は〝こめて〟〝ごまかして〟ということの象徴的表現であるのにもかかわらず、歌舞伎にはそんな面倒はないんです。

歌舞伎の『勧進帳』の富樫は、能と違ってこわがった訳でもない、力に押されて負けた訳でもない、自ら納得して許した訳ですから、すでに前半で富樫には〝情《なさけ》〟というものが明らかになっている。だとしたら、その人が差し出した杯が〝人情あふれる杯〟であるのが当然だというものですね。だから弁慶は、〝(その杯)を受けて、心をここに残したくなっちゃうみたいだなァ〟と、心残りを表明せざるをえなくなってしまう。だから歌舞伎の方では、この後の弁慶の舞が〝弁慶はごきげんになって「どれ一差し」という感じで立ち上りました〟というような形で始められるのです。まァ、そのなごやかさが太平の世である〝近世〟の人間らしさということにもなりますが、そうなるとヘンだというのは、そうなって立ち上った弁慶には、最早〝舞いながらスキを見て一行を逃す、逃さなければならない〟という、切迫感がなくなるんです。

能の『安宅』は、弁慶の舞を切迫感の表現としているからこそ〝虎の尾を踏み毒蛇の口を〟という表現を取る訳ですが、富樫の杯が〝人情の盃〟だったらそんな表現を取る必要はないんです。却《かえ》って、そんなことをしたら富樫の好意というものはなかったと、否定されることになってしまう。勿論、弁慶の舞から最後の引っ込みにかけては最大のクライマックスですから、歌舞伎がこれをいじくる訳がない。能の『安宅』と同じように、歌舞伎の弁慶は〝心許すな関守の人々、暇《いとま》申してさらばよとて、笈《おい》(背中の荷物)を押取《おつと》り肩に打ちかけ、虎の尾を踏み、毒蛇の口をのがれたる心地して〟逃げて行く訳です。この文句は能の地謡と歌舞伎の長唄とで全く同じですが、状況も違えば意味だって違って来ます。能の場合は〝心許すな関守の人々(に)〟と、自分達の仲間に弁慶が「油断するな」と呼びかける意味ですが、歌舞伎の場合だと〝関守の人々へ向かって「油断するな」と言っている〟という、イヤミもしくは皮肉にしかなりません。「私達は逃げて行くけれども、この後ともに油断せず見張ってて下さい。ホンじゃね、アバよ」ということですね、歌舞伎の方は。

歌舞伎の方の弁慶は、考えようによってはずいぶん余裕のある弁慶なんですが、この人が舞を舞いながら味方を逃し、自分はその逃げきったことを見定めた後でドスドスと後を追って行く。富樫は見送り、幕は閉まり、弁慶一人花道のつけぎわに残されて、大見得を切った後でドスンバタンと〝飛《と》び六法《ろっぽう》〟という、歌舞伎の演出の中でも一番派手でダイナミックなやり方で花道をドタバタドタバタ入って行くのを見ると――見た後で、「一体なんでそんなに力まなきゃならないんだろう?」という疑問も湧いて来るのも事実なんですね。

富樫が〝情の盃〟を出して、弁慶がそれを受けて――だとしたら（又は、だとしても）それで「実は私達は源義経の一行です。感謝します……」なんてことは決して言えはしないけれども、それこそ、そういうニュアンスを腹芸で見せて、静かに弁慶が去って行った方が、富樫の〝情〟という主題はくっきりと浮かび上るというものなんです。

ところが歌舞伎はそうしない、能のように、あるいは能以上にドタバタと弁慶は去って行く。よく考えたら、「富樫はバカみたいじゃないか」「弁慶っていうのもなんと薄っぺらで単純な男だなァ」ということになって来ます。歌舞伎の『勧進帳』は、最後でいい加減な矛盾を暴露してしまいます――だがしかし、この矛盾は、弁慶の最後の大熱演によって、決してその場に居合わせる観客にはバレない仕組みになっているというところが、正に歌舞伎なんです。

17 成り上りの時代

歌舞伎というのは別に心理的な演劇じゃないから細かいことはどうでもいいという考え方もありますが、しかしそんなことは嘘ですね。心理的な演劇じゃなくたって、どっかで人間に関する辻褄《つじつま》というものは合っているものなんです。そうじゃなかったら見てても面白くないし、絶対に感動なんていうことは起こりません。能だって別に心理的な演劇じゃないですけど、ちゃんと辻褄というものは合っています。だから『安宅』の富樫は山伏をこわがりながらも捕まえようとするし、弁慶はそれを利用しながら強行突破も計画するというようなもんです。歌舞伎の『勧進帳』だって、ちゃんと前半は辻褄というものが合ってるんです。合ってて、後半になってそれが崩れるんです。そして、その崩れたところを、弁慶の熱演というもので押し切ってしまったのが歌舞伎の『勧進帳』なんです。
『勧進帳』の終り近くは、完全に弁慶一人が主役です。富樫はそこにいるだけです。お酒を持って後を追っかけて来た富樫は、そこで人間富樫としての役目を終えて、以降は、弁慶が酒を飲み舞を舞い義経達を逃し六法を踏んで引っ込む、そのシーンを成り立たせる為の〝観客〟として舞台の上にいるんです。だから、ここの富樫は、なんにも考えずにただもっともらしい顔をしていればいいんです。はっきり、ここの富樫は〝忠臣蔵の立花左近〟です。〝腹〟もなんにもありません。能の『安宅』という格調の高い名作をそのまま歌舞伎化してしまった時にたまたま起きた計算ミスのせいで、富樫左衛門は後半、格調高いデクの坊になるのです。

　弁慶という役を生かす為に富樫という役は人形になるのですが、しかし、普通の人はそんなこと考えません。最後の弁慶の熱演にごまかされて、デクの坊になっている富樫の不思議さを〝情ある立派な人だ〟とうっかり解釈してしまうものだから、歌舞伎の『勧進帳』は、そんなことどこにも書いてないにもかかわらず〝富樫と弁慶の心の交流の物語〟で、格調高い日本的腹芸の典型になってしまったのですね。

　弁慶が、「私は弁慶だ。私が有名な弁慶で、私こそがこの劇の主役だ。私の熱演こそが最大の見せ場だ」と主張したが為に、富樫という人間はどこかへスッ飛んでしまったのですが、これは『大石東下り』に於ける大石内蔵助と立花左近の関係と全く同じです。「私は大石だ。私があの有名な大石だ。それは観客の皆さんも知っている。さァ、通せ」という、意味のない強要を〝白紙〟にこめたものだから、しようがない立花左近は無理矢理な深読みをして大石内蔵助を通す――そのようにしてドラマを構成してもよい安易なよりかかりが〝日本的腹芸〟という馴れ合いコミュニケーションを罷り通らせてしまった訳ですが、どうしてそういうことが起こりうるのかという、原因を探ってみましょう。何事にも原因というものはある訳でして、この場合のそれは〝権威主義〟という代物なんですね。〝威光〟というものは、いつだって見る人の目をくらます訳ですから。

立花左近が大石内蔵助を平気で通す――そういうドラマが平気で作られる元には二つの威光があります。一つは〝あの大石内蔵助〟という威光、そしてもう一つは〝この通し方は、あの格調の高い名作『勧進帳』のやった通し方であるから、文句のつけようがないくらい立派である〟という御威光です。それくらい、『勧進帳』というものは、明治大正昭和を通して、格式高く権威があったのですが、「じゃァどうして『勧進帳』はそうなったのか」という話もあります。立花左近と大石内蔵助が『勧進帳』という権威によりかかってヘンなことをやった――そのことを誰も疑問には思わなかったのなら、この権威の根拠となるもとだってやっぱりおかしかったのだということもあります。『勧進帳』というものだって、やっぱり立派に権威主義的なものだったから、中味はいささかおかしかったんです。『勧進帳』を支えていた権威・御威光――それは勿論、能というものです。

『勧進帳』が初演されたのは江戸も終りに近い天保十一年（一八四〇年）のことですが、これが画期的だったのは、歌舞伎に能の演出をそっくり持ちこんだことです。〝松羽目《まつばめ》物〟という言葉がありますが、羽目板に松の絵を描いてそれを背景にして演じる能――能にはだから〝背景の書き割り〟というものはありません――の様式をそっくりそのまま舞台装置にした歌舞伎がそれで、『勧進帳』はその記念すべき第一作に当ります。これは歌舞伎の〝本物志向〟というべきもので、能の文句をほとんどそのまま歌舞伎に流用しているというのもそれです。元来歌舞伎というものは〝かぶき↓傾《かぶ》く〟を語源とするものでして、〝かぶく〟というのは〝メチャクチャをやる〟ということなんです。出雲の阿国の時代の〝かぶき踊り〟と言ったら、これはもう〝不良踊り〟〝つっぱりパフォーマンス〟〝ブレイクダンス〟というようなことと全く同じです。不良には不良の意地があるというようなもので、『勧進帳』以前にも能の作品を原典と仰ぐような歌舞伎舞踊はありましたが〝能の様式〟をそのまま持ち込むなんていうことは決してありませんでした。勿論〝不良の意地〟だけではなく、能というものは畏《おそ》れ多くも将軍家御公認の〝式楽（公式芸能）〟であるから、それを町人芸能ふぜいがそのまま真似るなどとはとんでもないということもありましたが、ともかく〝歌舞伎は歌舞伎、能は能〟で、歌舞伎の中から〝本物志向〟というものは生まれなかったのです――『勧進帳』以前には。

『勧進帳』を初演したのは七代目市川団十郎で、この人は勿論武蔵坊弁慶に扮しましたが当時の座頭《ざがしら》役者（主演者）というのは、単なる役者ではなく、プロデューサーと演出家をも兼ね備えているような存在ですから『勧進帳』の発案者がこの人であることに間違いはないのです。さて、七代目市川団十郎は『勧進帳』を初演しましたが、この時にもう一つ注目すべきことをやっています。それは『勧進帳』というタイトルの上に〝歌舞伎十八番の一〟という文句《コピー》を掲げたことです。〝歌舞伎十八番〟という言葉もこの七代目市川団十郎が持ち出して、そのお披露目《ひろめ》に当るようなものがこの『勧進帳』の初演だったのです。〝歌舞伎十八番〟というのは〝江戸歌舞伎の本家本元・市川団十郎が贈る、これぞ歌舞伎中の歌舞伎と呼べる傑作群〟というようなことですが、それが〝能もどき〟である『勧進帳』からスタートするというのも不思議です。

さて、この『勧進帳』の初演評判ですが、圧倒的に不評でした。「気どってやんの」「テンポがたるい」「退屈」「つまんない」というところです。大衆というものは

〝本物志向〟に走った途端、「その本物志向に走らざるをえない自分というのは偽物です」ということをこっそりと暴露してしまうものですが、さすがにまだ天保の時代、江戸の大衆は健全だったと言うべきでしょう。

『勧進帳』がドラマとして破綻しているということは前にも申し上げましたが、終幕に、弁慶は「これぞ歌舞伎！」とばかりに大熱演をし、富樫は「これが能の格調です」とばかりにもっともらしいデクの坊を演じているという矛盾が、ドラマというものを肌で知っている観客に見破られてしまったというところが本当でしょう。七代目団十郎はめげずに何度も再演しましたが、ついに不評のままで、『勧進帳』のバトンは明治の〝劇聖〟と呼ばれる九代目市川団十郎に受け継がれます。ちなみに、この九代目団十郎こそが明治二十三年初演の『実録忠臣蔵』で大石内蔵助を演じた人物です。

明治の歌舞伎が上昇志向の中であえいでいたことは前にもお話ししました。「西欧諸国では演劇というものは立派な〝文化〟として存在しているにもかかわらず、我国の歌舞伎というのはなんだ」という慨嘆から演劇改良運動というのがスタートしたというお話は前にもしましたが、歌舞伎を格調高い演劇に変えて行く、その模範解答の一つがこの江戸時代に「つまんない！」と言われていた『勧進帳』なのでした。歌舞伎らしくない歌舞伎、格調高い能のような歌舞伎として明治になって脚光を浴びることになったのがこの『勧進帳』なのです。

上昇志向は更に続きまして、明治二十年の〝天覧《てんらん》歌舞伎〟というところに行きます。〝天覧〟というのは〝天皇陛下が御覧になる〟です。

文化の草創期には色々の混乱がつきものですが、明治の天覧歌舞伎もその一つですね。大体、歌舞伎というのは江戸の町人芸術で、武家の式楽は能と決っている訳ですから、将軍様はおろか、お大名衆が歌舞伎を見るなんてことは、江戸時代にはありえません。そこが封建時代です。しかしそれが終ってありがたいことに、明治の四民平等は天皇陛下様までが歌舞伎を御覧になる――です。上の方も降りて来て下さるなら、下の方もそれなりの努力がある――という訳で、天覧歌舞伎の演目は歌舞伎らしからぬ格調高い歌舞伎ばかりで、そのトップバッターに来るものは勿論、歌舞伎中の歌舞伎〝歌舞伎十八番の一〟である『勧進帳』です。『勧進帳』が歌舞伎らしからぬ歌舞伎であるかどうかという詮索などは〝歌舞伎十八番の一〟というレッテルの前では素っ飛びましょう。「ともかくこれは歌舞伎十八番の一である、格調の高い歌舞伎」なのですからね。

という訳で、『勧進帳』は文句なしの〝名作〟となり、『勧進帳』もどきであることが〝格調の高いやりとり〟であることになり、大石内蔵助は平気で〝白紙〟を立花左近に渡すことになり、可哀相に立花左近は、黙って大石内蔵助を通すことになり、人は「なるほど」とうなずき、〝馴れ合い〟は罷り通り、それに違和感を覚えた人間は誤解して「日本的な腹芸！」といってこれを拒む、という公式が出来上るのです。なんとも手のこんだ歴史ではあるな、ということになりましょう。

さて、余分な付け足しを一つ、二つ。

天覧歌舞伎を見た明治天皇は「能よりも分りがよい」とおっしゃったそうです。さてそれでは、そうおっしゃった明治天皇はどれほど能にお詳しかったのでしょうか？

能は武家の式楽でありますが、しかし、天皇という方は決して〝武家〟ではありません。こちらは〝公家〟の頂点に立つ方で、武家というのも本来は公家の下にあるものです。という訳で、天皇という人は、雅楽に詳しくても能楽に詳しいというお生まれの方ではなかった訳です。雅楽は朝廷の儀式、能楽は武家の式楽、歌舞伎は町人の娯楽なんです。そして、武家の式楽であった能は、お武家様に抱えられて、たっぷりと保護を受けていました。という訳で、武士というものがいなくなったら能はどうなるのか？　失業するんです。

明治になって武家社会が崩壊すると、当然能も没落します。没落した能がどうして復活するかというと、やっぱり「ヨーロッパにはオペラという格調の高いものがある。能は日本のオペラである」という、外国帰りの文化人の声によってです。という訳で、明治二十年の天覧歌舞伎に先立つ明治九年、能の保護復興のモメントとなる為に〝天覧能〟というのが催される訳ですね。先に私が〝文化の草創期には色々の混乱が起こる〟と言ったのは勿論皮肉で、明治という時代は、在来の文化を改めて草創期から始めるという、バカなことをやった時代でもあるのです。

草創期の箔《はく》付けは、これも新しく創り直された権威であるところの〝天皇〟で、明治天皇もお可哀相に、能を見せられたり、歌舞伎を見せられたり大変です。江戸時代の朝廷というところは決して裕福なところではありませんしね。〝学問御専一〟を幕府から強要されていた天皇という人が、娯楽に恵まれていたとはとても思えません。歌舞伎を初めて見た明治天皇の「能よりも分りがよい」というのは本音でしょう——「能はやっぱりよく分らないんだ」と思っている人でなかったら、こんな発言は決してしません。そして、能というものを普段からズーッと見ることを習慣にしている人だったら、こんなことは思わないでしょう。別に、明治天皇は能に詳しかった訳でもないし、歌舞伎に詳しかった訳でもない。こういう人が、「能楽を復興したい」「歌舞伎を品のあるものにしたい」と思っている人にノセられて（勧められて）見る——見てそのことが、能楽復興、歌舞伎改良のお墨付きになるということは、宣伝（デモンストレーション）としての効果はともかく、文化の内実とは全く関係ないんですけどね。

ともかく、日本文化の〝草創期〟というのは、とってもとっても貧しかったのですね——文化的に。という訳で、権威は一役買ったのでした。不安な人間は、権威を求めるんです。だから、大石内蔵助は立派な人間に高められたんです。そして、王者という人もやっぱり人間である以上、不安な時は権威を求めるんです。江戸歌舞伎の王者である市川団十郎も、王者であるが故の不安というのを感じていたんです。新しい時代の方向と自分のいる場所とのギャップをどこかで感じていたからこそ、明治の九代目市川団十郎という人は、歌舞伎の〝改良〟ということに腐心したんでしょう。そして、『勧進帳』を創出した江戸の七代目市川団十郎だって、不安だったから〝能〟という権威、〝歌舞伎十八番〟という格付けを求めたんです。

七代目市川団十郎について、最後に少し触れましょう。

七代目市川団十郎は、五代目市川団十郎の孫で、十歳の時に団十郎を襲名しています。何故こんなに早かったのかというと、それは父親の六代目団十郎が早死にしたからです。父親は死に、既に引退している祖父の五代目団十郎の庇護《ひご》の下に十歳の七代目市川団十郎は生まれる訳ですが、その祖父は彼が十六歳の年に死にます、〝市川団十郎〟という存在は、〝役者の親玉〟と称されるような江戸歌舞伎の王者ですから、十六歳の少年は一人ぼっちの王者にならなければならない訳です。役者の世界は、家柄が物を言う世界でもありますが、と同時に実力の世界でもあります。〝市川団十郎〟という王者の家に生まれたとて、それがそのまま王者の座につながるという訳でもありません。役者というのは〝座頭《ざがしら》〟という位置について、初めて王者の実を持つのです。前にもお話ししましたが、この〝座頭〟という位置は、主演者でありプロデューサーであり演出家でもあるような、そういう位置です。七代目団十郎がこの位置につくのは二十三歳の年です。つまり七年間、この若き王者は居候の身に甘んずる訳です。そして勿論、一遍座頭になったからといって、それが自動的に続くというようなものでもありません。「二十三歳になったのだから、もう座頭になってもおかしくないだろう」という御祝儀的な意味が、この〝二十三歳の座頭〟には多分にあります。当時の劇界というのは大変な時代で、団十郎の上の世代には五代目松本幸四郎、三代目坂東三津五郎、そして女方の五代目岩井半四郎という脂の乗り切った働き盛りの名優が、四代目鶴屋南北という大作者の脚本を得て火花を散らしていました。当然団十郎は、この一座の中では脇役です。そして、困ったことに、団十郎とは同世代の三代目尾上菊五郎という、ほとんど天才肌の若きライバルもいたんです。ある意味で、若き団十郎の武器は看板だけです。いくら頑張ったって、観客の目というものは正直ですから、腕がなければ認めてくれません。看板倒れに終るだけです。勿論、〝若僧〟に対する幕内同僚のいびりだってあるでしょうしね。こういう人が〝名優〟と呼ばれ〝親玉〟という称号を本当に自分のものにする為にどれほどのふんばりを必要としたか、言わずもがなというものです。王者の孤独というものはそんなものでしょう。頑張れば頑張っただけ出世出来る、というものではない。何しろ元が王者なんですから、出世していて当然というハンディを、この人は生まれながらに背負ってるんです。努力は報われるというけれども、努力は絶対に報われないというその哀しさ——お分りいただけるでしょうか？　私はここで〝『勧進帳』を持たざるを得なかった日本人の悲劇〟をお話しししているんですけれどもね。

日本の男は努力する。馬車馬のように努力する。しかしその努力は行き着くまで、どこかすき間風のようなものを生じさせる。その不安感を埋めるように、日本の男は権威を求める。気がつくと、自分を理解し導いてくれる父はいない。だから、日本の男は、見よう見まねで父になる。そういうことを、日本の男は、四代に亘《わた》って繰り返しているんです。

江戸という父に死なれて、西欧諸国という先輩にヘタすれば潰されかねない〝明治〟という青年。

権威主義になった父を持って、決して自分を理解してもらえなくなってしまった、〝大正〟という青年（これは大佛次郎の『赤穂浪士』に出て来る釈明せざるをえない青年全部ですね。小山田庄左衛門も堀田隼人も、そして自ら進んで心境を語る大石内蔵助も——）。

敗戦によって、一切を失ってしまったかわりに自由という訳のわからないものを与えられた〝終戦〟という青年。

そしてその結果、権威という父を失って、父親になれない〝現在〟という青年。〝格調の高さ〟とは、この見よう見まねで作られた〝権威を秘めた父〟だったんですね。父親は黙っているだけで何も語ってはくれない「暗黙の了解が分らなければ一人前とは言えない」ということさえも語ってはくれない。だから、近代の息子達は四代に亘って勝手な分り方――解釈を繰り返して、説明という理智的な言葉の数だけをふやして行く。ふやして、もうそれ以上説明が出来なくなると、言葉に詰って格調の高い沈黙に逃げこみ、追いつめられるしかなくなる。ホントに可哀相です、この百年のお父さんは。〝格調の高さ〟というものは、当っていることもあり、はずれていることもある――本当に格調の高い〝格調の高さ〟もあったし、もっともらしいだけの〝格調の高さ〟もあって、その時代その時代になんにも知らない男達の不安感を根本から、又は表面づらだけ、しずめていたんですね。

七代目市川団十郎は、名実共に王者となった時、そのことを保証してくれる〝格調〟を求めたんです。だから、能もどきの『勧進帳』を作ったんです。最初の、大衆社会の日本人ですね。そして、能という権威を「つまんない」「退屈だ」と言った江戸の大衆は、やがてそれを「なるほど」と言って、感心して見るようになるんです。日本は昔っから現代だったんですね。

七代目市川団十郎は〝歌舞伎〟という自分を捨てて〝能〟という本物をとった、という訳ではありません。〝歌舞伎〟という自分をそのままにして、〝能のような〟という本物志向に走ったんです。そして、本物志向に走る自分を正当化する為に、〝歌舞伎の自分〟を正当化するんです。『勧進帳』に〝歌舞伎十八番の一〟という文句《コピー》がつくのはその為です。なにしろ、市川団十郎は歌舞伎の〝親玉〟なんですから、そういう正当化は可能なんです。「これは歌舞伎である」「これこそが歌舞伎である」「これは格調の高い歌舞伎である」――ちょっとずつ違った三つの文句が『勧進帳』という作品の中で一つになり、一つになったその途端では「なんだか分らない」という文句が出るけれども、やがてそれを怪しむ人間はいなくなる。それが当り前で通るようになるけれども、いつかそれはおかしなものになって根本の疑問は忘れられて行く――忘れられて、おんなじことをズーッと、日本人は繰り返してるんです。天保の昔から。『勧進帳』の中で、あれほど深い腹の内を見せた「判官どのにもなき人を」と言う富樫が、そのまんま、弁慶の見せ場を作る為のデクの坊に変ってしまう不思議なドラマを、もう一度思い出していただきたいと思います。

権威主義というものは、いつだって何かを犠牲にして、自分一人罷り通って行くものなんですね。だから今、エラくなったってちっとも嬉しくないでしょう？　本物志向って虚しいだけでしょう？　それはズーッとそうだったんですよ。

本書は一九八六年に徳間書店より刊行された作品を文庫化したものです。
文庫化に際し、二分冊とした上で、明らかな誤りは改めたほか写真を削除しました。

完本《かんぽん》
チャンバラ時《じ》代劇講座《だいげきこうざ》1

二〇二三年 一 月一〇日 初版印刷
二〇二三年 一 月二〇日 初版発行

著　者　橋本治《はしもとおさむ》
発行者　小野寺優
発行所　株式会社河出書房新社
〒一五一－〇〇五一
東京都渋谷区千駄ヶ谷二－三二－二
電話〇三－三四〇四－八六一一（編集）
〇三－三四〇四－一二〇一（営業）
https://www.kawade.co.jp/

ロゴ・表紙デザイン　粟津潔
本文フォーマット　佐々木暁
本文組版　株式会社創都
印刷・製本　中央精版印刷株式会社

落丁本・乱丁本はおとりかえいたします。

本書のコピー、スキャン、デジタル化等の無断複製は著作権法上での例外を除き禁じられています。本書を代行業者等の第三者に依頼してスキャンやデジタル化することは、いかなる場合も著作権法違反となります。

Printed in Japan　ISBN978-4-309-41940-4

桃尻語訳　枕草子　上

橋本治　40531-5

むずかしいといわれている古典を、古くさい衣を脱がせて、現代の若者言葉で表現した驚異の名訳ベストセラー。全部わかるこの感動！　詳細目次と全巻の用語索引をつけて、学校のサブテキストにも最適。

桃尻語訳　枕草子　中

橋本治　40532-2

驚異の名訳ベストセラー、その中巻は——第八十三段「カッコいいもの。本場の錦。飾り太刀。」から第百八十六段「宮仕え女（キャリアウーマン）のとこに来たりなんかする男が、そこでさ……」まで。

桃尻語訳　枕草子　下

橋本治　40533-9

驚異の名訳ベストセラー、その下巻は——第百八十七段「風は——」から第二九八段「『本当なの？　もうすぐ都から下るの？』って言った男に対して」まで。「本編あとがき」「別ヴァージョン」併録。

絵本　徒然草　上

橋本治　40747-0

『桃尻語訳　枕草子』で古典の現代語訳の全く新しい地平を切り拓いた著者が、中世古典の定番『徒然草』に挑む。名づけて「退屈ノート」。訳文に加えて傑作な註を付し、鬼才田中靖夫の絵を添えた新古典絵巻。

絵本　徒然草　下

橋本治　40748-7

人生を語りつくしてさらに“その先”を見通す、兼好の現代性。さまざまな話柄のなかに人生の真実と知恵をたたきこんだ変人兼好の精髄を、分かり易い現代文訳と精密な註・解説で明らかにする。

花咲く乙女たちのキンピラゴボウ　前篇

橋本治　41391-4

読み返すたびに泣いてしまう。読者の思いと考えを、これほど的確に言葉にしてくれた少女漫画評論は、ほかに知らない。——三浦しをん。少女マンガが初めて論じられた伝説の名著！　書き下ろし自作解説。

花咲く乙女たちのキンピラゴボウ 後篇

橋本治 41392-1

大島弓子、萩尾望都、山岸涼子、陸奥A子……「少女マンガ」がはじめて公で論じられた、伝説の名評論集が待望の復刊！　三浦しをん氏絶賛！

思い出を切りぬくとき

萩尾望都 40987-0

萩尾望都、漫画家生活四十周年記念。二十代の頃に書いた幻の作品、唯一のエッセイ集。貴重なイラストも多数掲載。姉への想い・作品の裏話など、萩尾望都の思想の源泉を感じ取れます。

銀の船と青い海

萩尾望都 41347-1

萩尾望都が奏でる麗しい童話二十七編。一九七〇～八〇年代の貴重なカラーイラストを八〇ページにわたり五十点掲載。七十年代に執筆した幻の二作品「少女ろまん」「さなぎ」も初収録。

美しの神の伝え

萩尾望都 41553-6

一九七七～八〇年「奇想天外」に発表したＳＦ小説十一編に加え、単行本未収録の二作「クリシュナの季節」＆マンガ「いたずららくがき」も特別収録。異世界へ導かれる全十六編。

妖怪になりたい

水木しげる 40694-7

ひとりだけ落第したのはなぜだったのか？　生まれ変わりは本当なのか？　そしてつげ義春や池上遼一とはいつ出会ったのか？　深くて魅力的な水木しげるのエッセイを集成したファン待望の一冊。

なまけものになりたい

水木しげる 40695-4

なまけものは人間の至高のすがた。浮世のことを語っても、この世の煩わしさから解き放ってくれる摩訶不思議な水木しげるの散文の世界。『妖怪になりたい』に続く幻のエッセイ集成。水木版マンガの書き方も収録。

漫画超進化論

石ノ森章太郎　41679-3

石ノ森がホスト役となって、小池一夫、藤子不二雄Ａ、さいとう・たかを、手塚治虫という超豪華メンバーとともに語り合った対談集。昭和の終わりに巨匠たちは漫画の未来をどう見ていたのか？

お楽しみはこれもなのじゃ

みなもと太郎　41854-4

ギャグ大河漫画『風雲児たち』の作者にして天下無比の漫画研究家、みなもと太郎による伝説の漫画エッセイ集。膨大な作品をとりあげながら、漫画の魅力をイラストとともに語る、漫画史に輝く名著。

永井豪のヴィンテージ漫画館

永井豪　41398-3

『デビルマン』『マジンガーＺ』『キューティーハニー』『けっこう仮面』他、数々の名作誕生の舞台裏を、天才漫画家が自らエッセイ漫画と文章で自在に語る。単行本版未収録インタビュー他を追加収録。

ギャグ・マンガのヒミツなのだ！

赤塚不二夫　41588-8

おそ松くん、バカボン、イヤミ……あのギャグ・ヒーローたちはいかにして生まれたのか？　「ギャグ漫画の王様」赤塚不二夫が自身のギャグ・マンガのヒミツを明かした、至高のギャグ論エッセイ！

きっとあの人は眠っているんだよ

穂村弘　41810-0

本屋をめぐり、古本屋をのぞき、頁をめくって世界と出会う本の日々。「週刊文春」に好評連載された読書日記。「今日買ったこの本は、悪魔的にロマンティックじゃないか」。

これから泳ぎにいきませんか

穂村弘　41826-1

ミステリ、ＳＦ、恋愛小説から漫画、歌集、絵本まで、目利きの読書家が紹介する本当に面白い本の数々。読んだ後では目に映る世界が変わる、魅惑の読書体験が待っています。

ぼくの宝物絵本

穂村弘　41535-2

忘れていた懐かしい絵本や未知の輝きをもった絵本に出会い、買って買って買いまくるのは夢のように楽しい……戦前のレトロな絵本から最新絵本まで、名作絵本の魅力を紹介。オールカラー図版満載。

新しいおとな

石井桃子　41611-3

よい本を、もっとたくさん。幼い日のゆたかな読書体験と「かつら文庫」の実践から生まれた、子ども、読書、絵本、本づくりをめぐる随筆集。文庫化にあたり再編集し、写真、新規原稿を三篇収録。

絶望読書

頭木弘樹　41647-2

まだ立ち直れそうにない絶望の期間を、どうやって過ごせばいいのか？　いま悲しみの最中にいる人に、いつかの非常時へ備える人に、知っていてほしい絶望に寄り添う物語の効用と、命綱としての読書案内。

塩一トンの読書

須賀敦子　41319-8

「一トンの塩」をいっしょに舐めるうちにかけがえのない友人となった書物たち。本を読むことは息をすることと同じという須賀は、また当代無比の書評家だった。好きな本と作家をめぐる極上の読書日記。

時間のかかる読書

宮沢章夫　41336-5

脱線、飛躍、妄想、のろのろ、ぐずぐず——横光利一の名作短編「機械」を十一年かけて読んでみた。読書の楽しみはこんな端っこのところにある。本を愛する全ての人に捧げる伊藤整賞受賞作の名作。

小説の読み方、書き方、訳し方

柴田元幸／高橋源一郎　41215-3

小説は、読むだけじゃもったいない。読んで、書いて、訳してみれば、百倍楽しめる！　文豪と人気翻訳者が〈読む＝書く＝訳す〉ための実践的メソッドを解説した、究極の小説入門。

小説の聖典《バイブル》　漫談で読む文学入門

いとうせいこう×奥泉光＋渡部直己　41186-6

読んでもおもしろい、書いてもおもしろい。不思議な小説の魅力を作家二人が漫談スタイルでボケてツッコむ！　笑って泣いて、読んで書いて。そこに小説がある限り……。

本を読むということ

永江朗　41421-8

探さなくていい、バラバラにしていい、忘れていい、歯磨きしながら読んでもいい……本読みのプロが、本とうまく付き合い、手なずけるコツを大公開。すべての本好きとその予備軍に送る「本・入門」。

考えるということ

大澤真幸　41506-2

読み、考え、そして書く――。考えることの基本から説き起こし、社会科学、文学、自然科学という異なるジャンルの文献から思考をつむぐ実践例を展開。創造的な仕事はこうして生まれる。

ことばと創造　鶴見俊輔コレクション4

鶴見俊輔　黒川創〔編〕　41253-5

漫画、映画、漫才、落語……あらゆるジャンルをわけへだてなく見つめつづけてきた思想家・鶴見は日本における文化批評の先駆にして源泉だった。その藝術と思想をめぐる重要な文章をよりすぐった最終巻。

言葉の外へ

保坂和志　41189-7

私たちの身体に刻印される保坂和志の思考――「何も形がなかった小説のために、何をイメージしてそれをどう始めればいいのかを考えていた」時期に生まれた、散文たち。圧巻の「文庫版まえがき」収録。

カフカ式練習帳

保坂和志　41378-5

友人、猫やカラス、家、夢、記憶、文章の欠片……日常の中、唐突に訪れる小説の断片たち。ページを開くと、目の前に小説が溢れ出す！　断片か長篇か？　保坂和志によって奏でられる小説の即興演奏。

著訳者名の後の数字はISBNコードです。頭に「978-4-309」を付け、お近くの書店にてご注文下さい。